看透投资

FIGURING IT OUT

Charles D. Ellis

[美]查尔斯·埃利斯 著
何华平 译

图书在版编目（CIP）数据

看透投资：赢得输家游戏的关键 / （美）查尔斯·
埃利斯著；何华平译 . -- 北京：中信出版社，2024.
12. -- ISBN 978-7-5217-6915-9

Ⅰ . F830.59

中国国家版本馆 CIP 数据核字第 2024QK6535 号

FIGURING IT OUT: SIXTY YEARS OF ANSWERING INVESTORS'MOST IMPORTANT QUESTIONS
ISBN 978-7-5217-6915-9
Copyright © 2022 by Charles D. Ellis
All rights reserved.
Authorized translation from the English language edition published by John Wiley & Sons Limited.
Responsibility for the accuracy of the translation rests solely with China CITIC Press Corporation
and is not the responsibility of John & Sons Limited.
No part of this book may be reproduced in any form without the written permission of the
original copyright holder,John Wiley & Sons Limited.
Copies of this book sold without a Wiley sticker on the cover are unauthorized and illegal.
Simplified Chinese translation copyright ©2024 by CITIC Press Corporation.
All rights reserved.
本书仅限中国大陆地区发行销售

看透投资——赢得输家游戏的关键
著者：　　［美］查尔斯·埃利斯
译者：　　何华平
出版发行：中信出版集团股份有限公司
　　　　　（北京市朝阳区东三环北路 27 号嘉铭中心　邮编　100020）
承印者：　嘉业印刷（天津）有限公司

开本：787mm×1092mm　1/16　　印张：22.75　　　字数：274 千字
版次：2024 年 12 月第 1 版　　　印次：2024 年 12 月第 1 次印刷
京权图字：01-2024-4614　　　　 书号：ISBN 978-7-5217-6915-9
　　　　　　　　　　　　　　　 定价：88.00 元

版权所有·侵权必究
如有印刷、装订问题，本公司负责调换。
服务热线：400-600-8099
投稿邮箱：author@citicpub.com

感谢多年来的挚友伯顿·马尔基尔，我们在一起担任过共同作者[1]、董事[2]、董事会成员[3]、教师[4]、投资顾问[5]、院长[6]，他是令人愉快的智慧之源。在努力探索充满活力的投资世界的过程中，他是最好的陪伴者。

---

[1] 《投资的常识》
[2] 先锋领航集团
[3] 智能投顾平台 Rebalance and Wealthfront
[4] 普林斯顿金融分析师课程
[5] 皮尤慈善信托基金会
[6] 耶鲁管理学院

目录

序言 / iii

导言 / vii

1　不断变化的游戏 / 1

2　输家的游戏 / 42

3　赢家的游戏 / 55

4　赢家的游戏 II / 70

5　业绩投资的兴衰 / 84

6　不连续的时代下创新投资管理的七大法则 / 101

7　成功会毁掉业绩投资吗 / 105

8　要想取得业绩，必须建立组织 / 111

9　成功投资的两堂课 / 119

10　主动投资结束了吗 / 124

11　为主动投资辩护 / 132

12　东方快车谋杀案：业绩不佳之谜 / 140

13　投资委员会最佳实践 / 155

14　游戏层级 / 173

15　制胜邀请函 / 179

16　小满贯 / 183

17　来自海滨公墓的一课 / 187

18　汤米·阿莫尔的投资智慧 / 190

19　泰德·威廉斯给投资者的启示 / 194

20　症状和迹象 / 198

21 华威酒庄和香波城堡的经验教训 / 210

22 投资管理费用比你想象的要高得多 / 218

23 计算机专业人士可能正在策划一场革命 / 222

24 成功的投资机构的特点 / 227

25 投资管理新模式 / 236

26 大战略课程 / 242

27 养老金基金需要更多的管理 / 249

28 65 岁的意义 / 255

29 我们干吗去了 / 260

30 艰难的选择：我们的处境 / 267

31 债券适合长期投资者吗 / 276

32 债券应发挥什么作用？/ 285

33 流动性过高会让你付出代价 / 289

34 给孙辈的一封信：12 条重要的投资准则 / 292

35 萨莉小姐的阁楼 / 301

36 纪念本杰明·格雷厄姆：一些思考 / 304

37 企业减税 / 317

38 回购股票以重振股本 / 321

39 反垄断、银行合并与 PNB 决定 / 341

序言

做好投资并不容易。至少数据表明，无论是个人还是机构投资组合，大多数投资组合的业绩一直都很差。但这本书认为，投资并不像我们想象的那么难。如果专注于那些在长期看来真正重要的事情，我们每个人都可以帮助自己和客户找出对成功来说最重要的事。我们往往让短期影响占据了过多的思考空间，而忽略了那些能够改善长期结果的行为。

这就是这本书的中心思想，其中包含了投资者和投资从业者可以也应该遵循的永恒准则。在过去的60多年里，查尔斯·埃利斯一直活跃在行业最前沿，亲历了投资行业发生的最深刻的变革，他从这些变革中总结出了一套原则。

查尔斯这些年来敏锐的观察和写作阐明了哪些事情已经改变，哪些事情一直不变。这本书中的文章阐明了：（1）他在投资管理领域取得成功的基本原则；（2）他明确的见解和指导，无论是对资深投资者还是对普通投资者来说，这些知识都使得投资管理工作变得不再那么令人生畏。

查尔斯·埃利斯的洞见得到了历史的验证。他教导我们要"看透投资"，这意味着在当下和未来的发展中，我们需要明辨哪些因素是主要的，哪些是次要的。而要做到这一点，我们就需要深入理解过去以及推动我们走到今天的主要力量。这就是为什么聪明人研究历史，寻找原始文献。这就是为什么我们要读伟人的传记。这就是为什么历史学家说，了解现在的最佳方式是了解过去，而了解过去的最佳方式是研究过去发生的事情。这也是为什么我们向新朋友提出这样的请求："请告诉我你经历的故事。"这本书通过记录这一时期行业发生的巨大变革，提供了这样的叙述。

每篇文章都蕴含着深刻的见解和经验教训，具有持久的价值。其中包括：

- 对投资公司的客户来说，无论是个人还是机构，都将从这些业内人士的见解中受益，更好地理解所有基金经理面临的严峻挑战以及这些挑战的发展演变。正如《绿野仙踪》中多萝西对托托说："我们再也不在堪萨斯州了！"（这句话常常被用来表示变化已经发生。）——再说一遍！
- 对那些在这个薪水丰厚的行业里寻求职业发展的人或刚刚处于入门阶段的从业者来说，这是一个机会，他们将认识到，在投资领域，变化本身就是一种强大的恒定因素，预测和接受创新及其演变至关重要。
- 对即将退休的从业者来说，书中有一些警示性的提醒，让我们意识到自己过去曾低估（现在感到后悔）或缓慢认识到的各种发展趋势现在还在继续！
- 对那些寻求隐喻性投资建议的人来说，"输家的游戏"、"东方快车谋杀案"和"成功投资的两堂课"等章节都是必读的。
- 对那些想知道费用在哪里以及费用如何对投资者的长期利益产生不利影响的人来说，有几篇文章讲解得很清楚。
- 对那些仍然心存希望，认为指数化可能已经过时的人来说，与他们的希望相反的情况已经清楚地摆在他们面前。
- 对那些希望获得成功的客户来说，"赢家的游戏"和"投资委员会最佳实践"是必读指南。
- 对那些担心追求商业利润会损害职业价值观的人，一位业内资深人士呼吁重新定位整个行业。

投资和投资管理是一段旅程。通过优美而丰富多彩的文字，这本书生动地展现了我们将反复面临的陷阱，并为这段旅程提供了清晰的路线图，让我们少走弯路，最终取得巨大的成功。

安德烈·佩罗德

资产管理公司 HighVista Strategies 合伙人、首席信息官

哈佛商学院乔治·冈德金融与银行学荣誉教授

马萨诸塞州波士顿市

导言

正如物理学家理查德·费曼说过的那样,专业领域最大的乐趣之一就是"看透"。当然,解答投资问题并不像理解物理基本定律那么重要,也肯定不会像物理定律那样永恒不变,但它确实同样(很可能会一直如此)引人入胜,而且更有趣。

我希望,在翻阅这本书时读者能够感受到过去60年来出现在投资界的一些重大讨论,这些讨论激发了专业投资领域的活力。对我来说,有幸以各种方式参与这些讨论可归因于我的角色。我曾在哈佛、耶鲁和普林斯顿担任教师,也在北美、欧洲和亚洲的会议上发表过演讲。我还参与了由一家顶尖的华尔街研究公司赞助、为期30年的资深投资经理系列研讨会,并在无数次午餐和晚宴上与他人交流。这些经历为我提供了一个向他人学习的绝佳机会,也让我学会了如何更好地表达自己的想法。

在庞大的经济领域里,投资圈过去和现在都相对较小,但这个现实也给我们带来了巨大的优势。在我们这个圈子里,我们彼此了解、互相熟悉,往往是亲密的朋友。我们喜欢分享彼此的最佳创意和见解,也总是在相互学习,而且几乎总是充满乐趣。你知道其他哪个领域人们的年龄差异如此之小吗?哪个领域的从业者能一直工作到80多岁?哪个领域充满了新知识?哪个领域的收入如此丰厚?在哪个项目中,每个人都能与至少100名同行成为好朋友,而且经常与世界各地的300多人成为朋友?当然,友好的熟人数量可能是朋友数量的10倍。

60年前,当我从哈佛商学院获得MBA(工商管理硕士)学位、于1963年前往华尔街开始快乐的投资生涯时,学院还没有开设投资课程,没有金融分析师,几乎没有人对股票或证券市场感兴趣。全球证券和投资领域的就业人数不到5 000。半个世纪后，就业人数远远超过50万，甚至可能达到100万，哈佛商学院开设了30多门各类投资课程，几乎所有人都对证券市场感兴趣。同样重要的是，各投资领域从业者的平均才能稳步提高，使得该行业如今以拥有世界上许多最有才华、消息最灵通、工作最努力和薪酬最高的人而闻名。

多年来，各种力量交织在一起，不断改变并重塑着投资行业的面貌。我非常荣幸，能够亲眼见证并深入观察这些推动力量。

信念的转变要缓慢得多。在那些"缓慢转变的信念"中，有一种观点认为，找到一流的投资经理是客户的首要任务，而且费用应该非常低（"仅为1%"），同时应该使用大量债券来创建"平衡"的投资组合。然而，随着时间的推移，其他一些信念也发生了变化。现在，人们对择时的看法已经转为负面。国际投资开始受到青睐，"主动"投资逐渐被指数化投资取代。

对绩效评估公司来说，找到优秀的基金经理并非易事。SPIVA（标普道琼斯指数）数据显示，从长期来看，越来越少的主动基金经理能够取得超越市场的业绩。更糟糕的是，提前识别少数表现出色的基金经理几乎是不可能的，而那些业绩不佳的基金经理所导致的损失远大于"成功"带来的微薄收益。渐渐地，越来越多的投资者注意到这一点。如今，随着指数化投资的普及，越来越多的投资者开始接受它作为股市投资的合理方式。因为从长期来看，指数化投资能够确保"市场平均"的表现。

费用被越来越多地视为一项巨大的开销，尤其是相对于较低的收益率而言。投资经理越来越多地通过宣传他们较低的费用来吸引客户。（然而，人们对投资经理的认可程度仍然不高，很可能有两个原因。首先，没有人真正签支票来支付投资经理的服务费用，投资经理是从自己管理的资产中悄悄扣除这些费用的。其次，费用几乎总是被描述为资产的百分比。如果费用被描述为收益的百分比，或者更糟糕，对主动基金经理来说是风险调整后的增量收益的百分比，那么他们的压力肯定会大得多。）

投资者及其投资顾问仍然坚信，债券是应对股市波动的有效手段，这种情况可能会持续下去。很难权衡持有债券的机会成本暴露于股市波动引发的焦虑成本。像"按照你的年龄配置债券在投资组合中的百分比"这样的建议听起来是一种基于经验的智慧，很容易被人们记住。当然，很少有投资者能够正确地将他们的债券投资组合视为其总金融投资组合的一部分。对我们大多数人来说，总金融投资组合包含巨大而稳定的资产，如我们的房屋、未来收入或储蓄的净现值，以及我们的社会保障福利。

心理学家指出，人们对政治、社会和金融的信念往往根深蒂固。尤其是当这些信念长期存在，并成为个体世界观的重要组成部分时，它们更难被动摇。试图通过逻辑或证据来改变这些信念往往会遭遇越来越多的阻力或"坚持己见"。这就解释了为什么达尔文曾感叹，在他的科学界朋友和同事退休或去世之前，他的进化论都不会被广泛接受——他的观察是准确的！

我有幸在多个不寻常的情境中不断学习：在学术界对有效市场和MPT（现代资产组合理论）充满热情的时候，我攻读博士学位；在耶鲁和哈佛多次教授高级投资课程；在普林斯顿为经验丰富的专业人士教授为期一周的培训项目教学15年，并与全球最优秀的基金经理合作领导为期30年、每年两次、每次三天的系列研讨会；为CFA（特许金融分析师）协会服务多年；在全球十多个投资委员会任职，与全球100多位最优秀的投资经理反复交流；撰写了多本关于投资的书；最重要的是，我有幸与世界各地的顶级从业者建立了许多深厚的人际/

职业友谊，因此我能够亲眼见证变革的过程。这些文章就像来自一线的报告，记录了我在投资领域的学习经历。

尽管许多投资者都专注于寻找真正出色的投资经理，但我个人的经历却让我有不同的认识。通过与全球各地的投资经理和证券公司广泛接触，特别是在美国、日本和英国（也包括德国、瑞士、加拿大、新加坡和澳大利亚）长达 30 年的咨询经验，我获得了独特的洞察力。我意识到，找到优秀的投资经理并不容易，但这不是问题的关键。真正的问题是，寻找一个比许多真正优秀的投资经理出色得多的人，以便他或她在扣除成本和费用以及个人投资者税收后取得"优于市场"的结果是否现实。这是一个完全不同的问题，而残酷的现实是，这个问题的答案几乎总是否定的！

虽然这些文章中有些部分包含原创思想，但更多是我在投资领域的观察报告。我很幸运地从他人那里学到了宝贵的知识，并能够将这些见解整合为一个有价值的整体。对我来说，写作和解决问题的经历非常有趣，它们也让我有机会向他人学习。有时候，我在将各个观点组合在一起之前就有所领悟，而有时则是在之后。一些观点在首次提出时引发了争议，但经过激烈的讨论和更深入的解释，它们逐渐变得清晰。令人欣慰的是，尽管某些文章可能因情况的变化而显得过时，但经过时间的考验，它们都被证明是正确的。我衷心地希望：第一，读者能够喜欢这些文章；第二，有任何分歧都能与我分享，这样我就能不断学习并改进自己的观点。

查尔斯·埃利斯

康涅狄格州纽黑文市

2022 年 3 月

1

不断变化的游戏

除了技术领域,一个主要行业的整个体系出现重大变革的例子很少。在过去的半个世纪里,投资管理的几乎所有方面(费用、竞争对手、技术、监管者和信息)都发生了变化,甚至变化的速度也发生了变化。

查尔斯·达尔文曾感叹,在他科学界的朋友和同事退休或去世之前,他的进化论都不会被广泛接受。他的同辈势必被其他人取代,后者的职业生涯没有投入或建立在前达尔文时代的旧观念上,因而不会成为传统生物学家[①]的奴隶。

股票市场本身就是达尔文式的——处于不断进化中。随着越来越多的投资专业人士接受更多的培训、拥有更好的工具、掌握更多的信息,随着投资者将资金转向能力更强的投资经理,随着投资经理为吸引更多业务而展开竞争,随着基金高管不断选拔表现最好的投资经理

---

① 这包括哈佛大学和美国顶尖的生物学家路易斯·阿加西斯,他因顽固地拒绝接受达尔文的进化论而闻名于世。

和分析师，主动投资者作为一个整体，其效率不断提高也就不足为奇了。因此，我们总是说："市场一直在学习。"这也是证券市场在效率上不断提高、越来越难以被击败甚至被追赶的原因，尤其是在支付现在收取的更高费用之后。这些费用在这 50 年转型的早期或中期可能是合理的，但各种费用加在一起已经结束了主动管理的辉煌时代。

在经典著作《科学革命的结构》中，托马斯·库恩解释了为什么达尔文面临的问题并不局限于生物学或科学：它是普遍存在的。那些在各自领域取得巨大成功并晋升到顶尖职位的人，自然会（常常是富有想象力且相当顽固地）抵制任何新的、"革命性"或颠覆性的概念。抵制行为背后有两个主要原因。首先，在经过严格测试后，大多数新的假说都被证明是错的。因此，随着时间的推移，实权派的主要成员会变得过于自信，对所有新想法都不屑一顾。其次，任何领域的领导者都有太多的地位、声誉和利益需要维护——他们作为专家的声誉、过去多年的工作成果以及收入能力都取决于现状，现状对他们至关重要，所以他们反对"新事物"。通常，事实证明他们是正确的——所以他们赢了。但并非总是如此。

创新的动态过程

社会存在着一个非常一致的迭代过程，在这个过程中，最好的创新克服了阻力，并最终被人们接受。尽管不同创新的变革速度可能有明显的差异[①]，但是变革过程总是遵循一种重复的模式。有两种角色

---

① 青霉素和杂交玉米种子的使用说明了这一过程。农民在长达 10 年的时间里改用杂交种子；医生在不到 10 个月的时间内接受了青霉素。

起着关键作用：创新者和影响力人物。创新者一直在改进和试验，寻找下一个新事物。与大多数人不同的是，他们热衷于找到并使用最新的创新成果，他们非常享受成为第一人的感觉，这让他们并不介意付出时间、精力或费用（即使大多数创新成果都没有得到证实），所以他们不断地尝试新事物。图1-1展示了创新者如何率先尝试新事物。

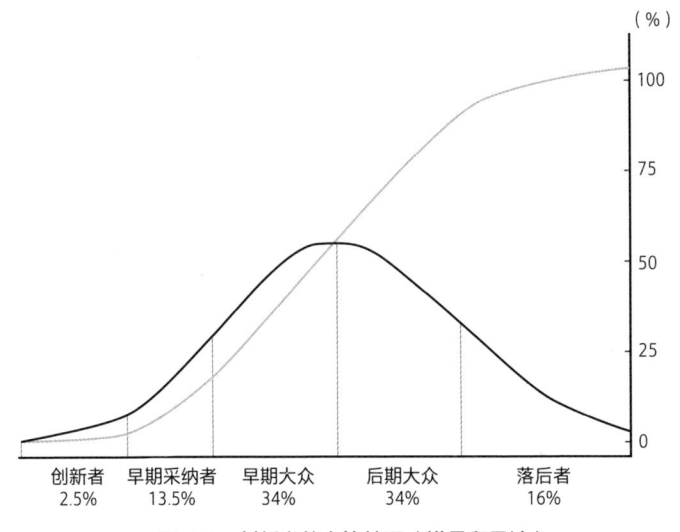

创新者	早期采纳者	早期大众	后期大众	落后者
2.5%	13.5%	34%	34%	16%

图1-1　创新者的占比情况（增量和累计）

影响力人物则不同。虽然喜欢寻找新的更好的方法，但他们不喜欢"新方法"失败带来的成本、麻烦和挫败感。因此，他们的策略是密切关注创新者和他们的试验，当创新者的试验取得成功时，他们会有选择性地采用最有前途的成功方法。因此，影响力人物很早就了解创新成功的情况，并具备了相当强大的技能，能够评估哪些创新者拥有最佳创新纪录并屡屡获得成功，这就是他们成为影响力人物的原因。

当影响力人物寻找成功的创新时，许多追随者正在观察他们。当影响力人物采用一种新方法时，追随者①就会越来越多、越来越坚定地追随他们的步伐。（当然，这也是他们被称为影响力人物的原因。）

埃弗里特·罗杰斯在其学术著作《创新的扩散》中提出了一个经典范式，即创新达到"临界点"后，会在一个更大的社会群体中以指数级速度扩散。社会群体中的大多数成员在做出自己的决定时，都依赖于观察他人的决定②，并通常遵循以下五个步骤：

（1）意识到创新。
（2）评估：形成有利（或不利）的意见。
（3）决定是否采用创新。
（4）行动：采用（或拒绝）创新。
（5）确认：评估创新成果。

决定是第三步，取决于决策者对收益的信心，取决于当前习惯和规范的兼容性，决策者如何预测其他人对该决定的看法以及他们是否会批准。

新的、更好的做事方式被采用的速度取决于几个因素：好处有多大、多明显，效益显现的速度有多快，试验的简易性和低成本，纠正错误决定的便利性和低成本，信息和社会影响的传播和表达渠道或社会网络的质量。另一方面，抵制变革的因素包括：创新收益的不确定

---

① 追随者可以被分为两组，有时被称为"早期大众"和"晚期大众"，甚至后来还有"落后者"跟随。得到"早期大众"的接受会产生"引爆点"现象。
② 在机构投资中，当有影响力的"选择顾问"推动其所有或大部分客户选择（或终止）某个特定投资经理时，"依赖"现象就会产生。但除此之外，大多数机构和个人似乎都是根据自己的条件和时间表独立做出投资经理选择决策的——而不是"我要和他们一样"。

性或采用的困难程度，新采用者可能经历的社会认可风险，未来采用者的风险承受能力，获得收益的速度，等等。

扩散是个体采纳者影响他人采纳的社会过程。在任何社会运动中，影响力人物都非常重要，任何与采纳有关的负面评价都会阻碍扩散。罗杰斯举例说，秘鲁的公共卫生运动之所以失败，就是因为当地文化认为只有"不健康"的人才会喝开水。因此，健康的人拒绝喝开水。值得注意的是，几年前，指数化投资被抨击为"没有技能的懦夫"的避风港，只求"满足于一般水平"，甚至被斥责为"不符合美国精神"。

将库恩和罗杰斯的创新理论结合在一起，可以理解为什么指数化能够稳步推进并必然取得胜利，以及为何其推进仍受到许多致力于主动管理的从业者的抵制甚至忽视。创新的扩散和采用是通过社会系统①及其影响力人物的互动来实现的。扩散速度随社会系统的强弱而变化。

非正式的社会系统在选择投资经理方面非常薄弱。对个人投资者而言，有三个抑制性因素占主导地位：个人过于渴望通过努力"做得更好"；投资顾问、咨询师和其他以提倡努力"做得更好"为生的所谓专家的鼓励；媒体广告、文章和节目内容对胜利的关注和赞美。②当然，投资者很少听到关于大多数主动基金经理连续几年未能跑赢指数的普遍情况，很少了解过去几年的"赢家"在接下来几年或更长时间里再次成为赢家的概率。

---

① 社会系统分为两种类型：同质型和异质型。异质型社会系统由来自不同背景的许多不同类型的参与者组成，他们更有可能对新的思想和创新感兴趣。同质型系统则更加一致和保守，更注重遵守已有的规范。例如，尽管另一种键盘可以让大多数人打字更快，但 QWERTY 键盘仍然被使用。

② 你如果在电视上观看股市报道，请注意新闻主播听起来多么像体育解说员。

社会接受和抵制的迭代过程似乎非常缓慢，因为它们需要经过许多层次和不同类型的社会抵制——尤其会受到如果接受程度大幅提高就会失去很多东西的人的抵制。但是，没有耐心的观察者可以考虑一条艰难的路径，比如进化论。得克萨斯州仍然要求公立学校将进化论和创世论同等严肃对待。说服美国人使用安全带（即使历史数据很有说服力）需要数年时间和大量的公益广告、吵人的喇叭宣传以及地方警察的强制执行。[1]

早期的业绩投资

约翰·梅纳德·凯恩斯在《就业、利息和货币通论》中写道："对任何完全没有赌博天性的人来说，职业投资游戏是令人无法忍受的无聊和过度苛求；而有赌博天性的人则必须为这种倾向付出适当的代价。"请注意，"游戏"一词是亚当·史密斯[2]在20世纪60年代中期的畅销书《金钱游戏》中创造的。该书详细记载和解释了这个全新的"业绩"投资世界，字里行间充满了令人愉悦的讽刺幽默。正如他所说，这是"一场大众心理学练习，试图比大众更好地猜测大众将如何行动"。[3]作者继续解释道："游戏中真正的专业人士——专业的投

---

[1] 其他例子包括减少吸烟和在汽车上使用安全带。其他变化则面临强烈的抵制：如20世纪60年代的废除种族隔离、控制杀伤性武器或减少肥胖，肥胖会导致成年人患上糖尿病以及带来其他痛苦。说服吸烟者戒烟需要一场大胆且昂贵的"抗议性"运动，涉及14个不同方面，并且需要花费数年时间搜集关于癌症导致的过早死亡的确凿数据以及重税、飞机上和建筑物内及个别公司的禁烟令等数据。因此我们知道，改变行为的过程往往很慢，特别是对那些期望根据客观证据采取迅速、理性行动的人来说。

[2] 乔治·J.W.古德曼的笔名。

[3] Adam Smith, *The Money Game* (New York: Vintage Books, 1976), p. 18.

资组合经理——技能越来越熟练。他们是人，也会犯错误，但如果你把钱交给一家真正审慎的共同基金，甚至由一家更好的银行管理，那么后者将为你提供比过去任何时候都更好的服务。"

随后，亚当·史密斯把目光转向了"业绩"共同基金领域的泰斗——富达公司的爱德华·C.约翰逊，将其作为自己深刻思想的最终源泉：

约翰逊先生说："市场就像一个美丽的女人——永远迷人、永远复杂、永远变化、永远神秘。① 自1924年以来，我一直沉浸其中，我知道这不是一门科学，这是一门艺术。现在我们有计算机和各种统计数据，但市场还是那个市场，了解市场并没有变得更容易。这需要个人的直觉，需要感知行为模式。总有一些未知和无法识别的东西。"②

随后，亚当·史密斯带领读者回顾了古斯塔夫·勒庞的《乌合之众》，将其与西格蒙德·弗洛伊德联系起来，反思了切斯特·巴纳德的《经理人员的职能》，然后回到了凯恩斯。"……美国人往往过于关注大众的一般意见，而这种追求共识的倾向在股票市场上可能会出问题……基于真正的长期预期的投资在今天是如此困难，以至几乎是不可行的。"

接下来，他转向本杰明·格雷厄姆，亚当·史密斯引用了这位分析大师的伟大著作《聪明的投资者》中的话。

---

① 本杰明·格雷厄姆的"市场先生"又来了，他巧妙地"保护"我们免受真相的伤害，并用希望引诱我们成为幸运儿，尽管机会渺茫，但我们终将成为赢家。

② Adam Smith, *The Money Game* (New York: Vintage Books, 1976), P. 25.

数学通常被认为能产生精确可靠的结果，但在股票市场上，数学越是复杂和深奥，我们从中得出的结论就越不确定，越具有投机性。在44年的华尔街经验和研究中，我从未见过关于普通股价值或相关投资策略的可靠计算，它们超出了简单算术或最基础的代数。每当有人提出微积分或高等代数时，你都可以把它当作一个警告信号，即操作者试图用理论代替经验。①

亚当·史密斯还普及了一个在20世纪60年代似乎吸引了投资者想象力的问题："你真的想致富吗？"就像问："你真的想变得不切实际吗？"他为读者提供了一段引人注目的历史：

你也可以看到"业绩"出现的时间点。1966年2月，出生于上海并在富达公司担任基金经理的蔡志勇来到纽约。此前，他一直在管理富达资本。他以精明的交易员著称，并且表现不错。他告诉约翰逊先生，"我想拥有一只自己的小基金"。蔡志勇认为他也许能募集2 500万美元，承销的证券经纪公司Bache & Co也估计能募集到这个数额。但当时的气氛非常热烈。第一天订单就超过了5 000万美元，最终达到2.47亿美元，一年内超过了4亿美元。蔡志勇并不是第一位"业绩"型基金经理。约翰逊先生和杰克·德雷福斯也是这方面的先驱。但蔡志勇是第一个真正的"明星"。②

---

① Adam Smith, *The Money Game* (New York: Vintage Books, 1976), p. 135.
② Ibid., p. 181.

20世纪60年代初从事"业绩"投资的从业者经历了早期阶段的困难，这是后来的参与者所不熟悉的。大宗交易才刚刚开始；经纪佣金是固定的——平均每股超过40美分；华尔街的深度研究是新事物；计算机仅限于交易所或后台办公室使用；能显示当前价格的股票报价机是新事物；交易量是今天交易量的十分之一。"业绩"投资成本高昂，要覆盖这些成本并不容易。

那些成功者获得了"英雄"的称号，尤其是在大型共同基金的经理中。可以理解的是，这些英雄为他们的共同基金吸引了大量业务。

随着对"业绩"需求的增加，共同基金提供商的数量和基金产品的种类随之增加：开放型、封闭型、零费用、平衡型、成长型、价值型、小盘股、债券、高收益债券、国际、新兴市场，甚至前沿市场。如今，共同基金服务于5 200多万美国家庭[①]，管理着全球26万亿美元的资金。

另一个变化的例子是20世纪50年代和60年代企业养老基金资产的激增——始于1952年的通用汽车与美国汽车工人联合会（UAW）的劳资协议。由于联邦政府对工资和价格管制严格，禁止大幅增加工资，双方同意为汽车工人提供"附加福利"，主要是养老基金，从而解决了冲突。通用汽车和其他公司对养老保险中5%的股票限制感到不快，于是转向主要银行的信托部门（它们有传统的投资经验，管理着富有客户的个人信托）寻求50∶50的股票和债券投资组合。这被视为一种"客户便利"，几乎不收取任何费用[②]，因此，企业养老金资产

---

① 与1990年的2 340万相比。
② 这些银行怀疑自己能否收取高额费用，并想维护重要的企业客户关系，于是找到一种新颖的后门方式，以投资经理的身份赚钱。银行将信托部门的佣金业务交给那些同意保持大额存款余额的经纪人——银行可以有盈利地借出这些余额。（互惠条款通常商定为每100美元余额收取5美元佣金，并由双方密切监控。）

1　不断变化的游戏

被迅速累积起来。很快，规模较大的货币中心银行成为庞大的投资经理，也成为经纪人研究的主要消费者和华尔街新兴大宗交易能力的大客户。

这种变化导致了进一步的变化，因为新的投资公司被组织起来争夺蓬勃发展的养老金业务——有些是共同基金组织的专门子公司，但大多数是独立公司。这些公司的主要主张是：由最有才华的年轻分析师／投资组合经理（他们将最先发现投资机会并采取行动）进行主动管理可以达到或超过"业绩"共同基金所取得的相同结果，并直接与公司的养老基金合作。与银行中以委员会为中心、保守甚至乏味的信托经理相比，"新品种"及其主张引人注目。

随着共同基金大肆宣传"业绩"和业绩投资，一种新的服务[①]应运而生，即对管理大多数主要养老基金的银行和保险公司的业绩进行衡量，并将其业绩与新型投资公司进行比较。货币中心银行的业绩数据往往令客户大失所望。雪上加霜的是，这些新型投资公司通常聚集了"最优秀、最聪明"的青年才俊，他们离开了银行，因为他们发现银行的正规信托部门程序令人窒息，而且在经济上没有回报。越来越多的养老基金开始从银行信托部门流出，流入承诺有卓越表现的新型投资公司。

重要的是，竞争条件的变化继续令银行和保险公司感到惊讶。银行凭借其在机构金融服务（如银行贷款、现金管理或商业保险）方面的长期经验，知道主要客户会进行价格比较，并进行激烈的讨价还价。因此，银行和保险公司以低价进行竞争。但养老基金管理已经从成本驱动市场转变为价值驱动市场，其价值由对未来投资业绩的预期

---

① A. G. Becker & Co.

和期望决定。

投资管理服务的定价有着有趣的历史，而且趋势是单一的：定价更高。在20世纪30年代以前，独立账户客户的传统费用是按股息和利息收入的百分比收取的。20世纪30年代，斯卡德基金公司将费用计算基数改为50∶50——一半基于收入，一半基于资产。尽管如此，收费水平仍然很低。因此，投资咨询可能是一个不错的职业，但肯定不是一门好生意。那些从事投资管理的人通常只希望用客户的费用来支付运营成本，然后通过管理自己的家族财富赚取可观的收入。如果说投资职业很有趣，那么投资买卖肯定不是。

"业绩"投资管理则不同，新的投资经理根据预期或期望的价值为他们的服务定价。尽管所有的费用——仅"1%"——都被视为相当低廉，但新上任的经理们发现，他们可以轻而易举地收取比银行和保险公司曾经收取的费用还要高的费用。对投资经理来说，高额的费用成了他们预期能提供更高价值的证明，而且对费用的"讨价还价"越来越为人们所不屑。（"你不会根据价格来选择孩子的脑外科医生，对吧？"）在20世纪60年代、70年代和80年代，共同基金、养老基金和捐赠基金的资产急剧膨胀，同时，投资管理费稳步上升。因此，这个行业变得越来越有利可图——最终成为世界上最赚钱的行业之一。这种盈利能力使成功的分析师和投资经理的薪酬水涨船高，也给投资公司带来了更高的利润。高薪酬和有趣的工作吸引了更多有抱负的分析师和投资组合经理，这意味着他们之间的竞争更加激烈，进而导致一种不可避免的状况：越来越难以取得足够出色的业绩，以证明他们所收取的增加费用是合理的——这是我们稍后将谈到的一个现实问题。

不久之后，一种新型的企业中层管理角色应运而生：在养老基金中，负责管理外聘投资经理的内部管理人员。他们负责监督10名、20名甚至30名投资经理，每年与25~50家希望被选中的投资公司会面，然后从中选出最佳人选。要想把这三件事都做好，需要全职专业人士的专门知识——通常由外部投资顾问协助。① 在大多数公司中，养老基金的这些高级管理人员（通常在财务管理部门的不同职位上轮岗几年）要向投资委员会汇报工作。大多数委员会成员是内部财务人员，他们专注于自己在资本预算、控制、筹资等方面的艰巨责任，通常没有深入研究过投资或投资管理，这是可以理解的。因此，养老基金的内部高管经常聘请外部投资顾问，这些顾问的影响力越来越大，尤其是在选择和监督众多主动基金经理方面。

20世纪70年代初，投资顾问开始提供一项专业服务，收取的年费比一位初级基金经理的全部费用还要低。基于定期的深入访问和对过去投资业绩的仔细评估，这些顾问为数十名投资经理提供独立评估，并把"最优秀的人才"带给养老基金的高管及其投资委员会进行最终评估。（指数化投资很少被推荐也就不足为奇了。）到20世纪80年代中期，超过一半的大型养老基金都聘用了一个或多个投资顾问。由数十个这样的咨询顾问② 在全国范围内寻找有前途的新投资经理，并推荐使用数十名专业经理，这使得有前途的新兴投资公司更容易、更快地开展业务。越来越多精力充沛的投资经理成立了新公司，或者

---

① 这些专家中许多人喜欢这份工作，也喜欢到各地会见现任和潜在的基金经理，他们愿意以基金高管为职业。

② 从长远来看，他们的结果也令人失望。（既然是做生意，他们自然会以最有利的方式展现自己。特别是，这意味着当他们停止推荐某位经理通常是由于其表现不佳时，他们会从记录中删除该经理。毕竟，为什么要继续追踪一个失败的经理呢？有多少人会回去看——更不用说进去了——他们不久前搬离的房子？一个重要的结果是：通过从他们的选择结果中删除"失败"的经理并添加新的"赢家"经理，他们无意中大大提高了自己的业绩纪录。）

为已成立的投资机构设立新的养老基金资产管理部门，以满足不断增长的需求。

由于证券市场总是噪声多于有用信息，依靠可用数据的观察者——个人投资者、机构基金高管、投资顾问，甚至投资经理本人——在评估主动基金经理的过程中，将无法从噪声中筛选出足够的信息，从而对哪些投资经理将在未来取得卓越成果做出准确的估计。这种困难可以一层一层地追溯到选股和投资组合管理中众所周知的预测难题：证券市场的成功并不取决于你是否正确，而是取决于你是否比其他买家和卖家更正确。纳特·西尔弗[①]在其精彩的著作《信号与噪声》中解释了为什么我们倾向于认为置信度更高的预测是更准确的预测。他提醒我们："……重要的不是你的预测在绝对意义上有多准确，而是相对于其他竞争者而言有多准确。在扑克游戏中，你可以做出准确率为95%的预测，但仍然会在准确率达到99%的玩家面前输得精光。"正如西尔弗所说："这就是为什么扑克是一种很难轻松赢钱的游戏。"[②]

先锋领航集团研究了过去一段时间内报道的共同基金业绩，没有发现明显的模式，其研究结论是：

除了最底层的1/5，其他结果似乎与随机结果没有显著差异。将这一分析进行逻辑推理，人们可能会合理地认为，跌入最底层1/5的基金可能是下一批被清算或合并的基金。事实上，当研究截至2006年12月31日跌入最底层1/5的基金时，我们发现到

[①] 《纽约时报》政治博客 FiveThirtyEight.com 创始人。
[②] Nate Silver, *The Signal and the Noise* (New York: Penguin, 2012), p. 313.

2011年底，50%的基金被清算或关闭，10%的基金仍处于最底层1/5，只有21%的基金成功反弹至前两个1/5。

正如先锋领航集团解释其研究结果时所说：

为了分析主动管理型基金之间的一致性，我们将所有美国股票基金根据截至2006年的5年期间的风险调整回报进行排名。然后，我们选择了前20%的基金，并追踪了它们未来5年（截至2011年12月31日）的风险调整回报，以观察它们的表现是否稳定。如果这些顶级基金持续表现出较高的风险调整回报，我们预期绝大多数基金将保持在前20%。然而，随机结果导致约17%的回报均匀分布在6个类别中。

如图1-2所示，结果令人不安地接近完全随机。

供求关系和中介机构的作用在动态投资管理市场中反复互动，创造出新的变化形式。早期变化的一个实例集中于共同基金。从20世纪20年代末期的马萨诸塞州投资者信托基金和美国道富基金开始，共同基金为个体投资者（他们通常只投资少数几只股票，并一直使用昂贵的零售股票经纪人）提供了更好的产品，这种产品融合了分散化、便利性以及由经验丰富的投资专业人士和杰出的董事会进行的专业监督——所有这些都能以适中的费用可靠而定期地被提供。经验证明了共同基金的优势，对共同基金的需求增加了，随着需求的增加，供给当然也增加了。越来越多的共同基金应运而生，分销渠道发展起来，基金广告也日益增多。最初，共同基金主要被卖给小型"非经济"客户，即投资顾问不想服务的客户（如大客户的子公司）。然而，随着时间的推移，共同基金逐渐开拓了更广泛、更深入的市场，最终甚至吸引了大型个人投资者和较小的机构投资者。

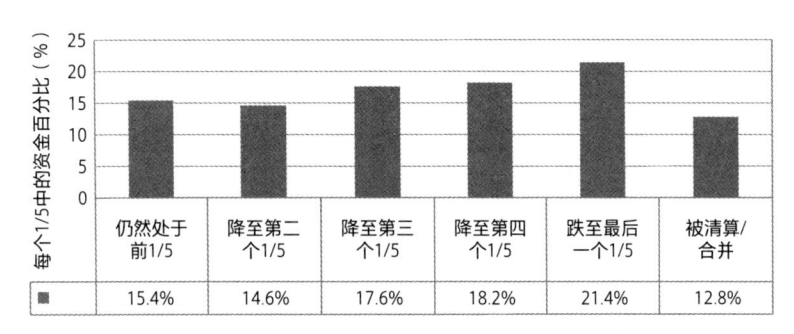

仍然处于前1/5	降至第二个1/5	降至第三个1/5	降至第四个1/5	跌至最后一个1/5	被清算/合并
15.4%	14.6%	17.6%	18.2%	21.4%	12.8%

图 1-2　基金业绩排名变动频繁：截至 2011 年 12 月 31 日的业绩排名

投资"产品"的创新不断加速。在 20 世纪 80 年代之前很少见的对冲基金①，在 20 世纪 90 年代赢得了富人的青睐，在千禧年之后又赢得了机构的青睐。2000 年，估计有 3 335 家对冲基金和 583 家"基金中的基金"拥有 5 000 亿美元的资产（图 1-3）。到 2012 年，这些数据是之前的两倍多，达到 7 768 家对冲基金和 1 932 家"基金中的基金"(后者数据比 2007 年的 2 682 家有所下降）。目前，在"正常"年份，有 1 000 家新的对冲基金成立，750 家老基金被清算。② 总的对冲基金资产估计为 2 万亿美元，其中至少有一家基金资产超过 500 亿美元。③

---

① 格雷厄姆·纽曼公司由本杰明·格雷厄姆在 20 世纪 20 年代创立，是较早的对冲基金之一。二战后，阿尔弗雷德·W. 琼斯创立了他的同名基金，1955 年，《财富》杂志报道称，该基金的表现甚至超过了表现最好的共同基金。
② 德勤，2012 年。
③ 截至 2011 年 6 月，桥水基金拥有 510 亿美元资产。

1　不断变化的游戏

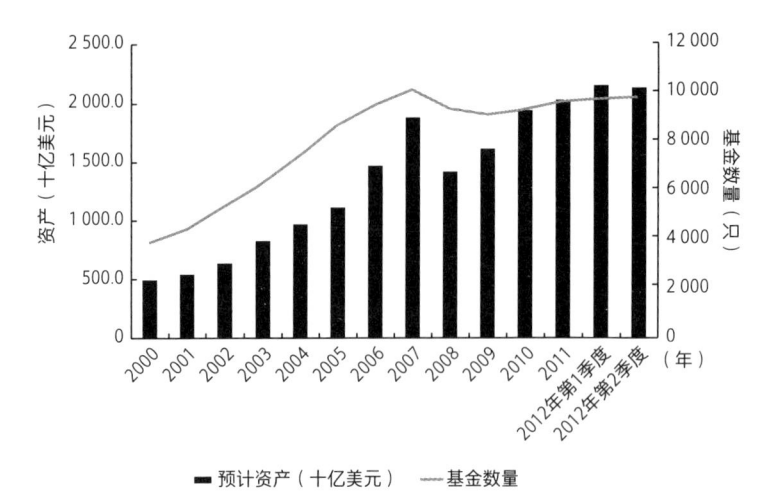

图1-3　2000—2012年对冲基金资产和基金数量估算

对冲基金与其他机构不同，费用通常是"2和20"，杠杆率很高，投资组合周转率很高，其运营的各个方面都很密集，因为都在以各种方式"获取优势"——寻找和利用市场机会。作为高效的"赚钱机器"，对冲基金已成为华尔街最大的账户，由于规模和影响力较大，它们通常会成为投资者或客户寻求投资机会的首选。对冲基金由于产生了巨大的报酬（据称一位基金经理一年获得了40亿美元的报酬），吸引了"最优秀、最聪明"和最具竞争力的人才。[①] 而且，由于对冲基金在市场上寻找异常情况，这也提高了市场的效率。

指数基金的增长

变化催生了变化，一个重要的长期变化始于1971年。富国银行

[①] 大多数针对内幕交易的起诉都涉及对冲基金，这并不奇怪。

为新秀丽公司600万美元的养老基金创建了一只指数基金。该基金最初是等权重基金，但固定的经纪佣金造成了严重的成本问题，因此该基金在1976年被转为市场加权的标准普尔500指数。1974年，美国资产管理公司Batterymarch和美国国家银行也推出了指数基金。[①]1976年，先锋领航集团推出了第一只指数共同基金。它现在是全球最大的共同基金，先锋领航集团已成为全美最大、最受尊敬的投资管理公司之一。（在全球范围内，有超过100只指数基金与某个市场指数相匹配。）经过幸存者偏差调整，在过去的25年里，先锋领航的指数基金击败了全美85%的主动管理型共同基金。

指数基金增长迅速。从1997年到2011年的15年间，指数共同基金的数量从132只增加到383只。在资产方面，指数基金的增长速度是普通基金的两倍，资产总额从1 700亿美元增长到1.1万亿美元。（尽管近80%的指数基金是股票基金，但指数债券基金从100亿美元增长到2 220亿美元）。

指数基金的增长可能受到了一个重大"品牌错误"的影响，当时，指数基金的名称被限制在一个文化上带有贬义的词语上：被动。在我们积极、能干、竞争激烈的文化中，谁会宁愿被称为"被动"的胆小鬼而不是"主动"的竞争者呢？无论是否公平，名称都很重要。考虑一下下面这三对名字，然后决定你更喜欢哪一对？

·托尼·柯蒂斯 vs 伯纳德·施瓦茨

·丽塔·海沃思 vs 玛格丽特·坎西诺

[①] 富国银行的子公司经历了几任东家，现在是贝莱德集团的主要组成部分。美国国家银行的关键人物因机构僵化而感到沮丧，于1988年离职创立了美国德明信基金管理公司。

·拉尔夫·劳伦 vs 拉尔夫·利夫希茨

近年来，与指数相匹配的交易所交易基金（ETFs）[①]也在激增，并吸引了大量投资者。ETFs 起步较慢，但很快交易量激增，种类也激增。[②] 2001 年，ETFs 的资产为 830 亿美元，到 2011 年已超过 1 万亿美元，现在接近 3 万亿美元（图 1-4）。[③] 目前有超过 4 700 只 ETFs，ETFs 的交易量占纽约证券交易所总交易量的 15% 以上。

总资产净值和交易所交易基金数量[1]
2001—2011年，年底（单位：十亿美元）
■ 非1940年《投资公司法》交易所交易基金的总资产净值[2]
■ 1940年《投资公司法》交易所交易基金的总资产净值[3]

年份	2001	2002	2003	2004	2005	2006	2007	2008	2009	2010	2011
非1940年				1	5	15	29	36	75	101	109
1940年	83	102	151	226	296	408	580	496	703	891	939
合计	83	102	151	228	301	423	608	531	777	992	1 048
交易所交易基金数量	102	113	119	152	204	359	629	728	797	923	1 134

1. 主要投资于其他交易所交易基金的交易所交易基金数据不计入总数。
2. 这类基金没有根据 1940 年《投资公司法》注册，主要投资于商品、货币和期货。
3. 这类基金已根据 1940 年《投资公司法》注册。
注：由于四舍五入，各部分相加可能不等于总数。

图 1-4 2000—2011 年交易所交易基金的总资产净值和数量

[①] 由于不是主动管理且没有 12b-1 费用，因此低成本以及由低周转率和透明度带来的税收效率是重要的吸引力。

[②] 1989 年，标准普尔 500 指数的代理指数参与份额在美国和费城交易所的交易量适中，但被芝加哥商品交易所的诉讼叫停。一个类似的产品在多伦多证券交易所开始交易，并受到广泛欢迎，以至美国证券交易委员会高管决定设计一个符合美国证券交易委员会要求的产品。它被称为 SPDR（标准普尔存托凭证）或"蜘蛛凭证"。

[③]《经济学人》，2013 年 1 月 26 日。

越来越多的理论支持

早在指数基金投资兴起之前,学术研究就为从主动投资转向被动或指数化投资提供了越来越强大的理论和文献支持。(从业人员因忙于赚钱,很少或根本不关注这一点。)1952 年,25 岁的哈里·马科维茨发表了一篇长达 14 页的论文,阐明了风险和回报是相互独立且相关的,理性的投资者应该努力在投资组合层面将风险最小化,将回报最大化。[1]

20 世纪 60 年代,比尔·夏普展示了如何将市场或系统性风险从由管理者决定的非市场风险中分离出来。非市场风险可以通过分散投资来最小化,因此投资者应尽可能分散投资。1967 年,迈克尔·詹森在《金融杂志》上发表了一篇关于 1945 年至 1964 年共同基金的研究报告,报告称,尽管共同基金承担了更多风险,但平均每年落后于市场指数 1.1%。

多年后,夏普在《金融分析师期刊》上发表了一篇简短的论文《主动管理的算术》[2],解释了所有投资者需要了解和理解的要点。夏普提出两个简单的主张:

- 在扣除成本之前,主动管理美元基金的平均收益率将等于被动管理美元基金的平均收益率。
- 在扣除成本之后,主动管理美元基金的平均收益率将低于被动管理美元基金的平均收益率。

---

[1] Markowitz published *Portfolio Selection: Efficient Diversification of Investments* (Hoboken, NJ: John Wiley & Sons, 1959) to develop his thesis more fully.

[2] Vol. 47, No. 1, January/February, 1991, pp. 7–9.

夏普接着解释说，任何主动基金经理要想收回所有成本并产生高于市场指数的净回报，其他投资者"必须愚蠢到通过糟糕的业绩"来为这些成本买单，同时还为未能达到目标的风险提供足够的补偿。

尤金·法玛在20世纪60年代率先提出了有效市场假说，并对所有具有10年或以上业绩记录的国内共同基金的表现进行了检验。他的结论是："没有发现卓越的投资。"（如果使用标准普尔500指数这样的市值加权指数，他的结论会更加负面。）正如法玛在最近总结他的研究时所说：

在扣除成本之前，主动管理总体上是一场零和游戏。好的（或更有可能只是运气好的）主动基金经理只能通过牺牲差的（或运气不好的）基金经理来赢得胜利。这个原则甚至适用于个别股票。每当主动基金经理通过增持某只股票赚取收益时，他获得收益的原因都是其他主动投资者通过减持该股票来做出反应。在扣除主动管理成本之前，双方总是以净额相抵。在扣除成本后，主动管理成为一场负和游戏，数额等于投资者承担的成本（费用和支出）。在扣除成本后，只有排名前3%的经理能够产生回报，这表明他们拥有足够的技能来覆盖他们的成本。这意味着在未来，尽管过去取得了非凡的回报，但即使是表现最佳的经理也只能期望与低成本的被动指数基金表现相当。而其他97%的经理的表现可能会更差。[①]

[①] 论文于2012年5月在芝加哥举行的第65届CFA年会上提交，并在《金融分析师期刊》第68卷第6期上发表，题为《关于市场和投资的资深观点》，由尤金·法玛和罗伯特·利特曼撰写。

定量的观察者可能会被原谅，如果他们指出只有3%的主动基金经理能够打败他们选择的市场，这其实并不让人感到意外，因为这与纯粹随机分布的预期结果相差无几。与此同时，定性的观察者会提醒说，97比3的赔率太可怕了——尤其是在拿真金白银冒险的时候，而这些真金白银将是数百万人退休后急需的，或者是用来资助我们社会最珍贵的教育、文化和慈善机构的。

1973年，伯顿·马尔基尔的《漫步华尔街》一经出版就广受欢迎，销量超过200万册，提供了一个易于阅读的投资学术研究的概要。马尔基尔指出，分散投资是"投资中唯一的免费午餐"。马尔基尔报告了一个令人生畏的数据：即使调整了幸存者偏差，超过60%的大盘股基金在5年内的表现也不如市场平均水平；超过70%的基金在10年内的表现不如市场平均水平；超过80%的基金在20年内的表现不如市场平均水平！[①] 基金的"平均表现"甚至更糟，因为表现不佳的基金的亏损幅度是表现良好的基金的市场优势幅度的1.5倍多。

1974年，诺贝尔经济学奖得主保罗·萨缪尔森在《投资组合管理杂志》上发表的文章《对判断力的挑战》得出结论："无法证明最优秀的基金经理能够提供超越市场的……业绩。"在接下来的35年里，一项接一项的研究继续记录着同样糟糕的整体结果。基于模型的估计和现实市场已经惊人地接近一致。

最近，艾伦·罗恩估计，如果所有结果都完全是随机的，那么在不同的时间间隔内，预期主动管理基金的业绩超过大盘指数基金的

[①] Burton Malkiel, *A Random Walk Down Wall Street* (New York: W.W. Norton, 2007), p. 263.

1　不断变化的游戏

比例分别为：1年43%，5年30%，10年23%，25年仅12%。（对于一个由5只主动基金组成的投资组合，10年的预期收益率将下降到11%，而25年的预期收益率仅为3%。）①

理查德·费里斯在研究实际结果时发现，仅有12%的主动管理基金的实际业绩跑赢了标准普尔500指数。对"小盘股"基金以及日本、亚洲（除日本外）、英国、加拿大、新兴市场和房地产投资信托基金（REITs）的研究，也发现了类似的结果。对债券基金来说，成功的概率甚至更低：只有20%的基金取得了优异的业绩，而且过去的表现并不能预测未来的结果。

奇怪的是，那些客观地研究了最广泛数据的学者对实际决策者的思维或行动影响甚微。在学校的MBA学生可能会学习效率市场，但当他们进入公司投资或财务管理领域时，显然"所有这些理论"都被抛在脑后。正如C.P.斯诺所认识的那样，从业者和学者生活在不同的世界，持有不同的信仰，使用不同的语言，彼此之间并没有太多的尊重。

与此同时，回到实际投资的"现实世界"，事实证明，投资咨询公司的工作要比预期的困难得多，投资顾问无法始终如一地识别出赢家公司。（这并不完全令人惊讶。例如，如果一家咨询公司能够一直选择卓越的经理，那么市场上的其他投资者很快就会知道这个事实，就像"狗会叫"一样明显，既然"狗没叫"，说明这个现象不存在。）当然，投资顾问确实为客户提供了其他类型的价值：客户经理相对于其他许多经理的业绩数据；关于资产组合、收益率假设、支出规则

---

① 从理论上讲，主动基金经理可以将资金转成现金，将熊市的不利影响最小化，但实际上，在过去的40年中，共同基金在4/7的熊市中的平均表现都没有超过其基准水平（先锋领航集团）。

或新投资理念的建议；在市场高位或低位诱惑最强烈时提供稳健的建议。

投资者在选择主动基金经理时所面临的挑战并不是要找到一位才华横溢、勤奋工作、高度自律的经理。这很容易，因为这样的经理太多了。挑战在于选择一个比其他同样有抱负的投资者选择的经理更勤奋、更自律、更有创造力的经理——至少要足以覆盖支付给经理的费用。由于一个重要的具有讽刺意味的原因，要做到这一点变得异常困难：投资经理日益一致的卓越表现提高了市场效率。

由于所有这些强大的变革力量的结合，市场活动已经从业余的"市场局外人"偶尔做出个股投资决策的活动转变为专业的"市场内行人"不断比较市场价格的活动。其结果是，证券市场变得越来越高效。这意味着，基于专家对预期收益的分析（这些分析又基于他们能获取的所有信息）得出的均衡价格，与实际价格之间的偏差越来越难以预测，而且这些偏差都是随机的"噪声"。

考虑到投资业绩数据中的"噪声"，法玛得出结论："投资者无法找到创造真正的阿尔法收益的基金经理。即使在20年的时间里，主动管理基金的过去表现也有很多随机噪声，这使得区分运气和技能变得很困难（如果不是不可能）。"（他并没有说，但我们知道很重要的一点是，任何长期业绩的背后，都有许多组织内部变化的重要因素：市场变化，投资组合经理的变化，公司管理资产的变化，经理的年龄、家庭、收入和兴趣的变化，组织的变化，等等。所有这些都意味着在解释任何长期业绩时必须非常谨慎。）

贝叶斯学派以两种重要的方式思考：不断使用新数据来逐渐接近现实，以及以概率的方式思考和估计未来。尽管价格具有特殊性，但股票市场是由许多复杂力量和变量组成的。然而，对投资业绩而言，人们在评估时却出了名地带有偏见。我们倾向于投资自己研究过的公司的股票，甚至更看好已被纳入我们投资组合的股票的前景。每家公司都是一个复杂的综合体，包括许多不断变化的经济条件、许多细分市场不断变化的需求、不断变化的竞争、不断变化的技术、不断变化的内部领导层，更重要的是好运气和坏运气。有些变量是相互强化的，有些是自我纠正的；有些是相互冲突的，有些是自我抵消的；有些是短暂的，有些是持久的。统计上的不确定性是固有的，也是长期存在的。甚至变化的原因也是不确定的，而且往往隐藏得很深。变化因素多种多样，其重要性各不相同，它们之间复杂的相互作用令人眼花缭乱。估计和预测任何变量的未来都是困难的，而预测许多不断变化的变量相互影响的未来更是难上加难。①

不断变化的市场

50年前，机构的交易量只占纽约证券交易所交易总量的10%，而业余投资者（平均每年不到一笔交易）的交易量占另外的90%，对消息灵通的活跃专业人士来说，战胜市场（即战胜业余投资者的比赛）不仅是可能的，而且是大概率事件。个人投资者不仅是无法获得研究信息的业余人士，而且他们的决策也主要出于市场之外的原因：遗产继承、奖金收入、购房首付款或大学学费。如今，市场主要由拥有广泛的研究和大量的市场信息、经济分析、行业研究和公司报告的专业人士主导，他们不断地在市场中进行比较，以获得各种竞争优势。

---

① 大多数市场"技术人员"要么已经消失，要么已经退居幕后，变得无足轻重。

在过去的50年里，受过良好教育、经验丰富、全职、敬业且积极进取的专业人士取代了业余的个人投资者，股票市场变得越来越高效。专业投资者的交易从所有交易中的少数激增到占绝大多数，占所有上市股票交易的95%以上，几乎占所有上市股票场外交易的100%，加上100%的算法交易和近100%的衍生品交易（现在可能相当于或超过"现货"市场上交易的股票价值）。

1961年，自1929年以来第一次，纽约证券交易所的年交易量超过10亿股。到1972年，交易量为41亿股——而这仅仅是个开始。在接下来的20年里，交易量增长了8倍，然后在接下来的10年里又增长了12倍。交易额从1961年的15%增长到1972年的23%，到2002年增长到105%，到2012年甚至更高。在过去的40年里，交易量激增了近90倍！表1-1显示了从1973年到2011年股票交易量的增长。

表1-1　1973—2011年间股票交易量的增长

年份	交易量（十亿股）
1973	4.1
1982	16.5
1992	31.6
2002	363.1
2011	533.5

主导当今市场的专业投资者在教育、分析技能、行业和公司专业知识、信息获取以及组织资源（计算机、互联网和团队分析师）方面已经稳步地获得了越来越多的优势。名牌大学的工商管理硕士和博士现在已经"司空见惯"。彭博咨询师和特许金融分析师无处不在。特许金融分析师证书是世界范围内持续向专业化转变的一个指标。1963

年，特许金融分析师考试的入门门槛较低，只需参加一次难度不大的考试，第一年就颁发了267张特许金融分析师证书。随着人们对特许金融分析师证书兴趣的增加，到1966年，有564人获得了证书，尽管考试改为每年进行3次，要求更加严格，而且对"知识体系"的预备性学习也更加艰巨。随着市场急剧下滑，1971年新颁发的特许金融分析师证书降至214个。随后，特许金融分析师人数偶尔有所回升[①]，到2012年已超过1.1万人。目前，特许金融分析师在全世界的总人数已超过13万，另有22万注册为候选人（见图1-5）。[②]

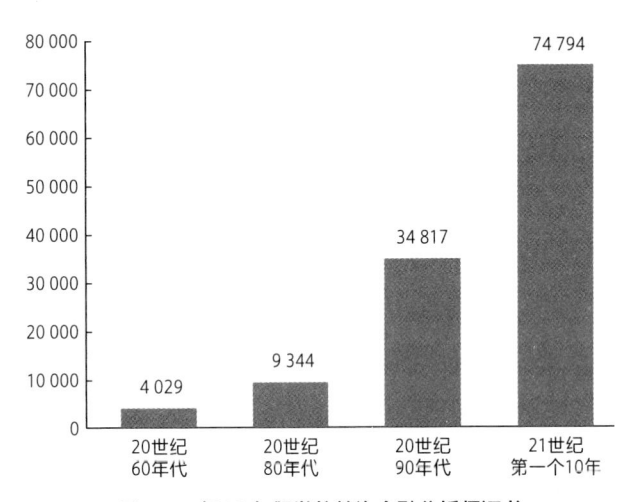

图1-5 每10年颁发的特许金融分析师证书

每天，互联网、传真机和邮箱中都充斥着关于行业、公司、经济、人口统计、政治等各方面的研究报告。每个人都可以获得比他们可能用到的更多的市场信息。通过"公平竞争"的《公平披露条

---

① 特别是在2008年全球金融危机时从10 045人的峰值跌至4 618人之后。
② 通过率表明3个连续考试的严格程度：一级通过率为38%，二级通过率为47%，三级通过率为52%。

例》，美国证券交易委员会确保始终在同一时间向所有投资者披露所有信息。

下面提到的每一个变化都可能很重要，复合变化更是令人震惊。在过去的 50 年里：

- 纽约证券交易所的交易量从每天约 300 万股上升到超过 60 亿股，增长了约 2 000 倍。
- 股票衍生品交易从零开始，价值已经超过了纽约证券交易所的现货市场。
- 彭博机器的投放量从 0 增加到 300 多台，还在迅速增长。
- 从绝对意义上说，第一和第二四分位投资专业人士的能力一直在稳步提高。

结果并不令人惊讶：股市变得越来越难被击败，因为竞争越来越激烈，越来越难超越或追赶竞争对手，尤其是在收取巨额费用之后。

重要的是，还没有找到一种方法可以提前确定哪些主动管理基金将成为赢家。再次强调，亏损基金的税前亏损（1.7%）比赢家赢得的税前收益（1%）更多。[①] 表 1-2 显示了大多数表现不佳的主动管理基金——所有类型和规模的基金。

---

① 根据晨星公司的数据，税收使得典型的主动管理基金的股东比指数基金的股东多损失约 1% 的资产。

1　不断变化的游戏

表 1-2　经过幸存者偏差调整后，基准表现不佳的基金百分比
（截至 2011 年 12 月 31 日的 15 年）

规模	价值基金	混合基金	成长基金
大型	57%	84%	75%
中型	100%	96%	97%
小型	70%	95%	78%

对所有投资者来说，激烈的竞争一次又一次地加快了卓越标准的上升速度[1]，对专业知识和技能的要求也越来越高，只有这样才能跟上竞争的步伐，或者成为排名前 25% 或前 10% 的投资经理。[2] 市场在许多方面都发生了变化，这些变化仅仅是共同提高了与普通竞争对手保持同步所需的能力标准，但远远谈不上显著超越。而且，越来越多理性的、受过教育的、消息灵通的、积极进取的参与者不断加入寻找定价错误的行列，而且他们都能随时获得几乎相同的信息。因此，任何定价失误都有可能被发现，并被迅速套利，使其变得微不足道。

重要的是，鉴于投资信息的搜集、处理和传播在广度、深度、速度和准确性方面都以整体变革的方式获得提升，理性的观察者会认为证券市场价格——由数千名专家在激烈的竞争中投入大量实际资金达成的共识——比以往任何时候都更有效。而"有竞争力"所需的技能水平现在也比以往任何时候都高。因此，核心问题不在于市场是否完全有效，而在于市场是否足够"有效"，以至那些被运营成本和费用

---

[1] 道格拉斯·麦克阿瑟自信满满地断言，战争的历史可以用 9 个字母来概括：NOT IN TIME（战争的成败不是由时间来决定的）。

[2] 有一种变化没有得到广泛认可，但似乎很重要。一些最有能力和消息最灵通的经理（例如对冲基金经理）交易更加频繁，投资经理应明智地根据交易的竞争优势来评估自己，而不是仅仅根据投资组合表现。以这种方式研究，以能力衡量，很可能前 10% 的顶级投资经理将执行前 25% 的交易。

（如果正确理解）拖累的主动基金经理不太可能跟上市场的步伐，更不太可能远远领先于市场——专家们的交易加权共识。重要的问题是，考虑到成功选择经理的难度以及获得超额净回报的前景不佳，投资者是否有足够的理由接受主动管理的风险和不确定性。

当然，要让投资者意识到日益增加的困难不会很容易，尤其是对主动基金经理来说。我们不能合理地期望他们说："我们这些皇帝没有穿衣服。"尤其是在为持续努力而获得如此丰厚报酬的时候，他们不会轻易放弃主动管理，因为这不符合他们的利益。此外，卡尼曼建议认识到文化所具有的社交力量，比如弥漫在投资管理领域的文化：

我们知道，只要有一群志同道合的信徒支持，人们就能对任何主张保持不可动摇的信念，无论其多么荒谬。鉴于金融界的竞争文化，这个世界上的许多人都相信自己是少数被选中的人，能做到他们认为别人做不到的事情，这并不令人意外。

造成这种错觉的最有力的心理原因是，选择股票的人正在运用高超的技能。他们参考经济数据和预测，分析收入报表和资产负债表，评估高层管理人员的素质，评估竞争对手。所有这些都是需要经过全面深入培训的严肃工作，而从事这些工作的人都有运用这些技能的直接（和有效）经验。[1] 对主动投资的支持者来说，不幸的是，卡尼曼也熟悉过去 50 年的大量研究，这些研究明确表明："对大多数基金经理来说，选股更像是掷骰子而不是打扑克。通常，至少有 2/3 的共同基金都表现不佳……在任何一年。"

---

[1] Daniel Kahneman, *Thinking, Fast and Slow* (New York: Penguin, 2012), p. 217.

> 更重要的是，共同基金收益之间的年度相关性非常小，几乎为零。任何一年中成功的基金大部分都是幸运的，他们掷出了好骰子。研究人员普遍认为，几乎所有的选股者，无论是否知道——他们中很少有人知道——他们都在玩一场机会游戏。交易员的主观体验是，他们在充满不确定性的情况下做出了明智的、有根据的猜测。然而，在高度有效的市场中，有根据的猜测和盲猜没有区别。[1]

依靠客观数据，卡尼曼毫不留情地得出结论：

> 一个重要的行业似乎主要建立在一种技能错觉之上。每天都有数十亿股股票在交易，许多人买进或卖出股票。大多数买家和卖家都知道（或者应该知道，如果他们消息灵通），他们拥有（大部分）相同的信息，他们交换股票主要是因为他们有不同的意见。买家认为价格太低，可能会上涨，而卖家认为价格太高，可能会下跌。令人困惑的是，为什么买家和卖家都认为当前的价格是错误的？是什么让他们相信自己比市场更了解价格应该是多少？对他们中的大多数人来说，这种信念只是一种错觉。

而且，随着市场日益被技巧娴熟、消息灵通的竞争对手主导，这种错觉的重要性已经达到不再可信的地步。[2]

卡尼曼在戳破气球方面很公正。他回顾了流行的商业文献，这些文献声称可以识别卓越的管理实践，并以某种方式带来良好的结果。

---

[1] Daniel Kahneman, *Thinking, Fast and Slow* (New York: Penguin, 2012), p. 215.
[2] Ibid., pp. 212, 213.

他说:"这两种信息都被夸大了。比较成功或失败的公司,在很大程度上是比较幸运或不幸的公司。"

因为运气起着很大的作用,所以无法从观察到的成功中可靠地推断出领导力和管理实践的质量。即使你知道一位首席执行官有出色的眼光和非凡的能力,你也无法比抛硬币更准确地预测公司的表现。平均而言,《基业长青》中所研究的最优秀的公司和不太成功的公司之间的企业盈利能力和股票收益率的差距在研究结束后的一段时间里几乎缩小到了零。在著名的《追求卓越》一书中,被认定为优秀的公司在短时间内利润大幅下降。一项对《财富》杂志评选出的最受尊敬公司的研究发现,在20年的时间里,评级最低的公司获得了比最受尊敬的公司高得多的股票收益率。

你可能忍不住想为这些观察结果找到因果解释:或许成功的公司变得自满,不那么成功的公司更加努力。但这是错误的思考方式。必须缩小平均差距,因为最初的差距在很大程度上是由运气造成的,运气既促成了顶级公司的成功,也导致了其他公司的落后。我们已经遇到了这个生活中的统计事实:向均值回归。[1][2]

卡尼曼用一个具体的例子来解释他的论点:

---

[1] Daniel Kahneman, *Thinking, Fast and Slow* (New York: Penguin, 2012), p. 207.
[2] 卡尼曼最喜欢的等式(因为它们解释得非常棒)是:
1. 成功 = 天赋 + 运气
2. 巨大的成功 = 稍多一些天赋 + 大量运气
或者,正如罗伯特·彭斯的那首名诗教诲的那样:"哦,但愿老天给我们一种能力,让我们能看到别人眼中的自己!这会使我们免去许多错误和愚蠢的想法。"

1　不断变化的游戏　　31

几年前，我有机会近距离研究人们对金融技能的错觉。我受邀到一家为非常富有的客户提供金融咨询和其他服务的公司里，向一群投资顾问发表演讲。我要求该公司提供一些数据来准备我的演讲，结果我得到了一个小宝藏：一份电子表格，总结了大约 25 位匿名投资顾问连续 8 年每年的投资结果。每位顾问每年的分数是他（其中大多数是男性）获得年终奖金的主要因素。通过每年的表现对顾问进行排名，并确定他们之间是否存在持续的技能差异，以及相同的顾问是否年复一年地为他们的客户带来更好的回报，这并不是什么难事。

为了回答这个问题，我计算了每对儿年份排名之间的相关系数：第一年与第二年、第一年与第三年，以此类推，直到第七年与第八年。这产生了 28 个相关系数，每个系数对应一对儿年份。我知道这个理论，并且做好了寻找技能持续性的薄弱证据的准备。然而，我还是惊讶地发现，28 个相关系数的平均值为 0.01，换句话说，就是零。我没有找到表明技能差异的一致相关性。这些结果更像是一场掷骰子比赛的结果，而不是技能比赛的结果。公司似乎没有意识到其选股者正在玩的游戏的本质。①

选择主动基金经理的客户必须回答两个不同且越来越难的问题：

- 经理在未来几年内是否会成为最好的经理之一？
- 在风险调整后的今天的专家市场，A 经理是否足够优秀，以证明其收费是合理的？

---

① Daniel Kahneman, *Thinking, Fast and Slow* (New York: Penguin, 2012), p. 215.

尽管越来越多的证据表明，主动基金经理并没有也不会跑赢他们自己主导的市场（竞争的铁律），但客户仍然相信他们的经理能够并将跑赢市场。（"希望战胜经验"的胜利不仅仅局限于重复的婚姻。美国机构客户的平均预期是，其基金经理要超过市场平均水平 100 个基点。）[1] 当然，随着机构或个人所使用的基金经理人数的增加，挑选出明显优于市场的基金经理的难度也会增加，而大多数机构都会使用多位基金经理。

考虑一下投资者追求主动管理的多种因素：媒体广告非常广泛，且集中报道"赢家"，他们乐于事后解释自己是如何取得成功的；投资委员会专注于从一组预先选定的"赢家"中挑选出最优秀的基金经理；投资顾问被聘请到世界各地寻找最顶尖的基金经理。考虑到他们公司的盈利状况取决于客户是否继续使用他们的服务，他们为何要告诉付费的客户他们正在执行一项"不可能被完成的任务"？另一个可能的解释是，基金高管相信自己可以轻松、成功地一位接一位地更换基金经理。正如一位基金高管最近对大量听众所说："我们不与基金经理结婚，我们只与他们约会。"[2] 不幸的是，在决定更换基金经理后的几年里，被解雇的基金经理通常会比新任命的经理表现更好。[3]

多年来，主动基金经理令人失望的业绩表现一直被人们否认，因为除了更努力地尝试和期待最好的结果，没有其他明确的选择。在大多数情况下，客户都抱着乐观的态度，继续将错误归于自己，并大胆地继续寻找合适的基金经理，坚信没有其他可行的替代方案。但现

---

[1] 企业养老基金和公共养老基金稍微有些不乐观，而捐赠基金和工会则更加乐观。在养老基金的高管中，难以捉摸的跑赢市场的魔力是填补当前资金缺口最受欢迎的方式。

[2] 2012 年 6 月 4 日至 6 日在波士顿举行的机构投资者捐赠和基金会会议上的小组成员。

[3] "Murder on the Orient Express," *FAJ*, Vol. 60, No. 4, July–August 2012.

在，随着低成本指数基金和交易所交易基金的激增，有了明确的替代方案。客户逐渐认识到这一现实，甚至开始采取行动。现在真正的问题是："为什么客户不从主动投资转向指数化投资？"答案在于人类根深蒂固的乐观主义。

行为经济学

许多匪夷所思的不那么理性的行为可以通过行为经济学来解释，这可以帮助我们解释向指数化转变的步伐为什么如此缓慢，以及为什么这个步伐可能会逐步加快。行为"倾斜"影响我们观念和信念的形成、我们的行为以及我们做出决定的方式。许多有据可查的"倾斜"有助于解释转变的速度为什么如此缓慢，包括以下几点：

- **模糊效应**：由于未来的业绩数据是未知的，这种不确定性使得人们更容易说："好吧，让我们等等看。这位经理看起来仍然像个赢家。"
- **基率谬误**：基于特定例外而非正常经验形成信念或做出决策。"我们只考虑前四分位的经理，然后从中挑选最佳的，所以我们应该能获得优异的业绩。"
- **选择支持偏差**："嗯，我们没有花很多时间研究我们过去的经验，但我很确定，总的来说，我们做得相当好。"
- **证真偏差**："我们知道有优秀的经理，我们已经从顾问那里看到了他们推荐的经理的大量数据，所以我们有信心，我们的流程将为我们带来一批优秀的经理。"
- **购后合理化**："如果没有信心，我们就不会选择这些，他们最终会有良好的业绩表现。"

正如卡尼曼警告的那样：

> 规划谬误只是普遍存在的乐观偏见的一种表现形式。我们大多数人认为世界比实际更美好，我们自己的特质比实际更优秀，我们设定的目标比实际更容易实现。我们还倾向于夸大我们预测未来的能力，这会助长乐观的过度自信。从决策的结果来看，乐观偏见可能是最重要的认知偏见。乐观偏见既可以是一种福音，也可能是一种风险。因此，如果你天生乐观，你应该既感到高兴又保持警惕。①

卡尼曼接着解释说，预测出错是不可避免的，因为我们生活的世界本身就是高度不可预测的，高水平的置信度并不能作为准确性的指标。然后他问道："为什么投资者（无论是业余的还是专业的）都固执地认为自己能比市场做得更好？而这与他们接受的大多数经济理论以及他们从冷静评估个人经验中得出的结论是矛盾的。"

然后他感叹道："不幸的是，评估一家公司商业前景的技能对实现成功的股票交易来说是不够的，关键问题是，这些信息是否已经反映在其股票价格中。"② 现在我们知道，关于经济、行业、公司和股票的大多数相关和可获得的信息都是已知的或可预期的，因此几乎一直都被包含在每只股票的价格中。

---

① Kahneman, *Thinking, Fast and Slow* (New York: Penguin, 2012), p. 251.
② Ibid., p. 217.

行为经济学家的研究一致表明，当被问及是否认为自己高于或低于平均水平时，帕累托的 80∶20 法则适用于大多数人群。正如我们所看到的，乌比冈湖效应无处不在，我们往往会高估自己的水平。我们中有 80% 的人在以下每个参数上认为自己"高于平均水平"[①]：

· 善于倾听。

· 幽默感强。

· 善于交谈。

· 对他人友好。

· 优秀的司机。

· 优秀的舞者。

……

· 优秀的投资者。

最后一项评级——80% 的人认为自己是"高于平均水平"的投资者——可能是解释指数化投资为什么没有被更大胆地采用的关键。尽管过去几年的数据广泛而矛盾，但机构基金高管对未来仍抱有极大的信心，认为他们的主动基金经理将取得显著优于市场的业绩。格林威治联营公司的研究年复一年地表明，机构投资者希望其基金经理每年能够比基准高 100 个基点。由于对主动管理有如此大的信心（无论过去的数据与这一观点如何矛盾），对主动管理的需求持续强劲就不足为奇了。

---

① 最近的一项调查发现，87% 的受访者相信他们配得上进入天堂。这个比例远远高于他们对特蕾莎修女和马丁·路德·金进入天堂的估计。

在《太空先锋》中，汤姆·沃尔夫向读者展示了他笔下那些杰出的飞行员看不到的一面：致命事故的原因并不是"飞行员失误"，这些事故是可以预测但不可避免的。在如此困难的工作中，在如此充满内在变数的环境中，即使是世界上最优秀的飞行员也不可能始终掌控全局。同样，2011 年的电影《帮助》中的年轻白人女性也无法从不同的角度清楚地看到我们现在所看到的社会错误。正如伯顿·马尔基尔所说："人们很难接受（指数化），因为这就像告诉别人没有圣诞老人一样。人们不喜欢放弃固有的信念。"

收费并不低

与此同时，投资者继续忽视着一个因素——费用，因为几乎每个人都认为费用不重要。但是正确看待（与实际取得的收益相比）费用是非常重要的。让我们将传统观念与现实情况进行对比。在传统观念中，股票管理费通常用一个 4 个字母的单词和一个数字来描述。这个单词是"only"，即"只有 1%"。对共同基金而言，"只有 1%"；对机构而言，"只有 0.5%"。如果你接受 1%[①]，你就会很容易接受"only"。

[①] "只有 1%"的影响可以随着时间的推移累积成一个非常大的数字。在一个例子中，两位投资者每人以 10 万美元开始，每年增加 1.4 万美元，持续 25 年。一位投资者选择收费 1.25% 的经理，而另一位只支付 0.25% 的管理费——两者相差"只有 1%"。25 年后，两人的资产都超过了 100 万美元，但两人之间的差距令人震惊：255 423 美元——超过 25 万美元（1 400 666 美元 vs 1 145 243 美元）。对债券基金来说，费用——作为指数债券基金的增量收益的百分比——一直很高：
应税债券 103 175
市政债券 99 160

1　不断变化的游戏

但这难道不是自欺欺人吗？[①]

"只有1%"是费用与资产的比率，但这是定义和计算费用的正确方法吗？投资者已经拥有资产，因此主动基金经理必须提供其他东西——收益。如果未来股票的年收益率像目前普遍认为的那样是7%，那么资产的1%很快就会膨胀到接近收益的15%——这是一项高得多也现实得多的费用。但这还不是全部。

如果要更明智、更严格地定义主动管理费的费率，我们就需要先认识一个可以被广泛提供、收费很低的"商品"选择，即指数化。由于指数化可以始终在不超过市场风险水平的条件下实现市场的全部收益，明智的现实主义者在对市场风险进行调整后，会用增量或边际费用占增量或边际收益的百分比来定义主动管理费。

在共同基金中，不同基金和不同类型基金之间的费用差异很大，甚至在同类指数基金之间也是如此。如表1-3所示，在美国，主动管理基金的平均费用超过1%。请注意，美国的共同基金费用明显低于其他国家的基金。

表1-3　2011年美国共同基金的费用（按基点计算）

	平均费用	第90百分位费用
股票基金	144	220
积极成长型	149	221
成长型	137	209
行业型	154	237
成长收益型	121	195
收入股票型	124	193
国际股票型	157	232

---

① 当然，在美国，12b-1费用使得共同基金的总费用超过资产的1%（占预期收益的15%，占预期增量收益的100%以上），而在加拿大、英国和许多其他国家，共同基金的费用超过2%。

除了费用比率，通常还收取 25 个基点的 12b-1 或 "分销费"。[①]这些费用要么直接支付给经纪人以获得 "货架空间"，要么用于支付广告和其他营销费用。这些费用大大增加了投资者的总成本——特别是在正确计算增量收益时。[②][③]

所以，现在最关键的问题就是：主动基金经理能以什么样的边际成本提供什么样的边际收益？对机构来说，50 个基点的费用（占资产 1% 的一半）比机构指数基金的费用（比如 5 个基点或更低）高出 45 个基点。这 45 个基点的费用是与增量收益相匹配的正确的增量费用。

从长期来看，只有极少数最成功的主动基金经理的业绩能长期平均超过 100 个基点，但即使对这些精英而言，真正的费用——边际费用占增量收益的百分比——也会达到 45%。对一个业绩持续高出市场表现 0.5% 的主动基金经理来说，这无疑是一个引人注目的前 10% 的表现，而其真正或边际费用将是 90%。

客观地说，主动管理带来的增量风险调整后的收益，其增量费用并不低。它们很高——非常高。法玛的研究表明，只有 3% 的主动基金经理能覆盖他们的费用。由于大多数基金经理的表现逊于市场，因

[①] 他们公开声明的主要目的是向经纪人支付费用，不让他们 "过度交易" 客户的共同基金投资，否则这会损害长期投资者的利益，因为基金必须保留额外的现金余额以应对赎回。

[②] 另外，从共同基金投资者资产中扣除的 5.4% 的费用或 "手续费" 通常在购买日就被从资产中扣除了。近年来，"收费" 基金在资产中所占份额已经减少。从 2001 年到 2011 年，"收费" 基金的资产只增加了 5 000 亿美元，而 "免佣" 基金的资产增加了超过 3 万亿美元——是前者的 6 倍多。

[③] 在 15 年的时间里（1995 年至 2010 年），"高成本" 四分位数共同基金的实际表现优于 "低成本" 四分位数共同基金，分别为 7.4% 和 5.6%。在市场收益率为 7% 的情况下，1.6% 的差异相当于预期市场收益率的 40% 以上。

此主动基金经理的真实费用实际上远远超过了增量收益的100%。到目前为止，这一严峻的现实尚未被客户注意到。但"未被客户注意到"肯定不是巴菲特想要保护企业的强大护城河。

具有讽刺意味的是，主动基金经理无法"打败市场"肯定不是对他们作为投资专家的批评，而是对过去50年来被吸引到投资研究和管理领域的许多杰出人士所展现出的非凡技能、辛勤工作和持续追求卓越精神的赞扬。简言之，专业人士是如此"擅长游戏"，以至只有极少数人能够既覆盖成本又超越专家的共识。

对我们的行业、个人投资者以及从事主动投资管理的公司来说，问题是：我们什么时候才能意识到，其他市场参与者的技能增加了这么多，以至我们再也不能通过足够的优势来超越他们，以覆盖交易和管理费用的成本，并在扣除费用和成本后为客户创造良好的价值。另一个核心问题是：我们的客户什么时候会认为，继续努力跑赢市场对他们来说不是一笔好交易。这些问题至关重要，因为在过了那个临界点之后继续销售这种服务显然会引起将职业与业务区分开来的道德问题。

作为一项业务，投资管理取得了巨大的成功，但作为一个职业，投资管理却屡屡失败。可以理解的是，从业者既希望业务繁荣，又希望自己的职业能受人尊敬，但我们的集体决策和行为（远远超过内部人士所认识到的）表明，在我们所做的事情与我们的言论之间，我们把"繁荣的业务"远远放在了"受人尊敬的职业"之前。

我们之所以能够把业务放在第一位，部分原因是大多数客户都是业余的，他们没有意识到真正发生了什么，部分原因是我们这些业内人士也没有看清现实，所以我们认为没有特别的理由去担心或采取行动。如果"皇帝没有穿衣服"，为什么这些信念会持续存在？检验我们想法的一种方法是反向提问：如果你的投资经理可以持续可靠地提供市场收益，并且风险不高于市场风险，收费仅为1%的1/10，那么你会转投那些收费远高于1%、业绩起伏不定、亏损率几乎是市场的两倍（亏损时平均亏损1.65美元，而跑赢市场时平均盈利1美元）的投资经理吗？这个问题本身就是答案。

对那些愿意从输家的游戏中走出来，不再试图打败由见多识广、技能娴熟、决心坚毅的专业人士构成的市场共识者来说，好消息是他们可以将客户关系重新构建成赢家的游戏[①]，在这个游戏中，客户和投资经理都可以取得成功。"秘诀"是把客户的利益放在第一位，将投资产品与重要的投资咨询服务结合起来：指导客户明确、合理地设定其特定的、切合实际的投资目标，以及最有可能在客户的临时风险承受能力范围内实现这些目标的特定投资计划，并帮助客户在市场极端情况下（无论是高点还是低点）保持正确的投资方向。

当然，对投资经理来说，赢家的游戏可能在经济上不如一项业务那么赚钱。但作为一种职业，它会令人充满成就感，而且这是唯一值得推崇的前进道路，它将激发客户和顾客的忠诚度——以及所有伴随而来的经济利益，并为从业者提供更高层次的职业满足感。

资料来源：2012年牛津大学会议论文。

[①] 见"赢家的游戏"一章。

2
输家的游戏

随着专业投资者的交易比例从10%上升到30%，再到70%，专业投资者在获得同等信息和同等技术的情况下，越来越难以克服运营和费用成本。这使得主动"业绩"投资越来越成为输家的游戏，其结果是由输家的错误决定的。如此悲观的结论能够被专业投资者接受，尽管受到严重挑战也不放弃，这要归功于他们的竞技精神。到2020年，由专业机构投资者完成的纽约证券交易所交易比例已超过90%，而从15年的长段时间来看，未能达到基准业绩的主动管理基金的比例上升到了令人恐惧的89%。

贝克尔证券公司、美林和所有其他业绩评估公司的计算机都传出各种令人信服的数据。这些事实和数据告诉我们，投资经理的业绩不佳。全美领先的投资组合经理不仅未能创造正的绝对收益率（毕竟这是一个漫长的熊市），而且未能创造正的相对收益率。与投资经理常说的跑赢市场平均水平的目标相反，他们并没有战胜市场：是市场打败了他们。

面对与自己的信念相矛盾的信息，人类倾向于以两种方式做出回应。有些人会同化信息，改变它，就像牡蛎用珍珠质覆盖令人讨厌的二氧化硅颗粒一样，这样他们就可以忽略新信息，坚持他们以前的信念。而另一些人会有效地接受新信息，他们不是改变新数据的意义以适应他们对现实的旧观念，而是调整他们对现实的感知以适应新信息，然后加以利用。

心理学家告诉我们，旧的现实观念对一个人越重要，即对他的自尊感和内在价值感越重要，他就越顽固地坚持旧观念，越坚持同化、忽视或拒绝与他旧的、熟悉的世界观相冲突的新证据。这种自我伤害的行为发生在非常聪明的人的身上，因为他们可以很容易地发展和阐述自我说服的逻辑。

例如，大多数机构投资经理仍然相信，或者宣称自己相信，他们能够并且很快会再次"跑赢市场"。而事实上他们实现不了，也做不到。本章的目的就是解释为什么他们做不到。

我和一些非常聪明、能言善辩的投资经理打交道的经验是，他们在分析和逻辑推断方面的能力非常好，经常是出类拔萃的，但是他们在扩展逻辑推断方面的才华使他们不太注意自己计划所依据的有时是错误的基本假设。推理和论述中的重大错误很少出现在这种分析的逻辑发展中，而是存在于前提本身。这正是令马丁·路德担心的事情。《出类拔萃之辈》也是以此为主题的。这也解释了：为什么美国LTV公司股票每股能超过100美元；为什么皇帝会裸体出游；为什么喜剧演员和科幻小说家会如此小心翼翼地首先建立"前提"，然后迅速转移我们的注意力，以便他们能够在这个前提下精心构建和发展"逻辑"，从而使故事更具说服力和吸引力。

投资管理业务（本应该是一种职业，但目前还不是）建立在一种简单而基本的信念之上：专业的投资经理能够击败市场。这个前提似乎是错误的。

如果战胜市场是可以实现的这一前提被接受,那么决定如何取得成功将是一个简单的逻辑问题。首先,市场可以用一个指数来表示,例如标准普尔500指数。由于这是一个被动的和公开的上市指数,成功的投资经理只需以不同于标准普尔指数的方式重新安排他的赌注。他可以在选股或市场时机把握方面有所作为,也可以两者兼而有之。由于投资经理希望他的"赌注"在大多数时候都是正确的,他会召集一群聪明、受过良好教育、积极性高、努力工作的年轻人,他们的共同目标是通过"与庄家对赌",以"良好的赢率"战胜市场。

认为主动基金经理可以击败市场的信念基于两个假设:(1)股票市场提供的流动性是一个优势;(2)主动投资是一场赢家的游戏。

本章不太乐观的论点可以简述如下:由于过去10年的重要变化,这些基本假设不再成立。相反,市场流动性是一种负债而不是资产,从长期来看,机构投资者将表现不佳,因为资金管理已成为一场输家的游戏。

在用数学证据证明为什么资金管理已成为输家的游戏之前,我们应该为那些试图歪曲事实的人关闭一个逃避的路径。他们可能会争辩说,这种分析是不公平的,因为关于业绩的大部分数据来自熊市经验,这给投资组合贝塔系数超过1.0的投资经理的长期能力评估带来了不利的影响。"当然,"他们可能会带着嘲讽的意味承认,"这些有趣的分析对在表现良好的市场中运作的主动基金经理的影响可能较小。"也许吧,但他们能拿出证据来支持他们的观点吗?他们能承担举证责任吗?在与美国各地、加拿大和欧洲的投资经理进行了数小时的讨论后,我并没有听到任何新的证据或具有说服力的观点,能反驳下面的证据所展现的严格判断。简言之,"问题"不是周期性的偏差,而是一个长期趋势。

机构投资者所处环境的基本特征在过去10年里发生了巨大变化。最显著的变化是，机构投资者已经成为并将继续成为其所处环境的主体。这种变化对投资领域的所有主要特征产生了巨大的影响。特别是，机构主导性已经把市场流动性从利润之源变成了成本之源，这是将资金管理从赢家的游戏转变为输家的游戏的主要原因。

在分析将机构投资从赢家的游戏转变为输家的游戏之前，我们应该探讨这两种"游戏"之间的深刻差异。在做出概念上的区分时，我将引用一位杰出科学家、一位杰出历史学家和一位著名教育家的著作。他们分别是天合汽车集团（TRW）的西蒙·拉莫博士，海军历史学家塞缪尔·埃利奥特·莫里森上将，以及职业高尔夫球教练汤米·阿莫尔。

西蒙·拉莫在他的优秀战略著作《普通网球运动员的高超打法》（*Extraordinary Tennis for the ordinary Tennis Player*）中，指出了赢家的游戏和输家的游戏之间的关键区别。经过多年的观察，他发现网球不是一种游戏，而是两种。一种网球游戏由专业人士和少数有天赋的业余爱好者参与；另一种游戏则由我们其他人参与。

在截至1974年12月31日的10年间，贝克尔证券公司样本中的基金中位数收益率为0。在同一时期，标准普尔总收益率为每年1.2%。（在贝克尔公司的样本中，高收益基金的年化收益率为4.5%，第一四分位数基金的收益率为1.1%，中位数为0，第三四分位数为1.1%，低收益基金的年化收益率为 –5.6%。）

不幸的是，机构管理投资组合的相对表现似乎越来越糟糕。从市场最低点到下一个最低点的回报测量结果显示，贝克尔公司样本中的机构管理基金与由标准普尔500指数平均数所代表的市场平均水平之间的差距越来越大。看来，主动管理的成本正在上升，而主动管理的回报正在下降。

尽管两种游戏中的运动员都使用同样的装备、着装、规则和计分方式，并遵守同样的礼仪和习俗，但其基本性质几乎完全不同。经过广泛的科学和统计分析，拉莫博士总结说：职业选手赢分，业余选手丢分。职业网球运动员击球有力，瞄准准确，经过长时间激动人心的对打，直到一方能够将球打到对手无法触及的地方。这些优秀的球员很少犯错误。

网球高手的对决是我所说的赢家的游戏，因为最终的结果是由胜利者的行动决定的。胜利是由于赢得的分数比对手高，而不是像我们稍后会看到的那样，仅仅是得分比对手高就获得胜利。他们通过赢得分数来获得更高的得分。

拉莫发现，业余网球几乎完全不同。精彩的击球、漫长而令人兴奋的拉锯战以及奇迹般的回球都少之又少。另一方面，击球挂网或出界经常会出现，发球双误并不少见。业余球手很少能战胜对手，却经常击败自己。在这样的网球比赛中，获胜者的得分比对手高，但他之所以能得到更高的分数，是因为对手的失分更多。

作为一名科学家和统计学家，拉莫博士搜集数据来验证他的假设。他的方法非常巧妙，他不是按照传统的计分方式（如"15 比 15 平""30 比 15"等），而是简单地计算了赢家和输家赢得和失去的分数。他发现，在职业网球比赛中，大约 80% 的获胜策略是由获胜者的活动决定的。业余网球则是输家的游戏——最终结果由输家的活动决定。这两种游戏在基本特征上完全不同，它们是相反的。

从这两种不同的网球运动中，拉莫博士建立了一套完整的策略，普通网球运动员只需遵循"减少失误"和"让对手自己击败自己"的简单策略，就能一次又一次地赢得局、盘和比赛。拉莫博士解释说，如果你选择在网球比赛中获胜，而不是仅仅享受比赛，获胜的策略就是避免犯错。避免犯错的方法就是保守，保持球不要出界，让对方有足够的空间失误而落败，因为他是业余选手（可能没有读过拉莫的书），会打一场失败的比赛而不自知。

他会犯错误，他会多次犯错。偶尔，他可能会打出一个你根本无法应付的发球，但更多的时候他会出现双误。偶尔，他可能会尝试在网前截击让球过网，以寻找机会攻击你，但更多的时候，球会远远地飞出界外。他会从球场的前区和后区把球猛击过网，他的比赛将充满各种失误和不幸。

他会试图通过积极赢球的方式来打败你，但他的能力不足以克服游戏本身固有的诸多不利因素。形势不允许他用激进的策略取胜，他反而会输。不幸的是，他努力赢得更多分数的做法只会增加他的失误率。正如拉莫在书中告诉我们的，在输家的游戏中获胜的策略就是少输。避免过于努力，通过控制球的状态，尽可能多地给对手犯错和失误的机会。简言之，通过输得更少成为胜利者。

莫里森上将在他关于军事科学的深思熟虑的论文《战略与妥协》中提出了以下观点："在战争中，错误是不可避免的。军事决策所依据的是对敌方实力和意图的估计，而这种估计通常是错误的，所依据的情报也永远不完整，而且往往具有误导性。"（这和投资活动极为相似。）莫里森总结道："在其他条件相同的情况下，战略失误最少的一方将赢得战争。"

众所周知，战争是终极的输家的游戏。正如巴顿将军所说："让另一个蠢货为国捐躯吧。"高尔夫球是另一种输家的游戏。汤米·阿莫尔在他的名著《如何一直打出最好的高尔夫球》（*How to Play Your*

Best Golf All the Time）中说："取胜之道在于少打烂球。"

在赌场里赌博，庄家从每一局中至少抽取 20% 的利润，这显然是输家的游戏。梭哈扑克是输家的游戏，但是将 2、3 和 J 作为百搭牌的夜间棒球纸牌游戏是赢家的游戏。

竞选公职是输家的游戏：选民投票很少不是因为支持其中一位候选人，而是因为反对另一位候选人。职业政客会建议他们的候选人："帮助选民想办法投反对票，你就能当选。"

最近对职业足球的研究发现，最有效的防守队员采用开放、灵活应变、进取、冒险的风格，这是赢家的游戏的正确策略，而最好的进攻队员采用的是谨慎、按部就班的风格，专注于避免失误和消除不确定性，这是输家的游戏的必要计划。"保持简单。"文森特·隆巴迪说。

输家的游戏还有很多。有些投资，比如机构投资，过去曾是赢家的游戏，但随着时间的推移，已经变成了输家的游戏。例如，50 年前，只有勇敢、身强体壮、意志坚强、视力良好的年轻人才敢尝试驾驶飞机。在那个辉煌的年代，飞行是赢家的游戏。但时代变了，飞行也变了。如果今天你坐上一架波音 747 飞机，飞行员戴着一顶完成 50 次飞行任务荣誉标志的帽子，脖子上围着一条长长的白色丝巾，你肯定会下飞机。这些人不再适合飞行，因为今天驾驶飞机是一场输家的游戏。今天，只有一种方法可以驾驶飞机。很简单：不要犯任何错误。

职业拳击赛一开始是赢家的游戏，随着比赛的进行就变成了输家的游戏。在前三到四个回合中，真正强大的拳手会试图击倒对手。此后，职业拳击赛就成了一场艰苦的耐力比赛，看谁能承受住最多的击打伤害，而另一方则疲惫不堪，最终落败。

玩牌高手都知道，经过几轮比赛后，像金拉米这样的游戏会经历一个"阶段性变化",在此之后,弃牌不再能提高弃牌方的相对位置。在后一阶段,弃牌往往给对手增加更多胜算,而不是从自己的手中去除没用的牌。这就使长时间的金拉米变成了输家的游戏,而在游戏的后期,正确的策略不是评估弃牌对自己有多大帮助,而是评估弃牌对对手有多大帮助。

我们还可以举出许多其他例子,但以上这些例子足以说明赢家的游戏和输家的游戏的区别,从而解释了为什么这两种游戏所需的玩家策略截然不同,并表明游戏的基本性质会发生变化,赢家的游戏有时会变成输家的游戏。金钱游戏就是如此。

20世纪20年代中期,当著名的企业高管约翰·J.拉斯科布为一本流行杂志撰写一篇文章,并以《每个人都应该富有》为标题时,金钱游戏就成了一个了不起的赢家的游戏。这篇文章提供了一个食谱般的方案,理论上任何人都可以遵循,以获得想要的财富。1929年股市大崩盘突然扭转了这一局面,使投资在近20年的时间里成为输家的游戏。

正是在20世纪30年代和40年代的这几十年里,保全资本、强调债券的安全性以及冷静的传统智慧占据了主导地位,为赢家的游戏的复兴奠定了基础。20世纪50年代的牛市提供了戏剧性的、令人信服的证据,证明形势已经发生了变化,人们可以在市场上赚大钱。这一消息吸引了喜欢赚大钱的人——喜欢赢的人。

20世纪60年代来到华尔街的人一直都是赢家,并期望永远是赢家。他们曾是高中班长、校队队长和优等生。他们聪明、有魅力、外向、有抱负。他们愿意努力工作,敢于冒险,因为我们的社会对他们的这种行为频繁地给予很多奖励。他们上过耶鲁大学、海军陆战队海上部队学校和哈佛商学院。他们很快就意识到,华尔街正在上演一场大型的赢家的游戏。

那是一个辉煌、美好、令人兴奋的时代。在那个时代，只要聪明、努力，几乎任何人都能获胜。几乎所有人都这么做了。

赢家的游戏的问题在于，它们往往会自我毁灭，因为它们吸引了太多的关注和太多的玩家——所有人都想赢。（这就是为什么淘金热结束得很惨淡。）但在短期内，越来越多的玩家涌入，寻求获胜，从而扩大了表面上的回报。这就是20世纪60年代华尔街发生的情况。乘着牛市的东风，机构投资者在股票市场上获得了如此丰厚的收益率，越来越多的资金流入他们的手中，特别是共同基金和养老基金，这推动了他们自己牛市的延续。机构投资是赢家的游戏，赢家知道，只要更快地交易，他们就能提高获胜的概率。但在这一过程中，投资环境发生了根本变化，市场开始由机构主导。

短短10年间，投资机构的市场活动已从仅占公共交易总量的30%激增至70%。这一切都带来了巨大的变化。"华尔街新品种"不再是少数，现在变成了多数。职业投资经理不再与那些不了解市场的业余投资者竞争，而是与其他投资专家竞争。

这是一个令人印象深刻的竞争者群体。150家大型机构投资者和另外600家中小型机构每天都在市场上以最激烈的方式竞争。在过去的10年里，这些机构变得更加活跃，拥有了更多的内部研究人员，并利用了机构经纪人提供的市场信息和基础研究的核心信息。10年前，许多机构还远未实现主流的集约化管理。如今，这样的机构即使存在，也已成为稀有的收藏品。

竞争性的主动管理机构不断交易，导致投资组合周转率急剧上升。典型的股票投资组合周转率从10%上升到30%。正如我们已经看到的，投资组合交易的加速加上机构资产的增长以及养老基金向股票的转移，使机构在市场交易中所占的比例从 30% 上升到 70%，这反过来又产生了基本的"阶段性变化"，使投资组合活动从利润递增的来源转变为主要成本，这种转变使机构投资从赢家的游戏转变为输家的游戏。

新的"游戏规则"可以用一个简单但又令人痛苦的等式来概括，这些元素是：

1. 假设股票的平均收益率为 9%。
2. 假设年平均周转率为 30%。
3. 假设平均成本为交易商价差加上 3% 的佣金。
4. 假设管理费和托管费合计为 0.20%。
5. 假设投资经理的目标是比平均值高出 20%。

求解 X：

$$X \times 9 - [30 \times (3+3) - (0.20)] = (120 \times 9)$$

$$X = \frac{[30 \times (3+3) + (0.20)] + (120 \times 9)}{9}$$

$$X = \frac{180 + 0.20 + 1080}{9}$$

$$X = \frac{1260.2}{9}$$

$$X = 140\%$$

用浅显易懂的语言来说，如果投资经理打算获得比市场高 20% 的净收益，那么在扣除费用和交易成本（流动性费用）之前，其总收益必须比市场高出 40% 以上。如果这听起来很荒谬，那么同样的等式也可以得出，投资经理必须比市场毛收益率高出 22%，才能与市场净收益率持平。

换句话说，机构投资者要想取得与标准普尔 500 指数一样好的表现，就必须有足够的智慧和技巧，"超过"市场 22%。但实际上，当

2 输家的游戏　　51

机构投资者已经成为市场的主要组成部分时,他们怎么可能希望以如此大的幅度跑赢市场呢?有哪些管理公司拥有如此优秀的员工和组织,或者其投资策略如此有先见之明,以至可以诚实地期望持续击败其他专业人士?

业绩评估公司提供的令人不快的数字表明,没有任何投资经理的过往业绩能保证他们在未来跑赢市场。回过头来看,证据令人深感不安:在过去的10年里,85%的专业管理基金的业绩低于标准普尔500指数。而基金收益率的中位数仅为5.4%,比标准普尔500指数低约10%。

大多数投资经理都在"金钱游戏"中输掉了比赛。他们知道这一点,即使他们不会公开承认。自20世纪60年代中期以来,人们的期望和承诺已经大大降低。几乎没有人还在谈论每年以20%的复合增长率战胜市场,也没有人会听信他们的话。

在这样的时代,举证责任落在了说"我是赢家,我能赢得金钱游戏"的人的身上。因为在输家的游戏中,只有傻瓜才会支持"赢家",我们有权要求他们解释他们打算做什么,以及为什么他们的计划会非常有效。然而,在投资管理行业中,这种情况并不常见。

这些证据是否必然导致完全被动的投资组合或指数化投资组合?不,并不一定。但在这种情况下,零假设是很难被推翻的。简言之,零假设说的是,你如果找不到统计上显著的证据,那就认为它不存在。这对投资经理来说就是:"不要做任何事情,因为当你试图做某事时,通常就是一个错误。"你如果不能战胜市场,当然应该考虑加入市场。指数基金就是一种方法。业绩评估公司的数据显示,指数基金的表现会超过大多数投资经理。

对那些决心在输家的游戏中获胜的人来说,他们可以考虑以下一些具体事项。

第一，要确保你在玩自己的游戏。要对自己的策略了如指掌，并始终按照这些策略行事。莫里森上将引用《牛津简明英语词典》说："把自己喜欢的作战时间、地点和条件强加给敌人。"西蒙·拉莫建议："尽可能多地给对方犯错误的机会，他就会犯错误。"

第二，保持简单。汤米·阿莫尔在谈到打高尔夫球时说："选择你最有把握一杆发挥出色的击球方式。"拉莫说："每个游戏都可以归结为做你最擅长的事情，并反复去做。"阿莫尔又说："简单、专注、省时、省力是伟大球员所采用的方法的显著特点，而其他人则在细节的迷宫中迷失了通往荣耀的道路。"建筑师密斯·凡德罗认为"少即是多"。为什么不有意识地降低周转率呢？做出更少但也许更好的投资决策。简化专业投资管理问题。努力做好几件事。

第三，集中精力进行防御。投资管理业务中几乎所有的信息都是针对买入决策的。买入决策方面的竞争太激烈了。要在买入方面胜过同行太难了，不如专注于卖出。在赢家的游戏中，90%的研究工作都应该花在买入决策上；而在输家的游戏中，大多数研究人员应该把大部分时间花在卖出决策上。在接下来的一年里，你将要经历的大部分真正的大麻烦都在你的投资组合中；如果你能减少一些真正的大问题，你可能会成为输家的游戏中的赢家。

第四，不要把它当回事。投资界的大多数人都是"赢家"，他们一生都靠聪明、能言善辩、严于律己、肯下苦功夫而获胜。他们习惯于通过更加努力来获得成功，习惯于认为失败是失败者自己的错。因此，在看到普通的专业管理基金无法跟上市场的步伐时，他们就像看到铁路工人约翰·亨利无法打败蒸汽驱动的钻机一样，可能会耿耿于怀。

有一类疾病被称为"医源性疾病",即由医生引起的疾病。就像指套和现代的紧身衣,人们越试图挣扎着摆脱,它们的束缚就越紧。具有讽刺意味的是,机构投资之所以成为输家的游戏,是因为在每个投资经理都试图解决的复杂问题中,他自己为找到解决方案所做的努力以及他的竞争对手所做的努力已成为主导市场的变量。他们打败市场的努力不再是解决方案中最重要的部分,而是问题中最重要的部分。

资料来源:Charles D. Ellis (1975) The Loser's Game, *Financial Analysts Journal*, 31:4, 19–26。版权所有 ©CFA 协会,经代表 CFA 协会的泰勒－弗朗西斯出版公司许可转载。

3

赢家的游戏

我的父亲告诉我们："如果你带着问题来找我，请同时带着解决方案来。"所以，对于在"输家的游戏"这一章里描述的问题，这里有一个有效的解决方案：使用低成本指数基金进行所有的投资操作。因为，凭借多年的市场经验，以及对不同类型的投资和投资者错误行为的长期跟踪研究，作为专业人士，我们应该专注于帮助每一位客户制订他们的最佳投资计划，并让他们按照计划去做，即使狡猾的"市场先生"不断地试图让我们以这样或那样的方式改变我们的投资。

每个人都希望投资成功。数以百万计的投资者依靠成功投资来确保退休后的生活保障、子女的教育，或享受更好的生活。学校、医院、博物馆和学院都依靠成功的投资来完成其重要使命。作为投资专业人士，如果我们提供的服务能够帮助投资者实现其现实的长期目标，我们的职业就是崇高的。

然而，越来越多的证据显示，投资者正在遭受严重的亏损。部分原因是投资者犯了错误。但犯错误的不仅仅是他们。作为投资专业人士，我们需要认识到，真正的错误大多不在于我们的客户，而在于我们自己——这是三大系统性错误造成的不幸后果。幸运的是，我们可以也应该做出改变，确保无论是对客户投资者还是对我们自己而言，投资都是真正的赢家的游戏。

尽管投资管理的复杂程度很高，但它实际上只有两个主要部分。一个是专业性：做对投资客户最有利的事。另一个是业务性：做对投资经理最有利的事。与法律、医学、建筑和管理咨询等其他行业一样，投资管理行业也在不断努力，以求在职业价值观与业务利益之间取得适当的平衡。

我们必须在这两方面都取得成功，才能保持客户的信任，维持业务的可行性。从长远来看，业务的可行性取决于客户是否信任我们。如今，投资管理与其他职业的一个最不幸的区别在于：我们正在失去将职业价值观和职责放在首位、将业务目标放在次位的能力。

如果我们重新定义我们的使命，强调我们专业的投资咨询价值，以及我们对投资者和投资的理解，帮助客户专注于玩他们能赢并且值得赢的投资游戏，我们就不会在这场斗争中失败。幸运的是，从长远来看，对我们的职业成就有益的东西对业务也有益。

虽然投资职业和所有需要高深学识的职业一样，有许多特别困难的方面，需要高超的技能，而且一天比一天复杂，但它也只有两个主要部分。其中之一是将富有想象力的研究与精明的投资组合管理相结合，以某种方式战胜现在市场上占主导地位并共同决定证券价格的越来越多的专业投资者，从而取得卓越的投资成果，这项任务越来越艰巨。与市场竞争的工作总是很有趣，经常令人着迷，有时甚至令人振奋，但这项工作越来越难，现在已经变得异常困难。不是大多数投资者在战胜市场，而是市场在战胜他们。

困难并不总是与重要性成正比。在医学领域，简单的洗手环节已被证明在拯救生命方面仅次于青霉素。幸运的是，投资专业人士所做的最有价值的工作是最容易的：投资咨询。作为经验丰富的专业人士，我们可以帮助每位客户深入分析，并确定合理的投资计划，以在给定的收入变化、资产市场价值变化或流动性限制的情况下，让其最有可能实现自己的现实长期目标。然后，我们可以帮助每位客户坚持明智的投资计划，尤其是当市场似乎充满了令人兴奋的"这次不一样"的机会或受到令人沮丧的厄运威胁时。这就像在孩提时代学习帆船运动，我们曾在大风天出海，故意迎着风转舵，让我们的小帆船倾斜得很厉害，直到它似乎肯定会倾覆，让我们在陆地上的表兄妹们惊恐万分，因为我们知道，当船似乎肯定要倾覆时，龙骨的复原力矩实际上更有把握防止船进一步倾斜。

在这种投资咨询工作中取得成功并不简单或容易，但比在"击败市场"的投资管理中取得成功更容易。而且，随着投资专业人士可利用的新工具越来越多，即使业绩投资变得越来越难，这项工作也会变得越来越容易。

三个错误

具有讽刺意味的是，我们这些致力于投资管理事业的人无意中为自己制造了三个问题。其中两个"作为"的错误带来了越来越严重的后果。第三个是"不作为"的错误，后果更为严重。除非我们改变做法，否则这三个错误将对这个职业造成伤害，而这个职业对我们中的许多人来说在智力上和经济上都回报颇丰。让我先逐一解释每个错误，然后提出最佳解决方案。

错误1：错误定义我们的使命

第一个错误是，我们将对客户和潜在客户的专业使命错误地定义为"战胜市场"。50年前，接受这一使命定义的人有合理的成功前景。但那些年已经一去不复返了。在当今竞争激烈的证券市场上，很少有主动基金经理的长期表现能超过市场哪怕1%，大多数基金经理的表现都不尽如人意。而且就量级而言，表现不佳的基金经理远远超过表现优异的经理。此外，识别少数几个未来的"赢家"经理也是出了名地困难，曾经的"市场领导者"后来的失败率也很高。

市场的巨大变化使投资管理发生了翻天覆地的变化，以至对大多数投资者来说，打败市场不再是现实的目标，越来越多的人开始认识到这一点。以下是一些50多年来发生的变化，这些变化加在一起，使得主动投资成为一场输家的游戏：

- 纽约证券交易所的交易量增长了约2 000倍，从每天约300万股增加到超过60亿股。世界各地其他主要交易所的交易量也发生了类似的变化。
- 投资者的构成已经发生了180度的转变，从纽约证券交易所上市交易总量的90%由个人完成转变为90%由机构完成。任何一个记性好的人都会告诉你，今天的机构比过去的机构更大、更聪明、更强悍、更迅速。衍生品交易的价值从零增长到超过现货市场。
- 近10万名分析师已获得特许金融分析师证书，而50年前这一数字为零，另有20万名分析师正在申请，其中以北美、中国和印度的分析师居多。

- 集中度非常高：最活跃的 50 家机构的交易量占纽约证券交易所上市股票交易总量的 50%，而这 50 家巨头中规模最小的一家每年也要花费 1 亿美元的费用和佣金购买全球证券业的服务。这意味着这些大型机构在市场上具有巨大的影响力，通常会优先获得信息和服务。
- 《公平披露规则》使得现在来自企业的大部分投资信息"商品化"。每个人都能在同一时间获得这些信息。
- 算法交易、计算机模型和众多有创造力的量化分析师都是强大的市场参与者。
- 全球化、对冲基金和私募股权基金都成为改变证券市场竞争激烈程度的主要力量。彭博、互联网、电子邮件等都在全球通信领域引发了技术革命。我们确实"在一起"。
- 来自世界各地主要市场的主要证券公司的投资研究报告产生了大量有用的信息，这些信息几乎立即通过互联网被分发给世界各地从事快速反应决策组织工作的数万名分析师和投资组合经理。

这些和其他许多变化，使股票市场这个全球最大、最活跃的"预测市场"的效率变得越来越高。因此，越来越难击败那些聪明、勤奋的专业人士，他们用自己拥有的海量信息、强大的计算力和丰富经验来制定市场价格。在扣除成本和费用后，要打败市场更是难上加难。这就是为什么在共同基金中，通常落后于市场平均水平的大致比例在任何一年内都会达到 60%，10 年以上超过 70%，15 年以上超过 80%。

遗憾的是，对"业绩"的大多数描述甚至没有提到投资中最重要的方面：风险。因此，重要的是要记住，许多"输家"的业绩落后于市场的幅度是少数"赢家"超越市场的幅度的两倍。这些数据也没有考虑税收，尤其是高周转率带来的短期收益的高税率。最后，当然，基金的历史业绩报告通常是时间加权而非价值加权的，因此，报告的数据并不能反映投资者的真实经验。只有通过价值加权的记录，我们才能看到投资者资金的实际收益情况。这并不是一个美好的画面。

当投资经理在几年内表现不佳时，客户（无论是个人还是机构）往往会对其产生负面看法，并转向近期业绩"火爆"的经理，这将他们置于另一轮高买低卖的不满中，并抹杀了约 1/3 的基金实际的长期收益。（从事主动管理投资的个人投资者通常表现更差。）不幸的是，这种代价高昂的行为受到了投资公司的鼓励，这些公司为了增加销售额，将广告集中在所选的某些基金上，因为这些基金在选定的时间段内的近期业绩十分出色，这使好的业绩看起来"更好"。一些基金经理管理着几百只不同的基金，这样他们总是可以拿出一些"有记录的赢家"向公众推广。

个人投资者在聘用新基金经理时通常会依赖其近期的表现，尽管对共同基金的研究表明，在 10 个十分位数中，有 9 个十分位数的基金的未来表现实际上是随机的。（只有一个十分位数过去的结果具有预测能力：最差或第十个十分位数显然是因为只有高昂的费用和长期的无能才能对基金经理的业绩产生可靠的重复影响。）可悲的是，投资者一次又一次地在最好的结果出现时买入，在最差的结果结束时卖出。虽然 83% 的计划发起人投资委员会对自己的投资经验评价为"高于平均水平"，但具有讽刺意味的是，他们解雇的基金经理在未来几年的平均收益率实际上略高于他们聘用的基金经理。而且，机构退出的投资产品的表现往往优于他们进入的产品。这种行为代价高昂。

客户可能会问："怎么会这样？我们的投资顾问在介绍中不是说他们推荐的基金经理的业绩通常会超过基准吗？因此，在对风险进行充分调整后，他们的基金经理难道不应该获得高于市场平均水平的收益吗？"不幸的是，对那些持有这种乐观观点的人来说，许多投资顾问通常展示的数据是有缺陷的。只需剔除常规数据中的两个偏差，即"回溯偏差"和"幸存者偏差"，投资顾问监测的基金经理的业绩往往就会从"优于市场"的表象转变为"低于市场"的现实。即使是成熟的大型机构也应该知道是谁在监视看门人。

我们犯下的第一个错误是，我们继续买入大多数人未能实现、实际上也无法实现的"战胜市场"的投资业绩基金。大多数投资者还没有意识到，如果他们投资于低成本的指数基金或与指数匹配的交易所交易基金，他们会得到更好的回报。但是，这并不是巴菲特在企业中寻找的强大的"保护性护城河"。投资者没有意识到这一点的一个原因是对费用的严重误解。

费用的真相

大多数投资者仍然没有意识到，投资管理费并不低。实际上，当看到这些费用究竟是什么时，就会觉得费用是非常高的。当以客户自身资产的百分比来衡量时，0.5%的费用肯定超过了客户可能获得的平均年收益率的10%。由于投资者可以通过指数基金以不到10个基点的价格获得几乎有保证的市场回报，因此，当聘请主动基金经理时，他们真正"购买"的是经风险调整后的增量收益。按照经风险调整后的增量收益的百分比来衡量，投资管理费用并不低，而是相当高的。经过50年的费用增长，目前总体投资管理费用超过了经风险调整后的增量收益。这意味着，投资经理现在向客户收取的费用超过了实际产生的增量收益的100%。这一残酷的现实无疑是一个强有力理由，让我们尽快重新定义我们的职业价值，即我们能为客户带来什么样的专业价值。

我们的最佳机遇

当投资顾问赢得客户的信任和信心时，他们能够为客户带来比投资经理所希望的更多的长期回报。这不是一个"一蹴而就"的解决方案：有效的投资咨询需要时间，对市场、投资和投资者复杂性的了解，以及辛勤的工作。但这是投资顾问可以做到的，而且可以反复地出色完成。成功的投资顾问会帮助每位客户了解投资风险，设定切合实际的投资目标，在储蓄和支出方面做到实事求是，选择适当的资产类别，合理配置资产，最重要的是，不要对市场的高点或低点反应过度。投资顾问可以帮助客户保持稳定的步伐和长远的投资眼光，帮助他们了解投资经理打算在长期内实现的目标，理解可预测的市场动荡，并确信合理的长期投资结果将回报他们的耐心和坚忍不拔。

错误 2：对优先事项的错误排序

我们的第二个错误是，我们让职业价值观逐渐受到业务的经济状况的影响。这一点在个人层面上可能最明显。我们应该坦率地问自己，谁会否认财富带来的显而易见的乐趣？与50年前相比，我们这一代人住着更舒适的房子，开着更豪华的车，享受着更丰富多彩的假期，我们用更多精美的绘画和雕塑装饰我们更大的房子和办公室。私人飞机和"以我命名"的慈善事业并不罕见。实际上，我们个人财务面临的最大挑战并不是如何摆脱债务和支付孩子的大学学费，而是如何避免因未能传授正确的价值观，让他们凭自己的能力取得成功，以及过早给予孩子太多而毁了他们的生活。

至少有可能的是，有才华和有竞争力的人被吸引到投资管理行业，但他们在无意中过于沉迷于争夺有形的奖品，以至没有就自己尽最大努力工作的真正价值提出潜在的颠覆性问题——尤其是当他们知道自己能力出众并且工作非常努力的时候。考虑一下过去50年投资管理的盈利能力增长的主要方式。

- 管理的资产增长了10倍，只偶尔出现短暂的停顿。
- 费用占资产的百分比增长了5倍多。
- 事实证明，这两个趋势的结合对行业产生了重大影响。由于盈利能力大幅提高，个人薪酬大幅增加……
- 企业价值不断上升。

规模庞大的业务

由于投资管理业务利润空间大、资本要求低、经营风险小，而且几乎可以确保长期增长，因此投资管理机构已成为银行、保险公司和证券交易商等大型非投资金融服务机构的主要收购目标。当它们选择保持独立时，一些公司会上市，而另一些公司则保持私有，但它们都认识到自己已经成为大企业的现实，因此必须适当地管理自己。

随着投资管理机构规模的不断扩大，在高层领导职位上，业务经理逐渐取代了投资专业人士，或者业务学科越来越多地主导了原有的专业学科，这并不奇怪。业务学科让那些有强烈职业抱负的人把注意力集中在增加利润上，而增加利润的最佳途径是增加"资产规模"，尽管投资专业人士知道，扩大资产规模通常不利于投资业绩。大型金融服务集团的高管们对各部门业绩的判断是以利润而不是以投资为中心的，他们认为业务成功取决于报告利润的一致性和增长率，这是可以理解的。而且，业务规模越大，高管们就越有可能把重点放在增加业务利润上。

将投资作为一项业务

寻求长期价值的投资专业人士都知道,必须密切关注当前的市场价格,因为市场价格总是在变化,而且往往动荡不安。但对以利润为导向的投资公司所有者来说,投资业务的长期趋势提供了一个截然不同的视角。当然,市场也会波动,有时剧烈波动,有时大幅波动,但对管理良好的投资企业来说,通过对不同资产类别进行分散投资——从投资组合管理中吸取的经验——可以减少利润波动的范围和频率。更重要的是,所有投资市场的长期上升趋势都是非常有利的,因此精明的企业管理者会意识到,盈利能力在许多时间段内都是多元化的。即使是在10年内,投资企业的所有者也可以吸收市场波动,专注于长期业务发展趋势。

名义市场价值的基本趋势是明显向上的——复合增长率超过5%或是整体经济增长率的两倍多。再加上对现有客户的增量销售产生的积极影响,以及利用已有产品进入新市场和开发新产品销售给现有客户所带来的好处,年复合上升趋势超过了10%。

一项能以10%的速度增长、几乎不需要风险资本,且在扩大规模的同时还能享有宽广利润空间的服务业务,正如梅·韦斯特明智地评价的那样:"好极了!"在这种情况下,尽管投资专家根据经验知道资产规模是敌人,但任何一个热血沸腾的企业管理者会怎么做?他难道不会认识到增量资产的高利润,并努力积累资产、发展业务、销售畅销产品吗?

在世界各地的投资机构中,最重要的两个内部变化都不在投资研究或投资组合管理方面,而是在新业务开发(在业绩良好时获得更多业务)和关系管理(特别是在业绩不佳时保持更多业务)方面。这些变化主要是对业务的现实的回应,而不是对专业需求的回应,也不是满足我们作为投资者对客户的需求的回应。

当业务占据主导地位时，它就不是投资专业的朋友了。如果成功的资产扩张最终使机构的专业能力无法胜任投资（这种情况经常发生），那么为投资者取得的成果就会逐渐消失。此外，旨在提高组织业务成果的行动，如成本控制、费用增加和提高"生产力"，增加了组织专业成果受损的可能性。

错误3：忽视了严谨的投资咨询

我们的第三个错误，是"不作为"的错误，对我们所有希望自己的工作被公认为有价值的专业服务人员来说，这尤其令人不安。除了上述两个错误——将战胜市场的业绩作为衡量我们职业的最佳标准这一越来越不可能实现的前景，以及将越来越多的注意力放在业务成就而非职业成功上，我们似乎已经错过了为客户提供专业服务的最佳机会，并将我们的注意力从有效的投资咨询转移开，"因为它无法扩大业务规模"。虽然拥有专业人员的大型机构基金肯定能够自己承担所有职责，无须获得受过培训并具有最佳长期投资计划架构复杂性经验的专业人员的协助，但大多数投资者（尤其是个人，也包括中小型公共养老基金、企业退休基金以及学院、大学、博物馆和医院捐赠基金的大多数投资委员会）显然不是当代投资的专家，也可能缺乏广泛的经验，因此需要得到帮助也是可以理解的。所有人都希望能获得最好的专业思考和判断。

我们可以提供帮助

投资专业人士完全有能力提供重要帮助，他们应该帮助投资者理解长期战胜市场的投资经理不再是一个现实的假设。（是的，有些投资经理会成功，但提前发现哪些经理会成功变得极为困难。）更重要的是，投资者需要得到帮助，以切实了解不同类型投资的长期和中期前景——首先是风险和波动性，其次才是收益率。这样他们才会知道该期待什么，以及如何确定自己的战略投资组合和投资策略。

更重要的是，如前所述，大多数投资者需要得到帮助，以便对自己及处境有一个平衡、客观的认识：他们的投资知识和技能，他们对资产、收入和流动性风险的承受能力，他们的财务和心理需求，他们的财务资源，他们的短期和长期财务愿望和义务，等等。投资者需要知道，他们要处理和解决的问题不是"战胜市场"，而是根据自己独特的实际情况，将这些因素结合起来，制订一个长期计划。

尽管所有投资者在某些方面都是相同的，但在更多方面却有很大的不同。所有投资者都是一样的，他们都有很多选择且可以自由决定，他们的选择很重要，他们都希望成功，都希望避免造成损失。同时，所有投资者在资产、收入、支出义务和预期、投资期限、投资技能、风险和不确定性承受能力、市场经验和财务责任等方面也有许多不同之处。面对所有这些差异，投资者（包括个人和机构）需要得到帮助，以设计真正适合自己优势和劣势的投资方案。

滑雪提供了一个有益的类比。在韦尔和阿斯彭以及其他著名的滑雪胜地，成千上万的滑雪者都在享受着快乐的时光，部分原因是那里风景优美，部分原因是那里雪量充沛，雪道修得很整齐，但主要原因是每个滑雪者都选择了最适合自己技能、体力和兴趣的标记清晰的雪道。有的人喜欢平缓的初学者坡道，有的人喜欢难度适中的中级坡道，有的人喜欢更高级的坡道，还有的人想尝试那些即使是十几岁就拥有弹簧腿的无所畏惧的高手也会觉得具有挑战性的雪道。当每个滑雪者都在适合自己的雪道上以适合自己的速度滑雪时，每个人都会度过美好的一天，每个人都是赢家。

我们应该提供帮助

同样，如果投资专业人士能够指导投资者选择适合他们的投资技能和经验、财务状况以及个人对风险和不确定性的承受能力的投资方案，那么大多数不同的投资者都可以根据自己的投资技能和资源来选择投资方案，并定期实现自己现实的长期目标。这是基本投资咨询的重要工作，但并不十分困难。

我们能为几乎所有投资者提供的最有价值的专业服务就是有效的投资咨询。除了极少数例外情况，大多数投资经理目前都忽视了这项重要工作。投资者最迫切需要、最有价值、如果做得彻底成功率很高的这项专业服务却遭到了如此忽视，这不仅具有讽刺意味，而且是我们这个行业面临的最大问题，但也是未来的最佳机遇。

需求的示例

由于退休保障基金从固定收益计划向固定缴费计划的巨大转变，个人对投资咨询的迫切需求被放大了。可以说，固定收益养老金计划是有史以来向个人提供的最有价值的金融服务，它为退休人员提供长期、受到良好监督的定期投资，并且不要求受益人具备任何投资知识或技能。这种计划消除了在市场处于高位时需要谨慎、在市场崩溃时需要勇气，以及对资金不足以维持生活的担忧。

相比之下，在当今美国的401（k）计划中，数以百万计的参与者需要自己决定投资组合的结构。近20%的参与者完全"投资于"货币市场基金，只是因为他们在余额较少时就是这样开始的，而且他们也没有改变最初的配置。在允许投资赞助公司自有股票的计划中，17%的参与者在该公司拥有超过40%的账户。（正如安然、宝丽来和其他公司所表明的那样，这种不分散投资的做法可能会带来痛苦。）对更多的工人来说，更严重的问题是：有多少受益人没有意识到在退休后每月支取一笔舒适的退休金需要多少资金，又有多少人会在晚年将资金用尽？有一种标准是将每年提取的资金限制在不超过资产的4%。对于50岁左右的参与者（他们只有10年左右的时间来积蓄更多的资金）来说，现在的平均余额是15万美元。按4%计算，在税前和通货膨胀前，他们每年只能支出6 000美元；即使按6%计算，每年也只能提取9 000美元。这太痛苦了！

有益的改变

目标日期基金或生命周期基金将原本需要投资者自行决策的投资产品转化为一项服务，这是朝着正确方向迈出的一步。领先的401（k）基金管理公司提供的低成本计算机模型使得投资更加简单和直观。从以产品为中心的战略转向以服务为中心的战略的投资机构，在专业和商业方面都取得了非常好的成果。这种转变使得基本的投资咨询变得可以规模化，这鼓励了更多的投资机构采取这样的策略。美国国会帮助计划发起人就投资决策向参与者提供建议。一些规模较大的投资管理公司正在迈出"试探性的一步"，就市场上哪些板块目前具有吸引力或缺乏吸引力提供建议，但它们通常会忽略了解每个投资者的情况和目标这一关键工作。只有少数投资经理正在为特定客户提供一系列能够实现最佳组合的投资能力和建议。要缩小投资者所需与所能获得之间的差距，还有更多工作需要做。

结论：我们对未来的承诺

让投资服务与每个投资者的长期目标更契合——从买者自负的"产品"销售转向更持久、基于共同理解的服务关系，将增加客户与投资经理关系的持续时间或"忠诚度"，从而提高这种关系的经济价值。增加客户与投资经理关系的持续时间，对客户和投资经理都大有裨益。既然提供所需服务的最佳方式是在现有的客户与投资经理关系中增加投资咨询，以保护和扩展客户与投资经理的关系，那么目前业务的丰厚利润没法覆盖这点儿微薄的开支吗？那么我们不应该为了我们自己和我们的职业重新定义我们的职业使命，包括合理的投资咨询，以便我们和我们的客户能够共同理解并一起成功吗？

作为一种职业，让我们纠正我们的两个错误：一是将我们的使命定义为"战胜市场"；二是让我们商业上的短期经济利益主导我们职业的长期价值。如果我们通过重申投资咨询在客户关系中的重要性来纠正我们"不作为"的错误，我们和客户都将从中受益，实现典型的双赢。

如果我们投入更少的精力去尝试"赢得"输家打败市场的游戏，而将更多的技能、知识和时间用于帮助客户认识市场现实，了解自己作为投资者的身份，明确他们的现实目标，然后坚持最适合他们每个人的路线，那么我们这个行业的客户和从业者都将受益。

如果采取适当的行动，我们就可以作为一个值得信赖的职业和个人专业人士享受未来的成功。当指导客户在投资的赢家的游戏中取得成功时，我们也为自己做了正确的事情。

资料来源：Charles D. Ellis (2011) The Winners' Game, *Financial Analysts Journal*, 67:4, 11–17。版权所有 ©CFA 协会，经代表 CFA 协会的泰勒－弗朗西斯出版公司许可转载。

4

赢家的游戏 II

赢得长期投资"游戏"的秘诀在于确定每个投资者的独特目标,然后找出能够实现这些长期目标的策略。

除非了解个人的效用价值观,否则对任何特定的人来说,正确的投资计划都可能是错误的。

下面是一个看起来错误的个人例子。1946 年,我的祖父母给每个孙辈留下了 1 万美元。虽然战后经济蓬勃发展,股市在接下来的 15 年里强劲上涨,但这些资金却一直被存在银行支票账户中。即使事后看来,我仍然相信,对直接参与其中的人来说,这也是正确的"投资"策略。原因如下:

我母亲知道自己在做什么,也知道为什么这么做。她的父亲是密西西比州的一名乡村律师,在大萧条时期和三角洲地区的其他律师一样破产了。因此,为了留在美国西北大学,我母亲向她的希腊团体姐妹会 Kappa Alpha Theta 借了学费,然后花了 15 年的时间,以每页 8 美分的价格为学生打字,以每件衣服 1 美元的价格为小女孩缝制裙子来偿还这些贷款。

我母亲知道银行里有足够的钱供她上大学是多么重要。她决心让她的孩子上一流的大学，所以她想确保我们自己有足够的资金来覆盖我们无法通过奖学金获得的费用。她相信我们的小笔遗产足以满足我们的需要。冒着无法实现大学教育"梦想"的风险，只为得到超出我们需要的钱，这对我母亲来说毫无意义。

你可能会问，为什么不至少把钱存入储蓄账户呢？我母亲经历过20世纪30年代的银行假日，她读过相关细则：我们当地银行储蓄账户保留等待30天后再提款的权利。而我母亲知道，银行可能在不到30天的时间里倒闭。因此，我们的大学存款在支票账户中被保存了15年，这样一来，一旦银行出现问题，我们就可以立即取款。

综上所述，有人会认为我母亲的投资策略是错误的吗？她了解游戏规则，知道如何获胜——她的4个孩子都上了很好的大学。

输家的游戏与赢家的游戏

一般来说，输家的游戏是指在任何游戏、竞赛或活动中，最终的胜利者是由失败者的行为决定的。业余网球是一种典型的输家的游戏，因为大多数得分和大多数比赛都不是赢得的，而是输掉的。你不断把球打回给我，但我会双误、击球出界或挂网，直到一局结束，你就是赢家。但不是你打得更好决定了结果，而是我打得更差决定了结果。

在赢家的游戏中，赢家不仅赢了，而且创造了胜利的条件，就像我们在观看威廉姆斯姐妹打网球或泰格·伍兹打高尔夫球时所看到的那样。鼓舞人心的现实是，每个投资者都可以成为投资赢家的游戏中的赢家，因为没有对手必须输掉才能让你赢。而获胜的条件也都是很容易理解的：

- 了解可用于投资的资源。
- 了解长期的支出目标和需要资助的义务。
- 明智地利用时间，这是投资的阿基米德杠杆。
- 认识到投资市场的现实本质和变幻莫测，尤其是当本杰明·格雷厄姆笔下著名的"市场先生"试图引诱你时。
- 在理性受到最严峻挑战的时候，承认特定投资者的分析能力、情感能力和局限性。
- 集中精力确定最有可能实现的现实的长期目标、最不可能失败或导致投资者在投资运作的漫长过渡期内失败的长期投资策略，这段时间肯定充满了不确定性、干扰和困惑。
- 在投资者的财务资源或长期目标发生重大变化时，调整长期策略以适应这些变化。

制胜三角

大多数投资者将受益于自律练习，即承诺写出他们对制胜三角三个部分的明确定义：

（1）当前用于投资的财务资源。

（2）投资带来的未来财务目标。

（3）衔接战略和投资操作，旨在将投资组合最有效、最可靠地从第一项转入第二项。

投资行业面临的挑战日益明显。每项长期投资计划的核心都是游戏中最不成熟的一级——第一级：设定正常的资产组合策略。

书面投资计划的部分好处在于，它为我们的努力提供了纪律性，使我们更加理性和严谨。当我们邀请严肃的朋友审查和批评我们的阐述，并提出他们认为重要的挑战时，部分好处就来了。还有一部分好处是，我们会定期（通常是每年一次）审查书面文件，回顾和更新投资策略，以确保它与我们的目标和市场保持一致。

游戏层级

虽然大多数投资者将投资服务作为一个混合的整体，但将整体拆分成不同层级的游戏也很重要。在做出投资决策时，每个投资者都要单独做出五个层级的决策：

- 第一级：资产组合，即在正常情况下，投资者投资组合中股票、债券、私募股权等资产的最佳比例。这通常是投资咨询集中的地方。
- 第二级：股票组合，即各类股票的正常比例，如成长型股票与价值型股票、大盘股与小盘股、国内股与国际股。
- 第三级：主动管理与指数管理，为策略正常的投资组合确定合适的实施方法。
- 第四级：具体的投资经理选择，这是大多数投资者和投资委员会集中大部分时间和精力的地方，决定由哪家公司来管理整个投资组合的各个部分，聘用最有前途的，解雇最令人失望的。
- 第五级：主动投资组合管理、改变投资组合策略、更换投资经理、选择证券，有时甚至进行交易。

投资者应该认识到，投资不一定是一个单一的、被捆绑的整体，而是可以被分成不同的层级，投资者可以参与或忽略每个层级。投资者有自由选择的权利。这种选择的自由非常棒，因为投资者可以避免在第四和第五级输掉输家的游戏，从而集中精力在第一和第二级赢得赢家的游戏。

作为人类，尤其是如果在其他方面取得了成功，我们就无法接受这样一个显而易见的现实：就平均水平而言，我们就是普通人，我们的正常经历通常与"平均水平差不多"，因为作为一个整体，我们是正态分布钟形曲线的俘虏。乌比冈湖的孩子们都高于平均水平这一现象让我们觉得很可笑。然而，研究表明，我们认为自己是高于平均水平的驾驶者、高于平均水平的父母和高于平均水平的投资者。而且，当我们的股票大幅上涨或下跌时，我们确实倾向于将其视为个人决策带来的结果，尽管正如亚当·史密斯告诫的那样，"股票并不知道你拥有它"。

每个投资者都应该认识到运气的强大潜在影响——不仅是好运气，也包括坏运气。我们都能经历好运。但厄运，即看似随机发生的逆境同样普遍存在，其后果可能要严重得多。

层级是可分的

知道了游戏的层级是可分的，投资者（或投资者的投资经理）就可以自由决定是否在每个不同的层级上都积极行动。至少从隐含的意义上说，自由选择让选择成为一种责任，因为不选择就是一种选择。然而，经验一再证明，成功的秘诀不是在第四和第五级玩输家的游戏，而是集中精力在第一和第二级玩赢家的游戏。

有经验的投资者都知道，从高到低的成本顺序与价值顺序正好相反：

- 成本最高、增值最少的层级是第五级，其所有的主动交易活动就像输家的游戏中心的黑洞旋涡。
- 成本最低、增值最多的层级是第一级——确定最佳资产组合，以实现投资者现实的长期目标。每个投资者都可以根据自己当前的财务状况、承受风险的能力以及未来的目标，确定最适合自己的现实的长期目标。

高尔夫球界杰出的专业教练汤米·阿莫尔着重强调了两个关键点：

- 每打一杆，都应该考虑如何让下一杆更容易。（在飞行中，相应的思想是"有老飞行员和热衷于冒险的飞行员，但没有热衷于冒险的老飞行员"。）阿莫尔敦促球员在自己的能力范围内，在自己的个人比赛中发挥自己的水平，不要和自己对着干。
- 阿莫尔注意到，高尔夫球的所有击球，大约一半是推杆。阿莫尔敦促他的学生将练习时间集中在推杆上，而不是在练习场上盲目练习。（威利·萨顿对银行也有同样的看法："钱是银行的得分点。"）

投资行业中的一个悲哀的讽刺是，大多数从业者和客户都将大部分精力投入第五级，并在与几乎无法击败的竞争对手的竞争中承担了大部分成本。那些机构投资者数量众多、信息灵通、才华横溢、反应迅速、争强好胜，在任何一个较长的时期内，他们都不可能被击败，因为他们有足够的利润来支付玩第五级游戏的成本。

第四级的记录也相当令人沮丧。尽管拥有昂贵的顾问和咨询师的机构可以通过更换投资经理来减少一些损失,但共同基金中个人投资者的糟糕记录令人不安。

成为市场先生

通往未来市场未知领域的漫长道路,肯定会伴随着不确定性和破坏性的挑战,一个我们无法摆脱的、狡猾的、令人不安的伙伴是市场先生。市场先生情绪不稳定,当他只看到行业、公司及其股票的有利前景时,他会欣喜若狂;当他沮丧到只能看到前方的麻烦时,他就会变得极度悲观。

市场先生不断地用各种噱头戏弄投资者,如惊人的收益、引发轰动的股息公告、突然飙升的通货膨胀、鼓舞人心的总统声明、严峻的商品价格报告、令人惊叹的新技术发布、令人不安的破产,甚至战争威胁。这些事情都是他在人们最意想不到的时候耍的花招儿。就像魔术师利用欺骗来转移我们的注意力一样,市场先生的短期干扰也会扰乱我们的投资思路。

市场先生无忧无虑地在我们面前翩翩起舞。为什么不呢?他没有任何责任。作为一个经济领域的花花公子,他只有一个目标:吸引人。市场先生总是试图让我们做些什么(什么都行,但至少要做些什么),而且做得越多越好。探险家、单引擎飞机驾驶员和远洋水手都知道,虽然探险和成就是外行人的关注焦点,但经验丰富的实践者的想法和行动都以防守为中心——不缺水、不缺粮、不迷路、不受惊,因为他们从经验中知道,成功进攻的重要基础是强大的防守。

抵御市场先生诱人伎俩的最佳方法是研究股市历史——就像航空公司飞行员在飞行模拟器中花费数小时练习穿越可怕的风暴、在不熟悉的机场降落以及处理机械故障一样，这样在现实生活中遇到此类情况时他们就能保持冷静和理智。（他们还了解到，意外并不令人惊讶：它们是钟形曲线上的精算预期。）

三种现实

随着越来越多的个人开始负责其退休资产的投资策略，尤其是通过401（k）计划，甚至更有必要制定切实可行的长期目标和策略，将三个现实问题有效结合起来。

当前资产的现状和可能增加的资产。我们需要了解投资组合（通过储蓄或继承）中可能增加的资产的现值，这些资产应被纳入我们目前的考虑范围。

市场最可能的行为的现实。我们需要认识到市场在投资期间的波动行为。有两个假设是合理且易于使用的：

- 长期来看，过去市场的波动可能会在未来再次出现。
- 如果市场当前的水平超出正常范围，市场水平就会向均值回归。

大多数投资者过分强调有利的情况，努力通过持仓进攻来最大化收益。这些投资者如果能更多地关注防守，避免亏损，就会受益匪浅。这就是为什么：

- 如果共同基金投资者了解转换基金的全部成本，他们就会知道只投资他们真正打算永远持有的基金。
- 如果投资者了解交易的全部成本，他们的交易频率就会降低。

所有投资者都会经历令人不安的市场波动。这就是现实——波动不应该成为主要的担忧。真正令人担忧的是：对投机可能性的过度追求所导致的不可逆转的损失；承担超过我们承受能力范围的市场风险，导致投资决策失去理性；选择的投资经理可能已经过了最佳表现期，他们注定会让你的投资表现不佳；过度借贷导致负债累累。

投资资金未来支出目标的现实。大多数个人投资者都有一定的操作空间，可以根据不断变化的财务能力现实情况调整自己的一些未来目标，因此，按照重要程度对目标和对象进行分类往往很有参考价值。

例如，维持特定的生活方式通常比向母校捐赠大笔资金更重要，也更不易改变。这就是将效用纳入投资目标评估的价值加权，因为幸福和安宁并不是简单的量化指标。（成功与幸福之间的区别值得深思。成功就是在生活中得到你想要的东西，而幸福就是对已经拥有的东西感到满足和珍惜。）

如果最终收益超出目标20%，你会有多遗憾？如果比目标少20%，你会有多后悔？本杰明·格雷厄姆的伟大概念"安全边际"对长期投资的成功至关重要，因为重要的不仅是终点，还有路径。查尔斯·狄更斯将这一现实表述为"米考伯定律"：收入20英镑，支出19英镑又19便士，等于幸福；收入20英镑，支出20英镑又2便士，等于痛苦。

这就是为什么大多数捐赠基金现在在扣除通胀因素后使用5%的移动平均支出规则。（这个百分比最初是由耶鲁大学的詹姆斯·托宾提出的，目的是通过考虑投资经验、新捐赠以及通货膨胀的影响来实现代际公平。他的朋友大卫·史文森对耶鲁大学捐赠基金管理中的三方现实问题进行了最严谨、最完整的阐述。他在自己的著作《机构投资的创新之路》中对此进行了解释。）

认识你自己

是的，投资者应该认真研究市场，特别是那些吸引和困住人的极端市场，但市场只是推荐课程的一部分。认识你自己更为重要，所有投资者都应该认识到行为金融学的核心教训：

- 我们相信"手气好"和"连胜"的说法，甚至在抛硬币时也认为最近发生的事件很重要。（这三种说法都不正确。）
- 我们对短期成功印象深刻，比如共同基金的业绩。
- 我们有证真偏差，会寻找支持我们最初印象的数据，并高估这些数据的重要性。
- 我们允许自己将最初的想法或事实作为未来决策的参考点，即使我们知道它"只是一个数字"。
- 我们扭曲了自己对决策的看法，几乎总是偏向对自己有利的一面，所以我们认为自己在做决策方面比实际情况要好。我们不学习，我们一直过于自信。
- 我们把熟悉与了解和理解混为一谈。
- 作为投资者，我们对好消息和坏消息都反应过度。
- 有了这些不利因素，难怪我们会被诱惑，不再专注于赢家的投资游戏，而是陷入输家的游戏，尤其是市场先生显然是有史以来最迷人的引诱者之一。投资者就像节食者和青少年司机一样,最好不要对自己期望过高,尤其是在必须有出色的个人行为才能取得优异成绩的情况下。

如果市场先生不能用一连串的好消息和承诺让你过度乐观,那么他会用坏消息和威胁让你担心甚至害怕吗?我们每个人都有弱点,而市场先生知道在何时何地触动我们的敏感点。

每个投资者的风险承受能力都不相同。要了解在最糟糕的时候(就是你第一次遇到这种情况或毫无准备的时候)自己的风险承受能力——你能承受风险和不确定性的极限,而不会因焦虑而产生非理性行为。这就是为什么消防演习是有意义的,也是为什么投资者能从研究过去的市场行为中获益,这样他们就能估计自己的"假设"行为,并保护自己不被困在个人舒适区之外。

同样,每个投资者的效用也不相同。多拥有 10 万美元与少拥有 10 万美元并不对等,就像到达目的地时油箱里多了 1 加仑[①]汽油与在离家 16 英里[②]处没油了并不对等一样。每个投资者都会从明确了解效用函数中受益。

时间是投资中的阿基米德杠杆,只要你有耐心,它就会成为你的好朋友。如果你在整个 20 世纪 90 年代投资 1 美元在标准普尔 500 指数上,你会赚到 5.59 美元。但如果你在这 10 年中错过了 90 个最佳交易日,你就会赔钱。而在截至 2000 年的 75 年中,如果你只错过了 60 个月,那么在这漫长的岁月里,你的总收益将为零。一个显而易

[①] 1 加仑(美制)≈3.785 升。——编者注
[②] 1 英里 ≈1.609 千米。——编者注

见的教训是：要想获得长期回报，你必须在市场发生变动时出现在那里——而这些最好的日子或月份往往出现在最不经意的时候。

人人都能赢

如果所有投资者都遵循对他们最有利的投资策略，他们就不会与其他投资者的最佳投资策略产生冲突。这一明确陈述背后的唯一假设是，投资者在风险承受能力、时间跨度和情绪能力方面存在差异，而这两种差异的结果产生了几乎无限的风险约束、投资目标和投资能力的组合。每组变量都有一个最佳的、最合适的投资策略。

在合理地确定了起点和终点之后，投资者就可以尝试估算这段时间内最合理的投资预期，以观察在经历了最有可能的投资过程后，初始资金实现了多少投资者的目标。如果这三个部分的尝试和试错过程都有效，那就没问题。如果基金没有达到预期目标，投资者就要认真考虑增加储蓄或降低总目标。

真正困难的部分并不是找出最佳可行的投资策略组合。虽然这需要一些时间和分析原则，但这部分问题的解决是简单明了的工程。真正困难的部分是管理我们自己：我们的期望和我们的临时行为。正如沃尔特·凯利笔下的波戈所说："我们已经找到了敌人，那就是我们自己。"大多数投资者对长期前景过于乐观，对与平均水平相比他们将表现如何也过于乐观，所以他们注定会失望。

更糟糕的是，大多数投资者为了做得"更好"而不断尝试，从而损害了他们的长期投资结果：在错误的时间以错误的方式更换投资经理和改变资产组合。我们被投资经理前几年的良好表现吸引，但几年下来，他们的表现却不尽如人意，因此我们错过了投资经理所管理的股票类型表现良好的复苏期，而赶上了新选择的投资经理业绩向均值回归时的下跌期。市场时机选择的纪录甚至更糟。投资者试图做得更好的自我毁灭性尝试在上述提到的共同基金投资者转换结果中表现得淋漓尽致。

对个人或机构投资者来说，他们能够并应该到哪里去寻求适合他们的长期投资策略建议？你会把你母亲最好的朋友送去哪里？你会把母校的受托人送去哪里？你希望你的孙子去哪里寻求投资咨询？真的是"买者自负"吗？

如果你觉得这些问题很难回答，那么你可能会和我持有同样的观点，即投资行业有一个重要的机会来发展我们的投资咨询能力，并使其得到更广泛的应用。投资策略的三个部分非常重要：

（1）为特定的投资基金确定正确的资产组合。

（2）接受并应对这样一个现实，即每个投资者对每种资产类别的长期总收益很可能是该资产类别的"平均"收益——减去投资经理费用、税费和运营成本，并接受表现不佳的可能性远大于表现优秀的现实。

（3）在市场高点和市场低点维持投资策略，而那个无赖的市场先生正在竭尽全力使出最坏的招数。

输家的游戏变得越来越糟

每个投资者都必须集中精力，以明智的长期投资策略赢得赢家的游戏，与此相匹配的是，投资者所处的环境发生了令人生畏的变化，这使得输家的游戏变得更加残酷和可怕。机构投资组合的管理方式发生了重大变化。由于这些变化是同时发生的，因此它们产生了叠加效应。

由于投资经理逐渐认识到输家的游戏的商业后果,因此他们正在采取更加保守的策略,紧跟指数进行投资组合的管理,并对基于基本相同信息的高周转率投资组合收取全额费用——几乎没有超越同样熟练、拥有同样的信息获取渠道并通过买卖对变化的信息或解释做出同样快速反应的竞争对手的机会。

制订自己的计划是在赢家的游戏中获胜的最佳方式,也许也是唯一的方式。如果你能忽略那个无赖的市场先生和追随他玩输家的游戏的人群,那就容易了。通过正确定义每位投资者的独特的投资目标,并确定实现这些目标的现实投资策略,每个投资者都能避免输家的游戏,赢得属于自己的赢家的游戏。

资料来源:*The Journal of Portfolio Management*, Spring, 2003。

5

业绩投资的兴衰

业绩或主动投资经历了相当长的生命周期，但如今主动投资的成本和费用如此之高，增量回报如此之低，以至金钱游戏不再值得一玩。投资者（包括机构和个人）越来越多地转向指数化投资。随着人们对指数化的接受程度越来越高，客户和基金经理都有机会不再专注于价格发现（价格发现使我们的市场如此高效），而是重新专注于价值发现，投资专业人士可以根据每位投资者的真正目标，制订适当的长期投资计划，并坚持下去，从而帮助投资者实现良好的业绩。

达尔文曾正确地指出，他的进化论在他有生之年不会被当时科学界的大多数人接受。他认为，传统科学家由于被过去的成就和地位束缚，可能会抗拒新的科学理论。只有新一代科学家崛起并取代他们，他的科学理论才可能被广泛接受。同样，如今大多数积极的"业绩型"基金经理对自己的工作、地位和成功如此眷恋，以至还没有意识到他们所处的世界正在发生巨变。主动投资崛起的动力也为其不可避免地达到顶峰埋下了种子，随之而来的是越来越明显的衰退，首先是客户的收益，其次是从业人员的收益。

我们都知道（但并不总是能意识到其不好的长期后果），在过去的50年里，越来越多才华横溢的年轻投资专业人士加入了竞争，以求更快、更准确地发现定价错误，而这正是实现卓越业绩的关键。他们比前辈接受了更先进的培训，拥有更好的分析工具，能更快地获取更多信息。

因此，半个多世纪以来，主动基金经理作为一个群体，其技能和效率不断提高，形成了一个日益专业和成功（或"高效"）的价格发现市场机制。由于所有人都能随时获取几乎所有相同的信息，因此任何错误定价的可能性都在不断上升，尤其是对在主要基金经理投资组合中占主导地位的500只大盘股而言，这种可能性会被迅速发现，并被迅速套利，从而让价差变得微不足道。洞察力和全球信息的商品化以及所有竞争的结果是现代股票市场的效率不断提高，这一点不足为奇，这使得与市场指数相匹配变得更加困难，而要击败市场指数则难上加难，特别是在扣除成本和费用之后。

50年前，对勤奋、消息灵通、大胆活跃的专业人士来说，战胜市场（即战胜竞争对手：兼职业余人士和结构过度保守的机构）不仅是可能的，而且是大概率事件。机构的交易量不到纽约证券交易所总交易量的10%，而个人的交易量则超过90%。这些个人投资者不仅是没有机会接触机构研究的业余爱好者，而且他们做出投资决策（一年不到一次）的主要原因是继承遗产或获得奖金、支付房屋首付款或大学学费等市场之外的原因。如今，统计数据被颠覆了。

95%以上的股票交易以及近100%的其他证券交易都是由全职专业人士执行的，他们在市场上不断地进行比较，以获得竞争优势。所有投资专业人士现在都可以通过研究和源源不断的全球市场信息、经济分析、行业研究、风险指标、公司报告和一流的分析模型，获得比他们能用到的更多的市场信息。美国证券交易委员会（SEC）通过《公平披露规则》，坚持要求所有信息必须同时向所有投资者披露。这些变化中的每一项都非常重要。在过去的 50 年里，所有这些变化因素的复合变化令人震惊。

尽管客户投入了所有资金并承担了所有的市场风险，但他们所追求的"业绩"——高于市场指数的增量回报——却一直不尽如人意。与此同时，对投资经理来说，主动投资已成为历史上报酬最高的服务业务之一。

可以肯定的是，业绩投资的退化并不像电灯开关，更像一个电阻器。即使是现在，一些专业投资经理似乎也能找到创造性的方法，利用令大多数大型主动基金经理困惑的市场力量。然而，这些投资经理的能力很小，很难提前识别市场变化，而且他们从任何一个客户那里接受的投资额都很有限（或者不接受新账户），因此他们只能满足机构潜在需求的一小部分。与此同时，大多数大型投资管理公司因其规模而不得不主要投资 500 只股票，这些股票被最广泛地持有，并由经验丰富的投资组合经理和专业分析师密切跟踪。

业绩投资简史

要了解主动投资的深刻变革力量，尤其是为投资者带来的成果，关键在于研究长期的主要趋势。50 年前，业绩投资刚刚起步，保险公司和银行信托部门主导着机构投资。它们刻板保守，等级森严，由资深"谨慎人士"组成的投资委员会控制，这些人仍然对大萧条、二战、朝鲜战争和冷战心有余悸，所以他们规避风险是可以理解的。他们每个月开一两次会，每次几个小时，然后公布一份"批准名单"，初级信托经理从中谨慎地挑选出以美国钢铁公司、通用汽车公司、杜邦公司和宝洁公司等大型企业和蓝筹股为主的股票投资组合，再加上可口可乐和IBM（国际商业机器公司）等一些经验丰富的成长型股票。他们追求股息、避税，并购买阶梯式到期的高等级债券。交易被视为"投机"。

然而，变革即将来临。随着富达和其他共同基金管理公司取得优异的收益率，"绩优"共同基金销售火爆。养老基金注意到了这一点，并希望从中分一杯羹。

企业养老金资产最初被各大银行作为"客户便利"而接受，并迅速积累起来。不久之后，货币中心银行成为巨大的投资管理机构，随着固定利率佣金的飙升，它们成为经纪人研究和华尔街大宗交易新兴能力的主要消费者。为了争夺蓬勃发展的养老金业务，新的投资公司纷纷成立——有些是共同基金组织的子公司，但大多数是独立公司。它们的主要主张是：由最有才华的年轻分析师和投资组合经理进行主动管理，他们将率先发现投资机会并采取行动，达到或超过所谓的业绩共同基金的业绩。更妙的是，投资组合经理将直接与每位客户合作。

早期的业绩投资实践者遇到了许多重大的困难，也付出了高昂的成本，这些对今天的参与者来说可能是陌生的。当时，大宗交易刚刚起步，纽约证券交易所的日交易量仅为今天的1/300，1万股的交易可能需要数小时才能完成。经纪佣金固定在平均每股40美分以上。华尔街新公司的深入研究刚刚起步，只有"交易柜台"或后台办公室才配备了计算机。

尽管克服这些困难并非易事，但对那些知道如何去做的人来

5 业绩投资的兴衰

说，结果是美好的。投资者的愿望从保本转向了业绩和"战胜市场"。A.G. 贝克尔公司和美林公司推出了一项新服务，首次将每只养老基金的投资业绩与竞争对手的投资业绩进行比较，结果显示，与新公司相比，银行的投资业绩往往令人失望。

一种新的企业中层管理角色出现了：养老基金外部投资经理的内部管理者。监督一只大型养老基金的 10 家、20 家甚至 30 家投资管理公司，每年与另外 25~50 家公司会面（每家公司都希望被选中），然后挑选"最佳候选人"——所有这些都需要全职专家的专业知识，通常还需要外部投资顾问的协助。

迅速积累起来的养老基金开始从银行中撤出资金，投入那些承诺取得优异业绩的新投资公司。随着数十名甄选顾问在全国范围内为他们的大客户寻找有前途的新投资经理，有前途的新投资公司更容易、更快地获得了业务。越来越多精力充沛的投资经理成立了新公司，或者在已有的共同基金组织中成立了新的养老金部门，以满足养老基金对卓越业绩的需求。雪上加霜的是，新投资公司通常挖来银行"最优秀、最聪明"的员工，他们逃离了信托部门的繁文缛节，因为这些程序令他们感到窒息且没有经济回报。

在 20 世纪 70 年代和 80 年代，发现高价格的机会如此多，以至领先的主动基金经理能够吸引大量资产，并经常（虽然并非总是）带来卓越的业绩。但是，随着对错误定价机会的集体搜索吸引了越来越多技术高超的竞争者，再加上计算机、彭博终端、电子邮件、算法以及其他超常规的新数据搜集和数据处理工具的激增，价格发现变得越来越迅速和有效。

面对所有这些变化，核心问题不是市场是否完全有效，而是市场是否足够有效，主动基金经理在扣除费用和成本后能否跟上或领先于专家们的价格发现共识。换句话说，在投资管理和证券市场经历了50年的复合变化之后，考虑到成功选择投资经理的难度，以及真正优异的长期回报的糟糕前景，客户是否有足够的理由接受主动管理的所有风险、不确定性、成本和费用？

投资管理服务的定价有着有趣的历史，直到最近才保持单向上升。20世纪30年代以前，传统的收费方式是按股息和利息等投资收益的百分比收取。20世纪30年代，斯卡德－史蒂文斯－克拉克投资咨询公司将费用计算基数改为五五分成——一半基于收入，一半基于资产。尽管如此，收费水平仍然很低。在当时，投资咨询可能是一个不错的职业，但肯定不是一门好生意。从事投资管理的人通常希望用客户的费用来支付运营成本，然后通过投资自己的家族财富来赚取"一些体面的钱"。银行信托部门往往受到旨在保护寡妇和孤儿的州立法的限制，只能收取极低的费用，因此传统上收费很少或根本不收费。收费仅占资产的0.1%是很常见的。

20世纪60年代，随着新投资公司的成立，竞争条件发生了令银行和保险公司吃惊的变化。凭借在银行贷款、现金管理和商业保险等机构金融服务方面的长期经验，它们知道主要企业客户会进行激烈的价格竞争和积极的讨价还价，它们也知道如何在成本的基础上进行竞争。

但在业绩投资的新时代，养老金管理已从成本驱动型市场转变为价值驱动型市场，其价值主要取决于对未来优异投资业绩的预期。优异的投资回报可以减少年度缴费，从而通过降低养老金的年度资金成本来提高报告的收益。新的投资经理发现，他们可以轻松地收取比银行和保险公司高得多的费用，因为较高的费用被视为对预期优异业绩的确认。与预期的优异业绩相比，主动投资的费用似乎并不重要；任何关于费用的争论都会被诸如"你不会根据价格选择你孩子的脑外科医生吧?"之类的评论驳回。

年复一年,共同基金和养老基金的资产成倍增长,与此同时,主动投资管理的费用非但没有下降,反而增加了三四倍。在这种情况下,投资业务的利润越来越高。高薪和有趣的工作吸引了越来越多能力出众的工商管理硕士和博士,他们成为分析师和投资组合经理,彼此的竞争随之加剧。与此同时,尤其是在 20 世纪最后 25 年大牛市的高回报时期,投资者继续忽视费用,因为几乎所有人都认为费用并不重要。

投资管理费有一个显著的特点:实际上,没有人通过写有明码标价的支票来支付费用。相反,投资组合经理会悄悄地自动扣除费用,而且按照惯例,费用不以美元计算,而是以资产的百分比计算。如果正确看待这一现象,将增量费用与增量收益进行比较,费用就变得异常重要了。这种观点可以通过将传统观念与现实情况进行对比来理解。

对主动管理的成本进行严格定义,首先要认识到广泛存在的与市场相匹配的"商品"替代品:低费用的指数化。由于指数化始终以不超过市场风险水平的收益回报市场,有见识的现实主义者对主动管理费用的定义是:在调整风险后,增量费用占增量收益的百分比。这个费用很高——非常高。如果一只共同基金收取 1.25% 的资产费用,同时收取 0.25% 的 12b-1 费用,并且每年产生比基准指数高出 0.5% 的净收益(这是一次惊人的表现),真正的费用将几乎占到增量收益的 75%!由于目前大多数主动基金经理的表现都不如市场,因此他们的增量费用实际上超过了风险调整后长期增量收益的 100%。迄今为止,客户基本上没有注意到这一严峻的现实。但"尚未被发现"肯定不是巴菲特希望每家企业都能拥有的坚固的保护性护城河。

客户在选择主动基金经理时所面临的挑战并不是找到才华横溢、勤奋工作、高度自律的投资经理，这很容易。挑战在于，选择一个比其他投资经理（同样有抱负的投资者已经选择的投资经理）更勤奋、更自律、更有创造力的投资经理，而且至少要支付其足够的费用，并补偿所承担的风险。

随着竞争者的技能趋于一致，运气在决定投资经理越来越没有意义的业绩排名方面变得越来越重要。尽管公司继续宣传业绩排名，投资者在选择投资经理时也继续依赖这些排名，但有证据表明，这种排名实际上没有任何预测能力。随着价格发现的效率越来越高，证券市场的效率也越来越高，任何偏离均衡价格（基于专家对收益的一致预期，而专家的预期是在分析所有可获取信息的基础上得出的）的行为都成了不可预测的随机噪声。

投资专业人士都知道，必须非常谨慎地解读任何长期业绩。每个长期业绩的背后都有许多重要因素的变化：市场在变、投资组合经理在变、公司管理的资产在变、投资经理的年龄在变、他们的收入和兴趣在变、整个组织在变。我们所投资的公司的基本面也会发生变化。预测任何变量的未来都是困难的，预测多种变化的变量相互作用的未来更加困难，而估算其他专业投资者将如何解读如此复杂的变化更是难上加难。

明确的替代方案

多年来，主动基金经理业绩不佳的呼声一直不绝于耳，因为除了更努力地尝试和寄希望于最好的结果，没有其他明确的选择。客户往往被乐观主义蒙蔽了双眼，继续认为业绩不佳都是自己的错，因此，他们继续努力寻找合适的投资经理，大概是认为没有其他更好的选择。现在，随着低成本指数基金和交易所交易基金这些普通"商品"的大量涌现，主动投资已经有了有效的替代品。残酷的现实是，在对幸存者偏差进行调整后，极少有基金能优于其指数表现。

在经历了缓慢的起步之后，一些客户逐渐认识到这一现实，并采取了行动。然而，许多客户仍然相信，他们的基金经理能够并且一定会取得优异的业绩。（"希望战胜经验"这种心态并不仅限于日复一日的婚姻生活。）美国机构客户的平均预期是，他们所选择的主动投资基金管理公司在扣除费用后，每年的业绩会比预期高出 100 个基点，尽管没有一家大型基金管理公司能做到这一点。如图 5-1 所示，企业和公共养老基金的乐观程度稍低一些，而捐赠基金和工会的乐观程度稍高一些。在养老基金高管中，实现超越市场表现的难以捉摸的魔力现在是最受欢迎的弥补资金缺口的方式。

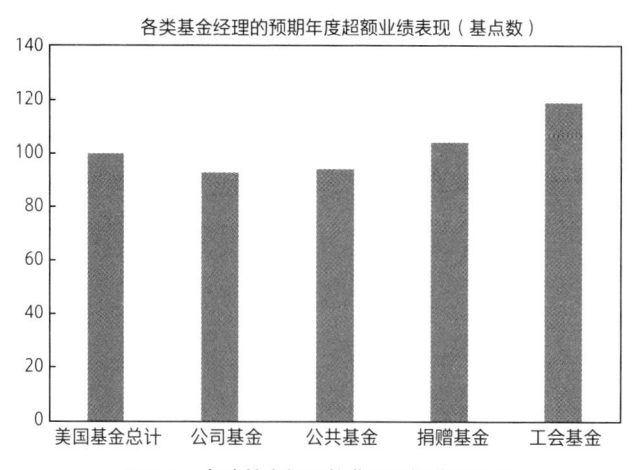

图 5-1 主动基金经理的费后预期业绩表现

2012年，尤金·法玛总结了他对所有至少有10年业绩的美国共同基金的研究：

> 总的来说，主动管理是一个零和游戏——在扣除成本之前……扣除成本后。只有前3%的基金经理的收益率能表明他们有足够的能力来支付成本。这意味着，尽管过去的收益率非同一般，但在未来，即使是表现最好的基金经理，预计也只能与低成本的被动指数基金的表现差不多，另外97%可能会更糟。

定量观察人士可能会指出，只有3%的主动基金经理战胜了他们所选择的市场，这与纯随机分布的预期相差无几。但定性观察人士会警告说，坦率地讲，97比3的赔率非常糟糕，尤其是当数以百万计的退休人员或为社会最宝贵的教育、文化和慈善机构提供资金支持的人需要冒着失去真金白银的风险时。长期数据反复证明，投资者可以从主动业绩投资转向低成本的指数化投资，并从中获益。然而，这种理性的转变发展得极为缓慢，这就提出了一个显而易见的问题：为什么？

了解社会对创新的接受程度

正如托马斯·库恩在其经典著作《科学革命的结构》中所解释的那样，达尔文所面临的接受问题并不局限于生物学或一般科学，而是普遍存在的。那些在自己领域取得巨大成功的人自然会抵制（通常非常富有想象力而且往往非常顽固）任何颠覆性的新概念。他们的抵制主要有两个原因。首先，大多数新假说在经过严格检验后都无法证明其正确性,因此当权者往往对所有新观点都持否定态度。其次,在任何新领域,当权派成员都会失去很多机构地位,尤其是他们作为专家的声誉和赚钱能力。他们依赖于现状——他们的现状。因此,他们反对新事物。通常,他们被证明是正确的,所以他们赢了。但并不总是如此。

E.M. 罗杰斯在其学术著作《创新的扩散》中,建立了经典的范式,即创新达到一个"临界点",然后在社会系统中以指数级传播,如图 5-2 所示。

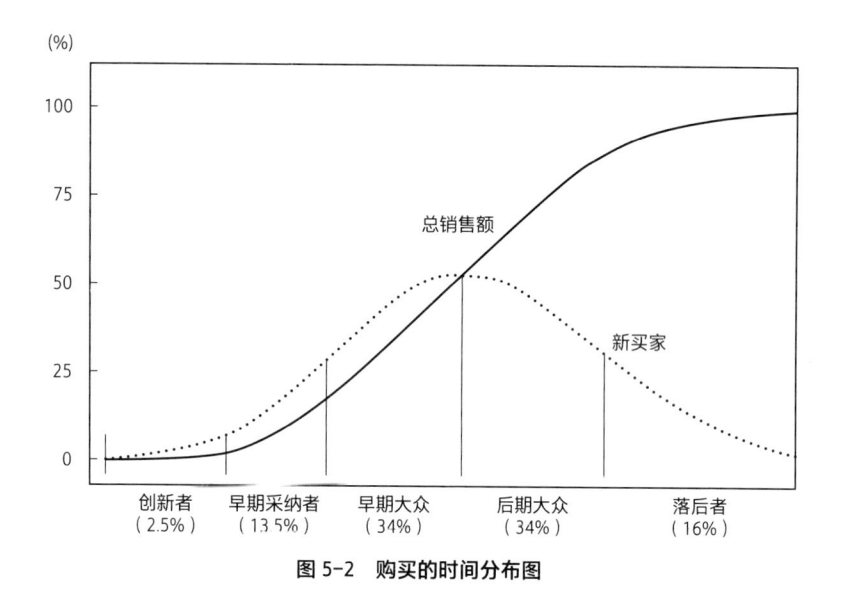

图 5-2 购买的时间分布图

决定是否行动的第三步取决于对利益的确信程度、与过去习惯和规范的兼容性以及对他人如何看待这一决定的预期——特别是他们是否会赞成。

成功的创新会通过一个非常一致的过程稳步克服阻力,并获得认可,但是变化的速度因创新的不同而截然不同。例如,大多数玉米种植者花了10年时间才改用杂交种子,而大多数医生在不到10个月的时间内就采用了青霉素。新的和更好的做事方式被采用的速度取决于几个需求因素:利益有多大,有多不可否认,利益变得可见的速度有多快,纠正错误的容易程度和成本有多低,以及信息和社会影响得以传播和表达的网络的质量有多高。对改变的抗拒取决于对创新利益的确定性、新采用者可能面临的经济损失或社会反对的风险、潜在采用者的风险承受能力以及奖励和收益的已知速度。

结合库恩和罗杰斯关于创新的理念,我们可以理解业绩投资在20世纪60年代和70年代日益被接受,在80年代和90年代变成熟,以及对其需求逐渐减少和对指数化投资的缓慢但加速的转变。

对指数化投资的需求受到以下几个因素的影响,这些因素仍然鼓励投资者坚持主动管理:人类想要通过更努力来做得更好的愿望;"是的,你可以"的鼓励——来自基金经理、投资顾问和其他以倡导"做得更好"为生的参与者的鼓励;投资委员会专注于从一组由顾问预先选定的"赢家"中挑选一两个"最佳"经理。众所周知,广告把注意力集中在少数不断变化的基金经理的优异业绩上。媒体报道的重点是报道最新的赢家。(如果你在电视上收看股市报道,请注意新闻播音员的声音多么像体育播音员。)

然而,业内人士很少谈论大多数主动基金经理如何与指数相差甚远,也很少谈论过去的赢家在接下来几年再次成为赢家的频率有多低。许多投资委员会和基金高管显然相信,他们可以通过更换基金经理来战胜困难,但他们对确定未来的赢家有多难却避而不谈。大量数据显示,在决定更换基金经理之后的几年里,最近被解雇的基金经理的业绩通常会超过新聘用的基金经理。除了选择收费较低的基金经理,目前还没有发现任何方法可以事先确定哪些主动管理基金会战胜市场。

当然，在支付了巨额费用和机会成本后，认识到超越专家共识的难度越来越大，这并不容易，尤其是对主动基金经理而言。我们不能期望他们说，"作为皇帝，我们没有穿衣服"，并放弃业绩投资，因为他们如此致力于将主动管理作为一项事业，如此努力地为客户创造卓越的业绩，并因不断努力而受到钦佩。诺贝尔经济学奖得主丹尼尔·卡尼曼在《思考，快与慢》一书中描述了主动投资管理文化的社会化力量：

> 我们知道，只要有一群志同道合的信徒支持，人们就能对任何主张保持不可动摇的信念，无论其多么荒谬。鉴于金融界的竞争文化，这个世界上的许多人都相信自己是少数被选中的人，能够做到他们认为别人做不到的事情，这并不令人意外。

许多令人费解的人类非理性行为的例子都可以通过行为经济学来解释。研究表明，当被要求对自己进行"高于平均水平"或"低于平均水平"的评价时，帕累托原则或 80/20 规则适用于大多数人群，而且具有显著的一致性。乌比冈湖效应普遍存在于我们中的大多数人身上。我们中有 80% 的人反复认为自己在大多数美德上"高于平均水平"，包括成为优秀的投资者或投资经理的优秀评估者。这一发现可能是解释为什么人们没有更大胆地追求指数化投资的关键。

总结

主动业绩投资者具有极强的价格发现能力，但具有讽刺意味的是，他们的胜利却大大减少了他们获得卓越价格发现的机会，以至对客户而言，在扣除成本和费用后获得超额收益的金钱游戏已不再值得玩。对我们这个行业来说，对主动投资管理中的每个人和每家公司来说，一个显而易见的核心问题是，我们什么时候才能认识到并接受我们在价格发现方面的集体技能已经大大提高，以至我们大多数人再也无法期望超越专家共识，以支付成本和管理费用，并为我们的客户提供良好的风险调整后价值？

另一个核心问题是，我们的客户什么时候才会认为，继续承担所有风险，支付所有费用，努力战胜市场却收效甚微，对他们来说不再是一笔划算的交易？这些问题至关重要，因为如果在过了临界点之后继续销售我们的服务，显然会引发道德问题，从而将一个值得骄傲的职业与粗鄙的商业行为区分开来。

理想情况下，投资管理一直是"两手抓，两手都要硬"的行业：一手抓价格发现，一手抓价值发现。价格发现是发现其他投资者尚未认识到的定价错误的技巧过程。价值发现是根据财富、收入、时间跨度、年龄、义务和责任、投资知识和个人财务历史等各种因素，确定每位客户的现实目标并设计适当策略的过程。

作为一项业务，主动投资管理对业内人士来说已经取得了巨大的成功，但真正的专业从业者既希望有一项伟大的业务，也希望有一份受人尊敬的职业。可悲的是，我们的集体决策和行为比大多数内部人士似乎意识到的要多得多，表明在我们所做的和所说的之间，我们中的许多人把"伟大的业务"远远置于"受人尊敬的职业"之上。我们之所以能够把业务放在第一位，部分原因是大多数客户似乎并没有意识到真正发生了什么，而我们这些业内人士也没有看清或假装没有看清正在出现的现实。

检验我们想法的一种方法是反向提问：如果你的指数化经理只需收取 5 个基点的费用，就能可靠地提供全面的市场收益而不承担市场风险，那么你是否愿意转向主动业绩经理，他们的收费呈指数级增长，其投资有不可预测的变化结果，达不到所选基准的概率几乎是跑赢基准的两倍——当达不到基准时，损失比收益多 50%？这个问题本身就是答案。这也是每个客户在谨慎地转向 ETFs 和指数基金之前都应该问的问题，而且显然越来越多的客户正在问这个问题。对指数化基金（图 5-3）和 ETFs（图 5-4）的需求正在加速增长。

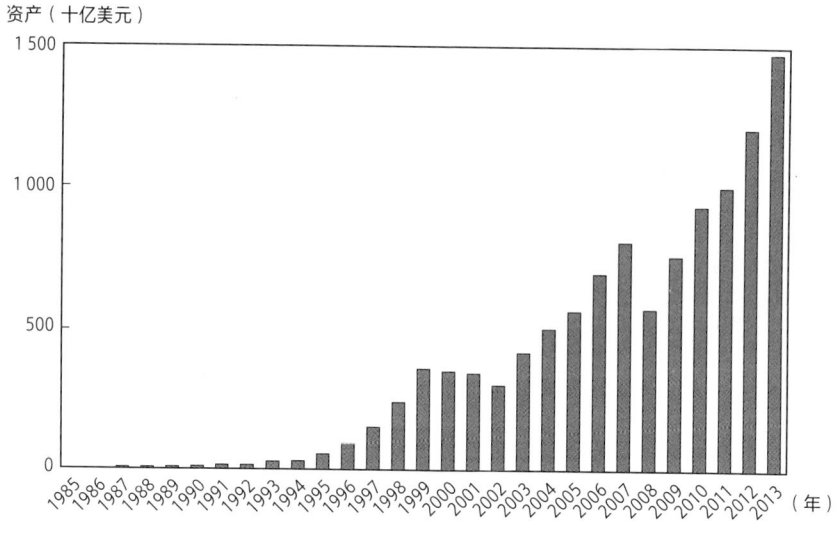

图 5-3　美国指数共同基金资产：1985 年 1 月—2013 年 9 月

注：2013 年的数据截至 9 月。

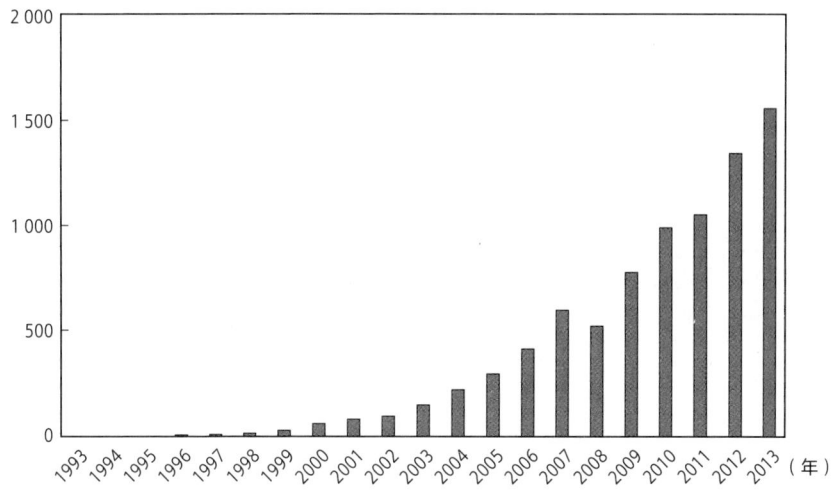

图 5-4　美国行业 ETFs 资产，1993 年 1 月—2013 年 9 月

注：2013 年的数据截至 9 月。

结束语：展望未来

主动投资的费用压缩和越来越多地转向低成本指数化投资的双重打击，必将压低投资业务的经济利益和从业人员的个人收入。幸运的是，我们仍有机会重新平衡我们为客户提供的服务，重新强调我们"两手抓"行业曾经的核心部分：价值发现，通过价值发现，每个客户都可以被引导回答重要的问题，找到合适的投资策略，并帮助他们在不可避免的市场高点和低点保持正确的投资方向。

对投资经理来说，严格、个性化的价值发现和咨询这种"赢家的游戏"可能不会像基于价格发现的业绩"产品"业务那样有丰厚的经济回报，但作为一种职业，它会让人更有成就感。这是一种令人钦佩的前进方式，它将激发客户的忠诚度——伴随着所有随之而来的长期经济利益,并将为从业者带来深深的职业满足感。虽然不像在价格发现上的竞争那样令人兴奋,但基于价值发现的投资咨询是大多数投资者非常需要的,这无疑为我们的职业和客户提供了更多实现真正长期成功的机会。

资料来源:Charles D. Ellis (2014) The Rise and Fall of Performance Investing, *Financial Analysts Journal*, 70:4, 14–23。版权所有©CFA 协会,经代表 CFA 协会的泰勒–弗朗西斯出版公司许可转载。

6

不连续的时代下创新投资管理的七大法则

彼得·德鲁克是格林威治联合公司的好朋友和长期顾问。他不仅是一位卓越的作家,也是一位引领思考潮流、充满启发性的思想家。在20世纪60年代末,以投资组合经理为中心的主动投资策略在投资界风头无两。这篇文章巧妙地融入了德鲁克的一些想法和见解,读来妙趣横生。值得一提的是,早在50多年前,德鲁克就提出了收取高额费用以吸引最佳客户的观点。在当时,这无疑是一个令人震惊的观点,但随着时间的推移,这一观点逐渐被视为一种警世之言。

德鲁克的新书《不连续的时代》堪称探讨如何高效管理大型激进股票投资组合的经典之作。因为在这个日新月异的时代,如何认识、评估并利用这些不连续性并从中获利,已成为投资组合管理机构的首要任务。

德鲁克写道:"总的来说,我们已经学会了如何利用组织来高效地完成我们已经知道如何去做的事情。"他说:"这是一个巨大的进步,也是我们当今社会赖以生存的基础。我们现在需要建立能够创新的组织……"创新型组织需要在人与人之间建立不同的关系结构。它需要一个开放式的团队组织,而不是一个封闭式的命令组织,它需要保持人际关系的灵活性。此类团队结构在很大程度上不为古典组织理论所知——尽管爵士乐组合或手术室的外科团队都是例证。

创新型组织需要高层人员采取全新的态度。在传统的金字塔式指挥型管理组织中，高层人员负责做出判断；而在创新型组织中，他们的职责是鼓励新想法的发展。在创新型组织中，高层人员的工作是努力将尽可能多的想法转化为有效的、目标明确的规范工作提案。与传统的管理组织不同，他们的工作不是说："这不是一个规范的提案。"他们应该这样说："这个想法要变成什么样子才能被认真对待？"德鲁克的结论是："没有一个真正新颖的想法一开始就是一个现实的、规范的、经过深思熟虑的、行之有效的建议。它总是开始于摸索、猜测和寻找。"

对于寻求实现卓越业绩的投资管理机构来说，组织"知识型员工"进行创新思维的生产和实施尤为迫切。业绩取决于三项极其艰巨的任务：

- 识别市场、行业和公司的真正重大变化。
- 趁市场的价格还没发生变化，在其他人认识到之前采取行动。
- 为感知到的变化投入足够的资金，以便对投资组合产生重大影响。

我们中的大多数人都知道，要赢得这个三冠王并非易事，尽管有些组织似乎还不明白为什么会这么难。无论如何，让我们总结出一些对投资管理机构有用的指导原则，因为这些机构并没有能独当一面的天才英雄。我们所关注的投资公司拥有聪明、受过良好教育、有抱负、负责任的员工，他们虽然优秀，但并不完美。

为了帮助这样的投资管理机构实现持续的优异业绩，我提出了七条法则。虽然说我们应该在开始工作之前确定目标，这听起来似乎太明显了，但很少有投资经理能够清晰或自信地回答以下基本问题：你们组织投资的目的是什么？你想做什么？没有明确的目标，就不可能知道自己的进展如何。因此，第一条法则是：业绩标准定义不清晰会导致业绩不佳。

很少有投资管理组织能够有效地为所有类型的客户提供优质服务。客户目标和需求的多样性是一股巨大的向心力，而满足这些不同需求所需的人员和方法并不协调。由一家公司尝试为不同类型的客户提供的服务，几乎都会自动导致平庸的业绩。当这种情况发生时，最理想的客户——愿意为业绩付出更高价格的客户——将会离开。因此，第二条法则是：糟糕的客户赶走了好的客户。

第三条法则无须解释：客户总是容易犯错。

作为投资经理，你可能只能为少数客户提供高质量的服务，所以应该为那些愿意支付高昂的费用来获取这种服务的客户服务。真的，没有理由收取过低的费用；如果不能收取高费用，我们就是在玩弄客户非常宝贵的资金——只是简单地调整了一些东西，我们应该退出这个行业。不理解高费用的客户几乎总是那些令人讨厌的客户，他们期望太高，并在最糟糕的时间和地点批评你最好的努力。

另一方面，高昂的费用也有吸引理想客户的良好效果，因为他们希望花钱买有价值的东西。此外，支付更高的费用可能给人一种高级、专业的感觉。（私募对冲基金的成功为这些想法提供了雄辩的证明。）因此，第四条法则是：高费用可以排斥不良客户并吸引优质客户。

一位出色的投资经理做得很少。他每年最多只会做出两三个真正有价值的决定，而两三个重要的决定足以保证其出色的表现，不需要更多了。然而，大多数投资经理故意每年做出数百个决定。他们喜欢认为：长时间工作、收发箱里堆满文件、成堆的电话留言和个人的忙碌是好的。这表明他们在努力工作。但是，这些忙碌的经理所做的投资决策几乎必然是低劣的,因为它们只能在特定的交易中被使用一两次,缺乏长期价值和可持续性。

我们需要更多的高级决策——在不同领域和不同时间被反复使用的决策,因为这些罕见的高级决策所释放的创造力是如此强大。第五条法则是:小决策会干扰大决策。

我们所处的环境是人类所知最多变的环境。我们必须不断地考虑社会、政治、技术、宗教、国际、气候、文化和竞争的变化。因此,我们必须灵活应对,迅速主动采取行动。一般来说,在我们的业务中,为提高效率而设计的组织并不是特别有效。在特定行业久经考验的专家分析师往往会成为金融偏执狂,多年来他们不断强化和完善自己的偏见。我们的业务是变革的业务,而墨守成规是没有帮助的。因而,第六条法则是:经验可能是一个糟糕的老师。

我们必须为具有创造性的卓越表现做好准备。虽然数据有点儿粗略,但它始终支持这样一个结论:我们工作的强度越低,我们的贡献就越大。据我所知,有3位基金经理离开办公室至少3个月(一位为了悠闲地休养,一位为了一系列国外长途旅行,还有一位为了参加政治竞选)。在每种情况下,他们的同事都发现,他们在剩下的9个月里的贡献价值远远超过平时。在每种情况下,这些基金经理做出的决定都更少。但它们都是卓越的决策,因为他们有时间进行深入思考并采用新的思维方式,这对他们产生了重大影响。因此,作为一个理性的人,我们必须得出这样的结论:要想取得出色的业绩,长期而频繁的休假是必不可少的。第七条也是最后一条法则为这篇简短的文章画上了句号:努力工作和取得成就不能混为一谈。

资料来源:*Institutional Investor*, April, 1969。

7

成功会毁掉业绩投资吗

　　这篇文章写于50多年前，赞扬了一个非凡的长期"钟形曲线"商业周期。这个周期将主动业绩投资从蓬勃发展的增长型业务带到了20世纪80年代的巅峰，又在世纪之交逐渐下滑。换句话说，业绩投资如果对生产商没有负面影响，对消费者就可能产生一定的负面影响。具有讽刺意味的是，导致其不可避免的自我毁灭的因素隐藏在我们大多数人当时（50多年前）视为进步的因素中。

　　大笔资金正在流动。大萧条时期已经过去很久了，大萧条时期是美国经济的冰期，那时大笔资金的投资原则及其实践被彻底冻结，无法流动。但现在，随着对良好业绩的竞争压力的加剧，冰冷的机构资金正在迅速融化，并开始奔腾。

　　传统上保守的机构（银行、信托公司、大学捐赠基金、养老基金、保险公司和较为保守的共同基金）正在加速采用业绩投资的方法和理念。在那些传统的金融机构中，现在有很多技术人员、交易员、年轻的投资组合经理等，人们也会讨论关于在金融市场上表现卓越的人的话题，包括他们的成功经验、策略、投资技巧等。同时，这些机构也开始采用激励薪酬制度，这也是一个明显的变化。业绩投资已经从可疑的入侵者变成了全美各大机构及其客户公认的宠儿。

业绩投资之所以受到欢迎，是因为它取得了显著的成果。近年来，业绩投资的结果非常好。也许太好了，甚至很可能，它的巨大成功很快就会破坏业绩投资。

在讨论业绩投资的发展问题之前，我们首先需要明确什么是业绩投资。业绩投资是一种主动、兼收并蓄、高强度管理的努力，旨在持续最大化投资组合的利润。业绩投资远不止以下这些引经据典的名言和口号："不要与股票结婚；爱它们，然后离开它们。""这是一个时尚行业，所以不要逆潮流而动，要顺势而为。""哪里热闹就去哪里。"这是一场艰苦卓绝、竞争激烈、耗费脑力、快速发展、范围广泛的斗争，并且打败了大多数其他年轻的狮子。

成功的业绩投资者

业绩基金经理的运作方式介于操盘手和长期持有者之间。操盘手试图将高周转率与每个决策非常小的利润增量相结合；低周转率的长期持有者依赖每个决策非常大的价格变化。成功的业绩投资者将两者的优点结合起来，获得比操盘手更大的利润，比长期投资者更快地周转他们的持仓。

业绩投资者擅长识别他们认为可能会改变股票价格的因素，并迅速采取行动，争取在整个市场对这些发展做出反应之前买进或卖出。为了有效地运作，业绩基金经理必须掌握大量公司和股票的最新信息，以便在市场上寻找机会进行交易。他们可以对价格和成交量的图表和其他技术研究进行分析，以捕捉供求关系的变化。对业绩投资者来说，公司的季度收益是非常重要的信息。他们必须获取和处理各种零碎的信息，这就需要有一个非常广泛的网络来帮助他们搜集数据、谣言和想法等。与长期竞争对手相比，他们必须在精神和情感上都有能力在信息不完备的情况下做出更多决定。对那些没有足够经验和技能的人来说，业绩投资并不容易。

业绩投资难以实施，即使是最有经验的业绩投资者也面临许多挑战和问题。这些问题引发了一个疑问：成功会破坏业绩投资吗？业绩投资者试图通过早期识别价值变化来获取利润，这种价值变化将导致股价迅速变化。但是，可获得的潜在利润总额是有限的，因为从长远来看，业绩投资并不能创造市场，只能在由其他长期投资者创造和运作的市场中运作。由于业绩蛋糕不是无限大的，当太多资金追逐这块蛋糕时，每投资一美元的收益率必然下降，业绩投资技术的"业绩"只会越来越少。

随着参与业绩投资的基金数量的增加，希望"早介入"的投资经理不得不越来越早地采取行动。这意味着他们在采取行动时，对预期的积极或消极发展是否会发生的把握越来越小。这就降低了正确的概率，从而减少了利润。

此外，最成功的基金可能会被资金淹没。随着这些基金所获利润的增加，越来越多的投资者加入这一狂热的行列，新的资金不断涌入，这些基金可能会变得太大而无法继续其原有的运作方式。例如，如果市场流动性将小盘"热门"股票的持股限制在100万美元以内，那么一只5 000万美元的基金就可以追上它。但另一只5亿美元的基金，需要在这只股票上持有1 000万美元的仓位——这是一个危险的清算金额。因此，大型基金经理只能选择大市值、流动性好的股票。

处于劣势的大型基金经理

但即使是流动性最好的股票,一只 10 亿美元的基金也很难进入和退出平均 1 500 万美元(30 万股每股 50 美元的股票)的仓位。这么多股票很难被买入和卖出。大型基金经理无法利用频繁出现的小额利润机会,因为转移大量股票的成本可能超过已确定的利润机会。

这些都是最佳业绩基金面临的主要问题。如果业绩投资注定要经历发展、成熟和衰退的典型阶段,那么我们很容易描述前两个阶段。

在第一个阶段,先驱者的创造性影响导致一种新的、打破传统的股票投资策略,这种投资策略被权威机构贬低和 / 或拒绝。但是这种方法很有效,可以赚取高额的投资组合利润,因此不能被忽视。公众的接受导致其他机构从勉强到好奇地接受。当一个投资策略带来良好的投资回报时,权威机构会更快地认可和支持它。但随着时间的推移,如果它的表现没有持续地超越预期,那么最终它可能会令人失望。

第三个阶段是衰退。问题很简单:你变得过于庞大,导致资金流动受到限制,几乎是"金钱束缚"。

在过去的 10 年里,单只基金规模迅速扩大,致力于追求业绩的新老投资组合的数量也在迅速增加。结果是,试图利用业绩机会的资金呈几何级数增长。对那些因成功而变得过于庞大的单只基金来说,它们面临更严重的问题,资金流动受到限制,就像得了象皮肿一样。局限于"大市值"股票,为进出每个仓位支付高昂的费用,其业绩会受到损害。在过去的美好时光里,每个人都有足够的空间去尝试掠夺公众和行动迟缓的机构,但现在,昔日的战友不得不试图相互掠夺。利润不够分了,成功开始破坏业绩投资。

由于存在两个不同的问题，因此有两种解决方案或补偿方案值得考虑。什么可以帮助单只业绩基金？怎样才能帮助整个业绩基金？

对于单只基金的规模问题，人们提出了三种解决办法：当基金规模达到1亿美元时，关闭新的销售，从而限制基金规模；当旧基金规模过大时，启动新的基金；努力说服股东接受较低的收益率。上述三种策略在某些情况下是可行的，但并不适用于所有情况。

尽管面临一些问题，但表现良好的基金作为整体仍有可能继续保持良好的表现，或者至少能够推迟问题的出现。这一前景与大型机构，如银行、养老基金、捐赠基金和保险公司越来越接受业绩目标密不可分。这些机构的加入从几个方面缓解了问题。

第一，市场有了更多的活跃参与者，流动性更强了。这使得越来越多的股票可以被快速买卖，而不会对价格造成不必要的干扰。

第二，由于有更多的资金在寻找高利润，股票价格对预期变化的反应更快。好的选择带来的回报会更快，这可以大幅提高每笔投资的年收益率。

第三，传统机构正在购买绩优股基金已经持有的股票种类。这提高了"绩优股"的总体市盈率，同时降低了传统"道琼斯指数"股票的价格。这一转变过程正在推高业绩投资者交易频繁的市场领域的价格，为他们超越市场平均水平提供了额外的优势。

流动性失去作用

虽然这些变化因素对业绩投资者都有帮助，但它们不能也不会长期起作用。当太多的基金试图在同一时间做同样的事情时，更大的流动性就失去了作用。要想从更快的价格变动中获得更大的利润，就必须尽早买入,而传统上行动迟缓的机构中的年青一代也急于尽早买入。领导权的竞争可能会变得很激烈。从"慢"股票转向"快"股票不会永远持续下去,而且这种转变对市盈率等指标的相对影响可能已经在减弱。

除非传统机构坚持尝试业绩投资并持续表现不佳,否则将其吸引过来最终可能会加剧业绩投资已经面临的问题。业绩投资的衰落阶段可能会被推迟,然后会变得更加不可避免。如果大型机构在尝试实施业绩投资策略时损失严重,那么人们对业绩投资的概念可能会有更强烈的负面看法。许多传统资金池已经过于庞大,存在妨碍快速反应的管理问题,并且没有配备在高业绩游戏的竞争、挑战和兴奋中茁壮成长、接受挑战和振奋人心的积极员工。现在看来,许多保守的基金可能受到业绩投资的诱惑,但实际上还没有准备好或适应这种投资方式。

无论个别基金的情况如何,无论人们对业绩投资的普遍看法如何,似乎可以肯定的是,管理机构资金的业务已经永远偏离了资本保值的轨道。业绩投资肯定不是获得良好投资组合利润的唯一途径,但它迫使基金经理更加努力,这一点必须得到肯定。风险在于,基金经理可能会因过于努力而忽视自己的能力和市场的实际情况,从而遭受损失。

资料来源:Charles D. Ellis (1968) Will Success Spoil Performance Investing?, *Financial Analysts Journal*, 24:5, 117–119。版权所有©CFA协会,经代表CFA协会的泰勒-弗朗西斯出版公司许可转载。

8

要想取得业绩，必须建立组织

50多年前，在一个瞬息万变的时代，投资经理以积极"开放"的经营方式，能够利用市场的变化获得优势。但那样的环境不会持续很久。随着时间的推移，本文所依据的信念将变得过时。（注意：从商学院毕业4年后，我在一家证券公司工作，因缺乏一年的经验而被宣布没有资格参加获得特许金融分析师资格的第三次考试。这篇文章是那场考试中一篇三小时论文题的基础："请发表评论。"）

近年来，以业绩为导向的管理层几乎吸引了所有个人和机构投资者的注意力，他们的投资表现也令人羡慕。这些表现是运气，是投机的好运气，或者只是暂时的？

更好的研究和更精明的投资组合管理是答案的一部分，但仅仅是一部分。与其他领域的成功公司一样，发展最快、最受尊敬的投资公司正在制定创新战略，以充分利用商业环境的变化。寻求相同结果的投资经理应了解方法、目的和组织方面的关键变化，这些变化会产生持续的卓越投资组合业绩。

新兴投资公司之所以能取得卓越的经营业绩，是因为它们比传统投资机构更注重规划和组织。它们的方法是战略性的。有效的公司战略通常包括几个阶段：

- 明确目标。
- 识别环境带来的问题和机遇。
- 确定企业的内部优势和劣势。
- 制定策略以最大限度地减少问题和利用机会。

新投资管理公司的唯一目标是使其所管理资本的盈利能力最大化。资本生产率（而不是资本保值）主导着整个组织的结构和活动，每个人都在努力地为投资组合带来利润。

传统的投资经理的目标往往截然不同：资本保值（而不是盈利）是他们的经济目标。他们追求并维护一种高质量和保守的形象。他们规避风险。当然，这些其他目标可能与最大限度地赚钱的决心发生冲突。

新投资经理如何运作

新投资经理确信，传统的组织结构存在显著的缺陷，这些缺陷可以通过调整管理方式和组织架构来减轻或消除。

传统的投资管理主要关注长期投资，依靠一个由高级管理人员组成的委员会在每周或半个月举行一次的会议上做出所有投资决策。这种管理方式主要依靠内部分析人员提供信息和评估，事务处理相对私密。由于其主要投资目标是使资本保值而非提高资本生产率，因此决策过程和投资组合的特征往往显得谨慎和保守。

投资委员会有两个重要而有用的功能。首先，严重的判断失误很少禁得起委员会的公开审查，因为一个由具有不同经验的人组成的委员会通常可以发现很多潜在的重大问题。其次，一个有效的委员会可以制定健全的基本政策。但这并不意味着委员会也应做出诸如证券选择和确定对个别证券的重视程度等操作决定。

在投资组合管理中，时间就是金钱，而委员会缓慢的决策过程会给投资组合带来巨大损失。为委员会准备的备忘录占用了分析师大量的时间，令他们无法有效地开展研究工作。正式的程序拖延了行动，因价格变化而错失行动最佳时机的事时有发生。委员会的决定不容易被推翻（尽管市场流动性允许这样做），结果导致试验性、试探性购买几乎是不可能的。我们必须忽略市场波动提供的盈利机会，只能考虑长期机会。

委员会失去控制

委员会每次召开会议只能做出几项决定，倾向于通过"例外"来管理投资组合，卖出"坏"股票，买入"好"股票。新的管理层希望通过控制来管理投资组合，并认识到投资决策很少有明确的黑白之分，而是呈现出深浅不一的灰色，这使得对不同证券的重视程度几乎会持续变化。委员会制度难以分配个人责任和衡量结果。好的决策谁有功劳，坏的决策谁该负责？

一个全权处理其投资组合所面临的问题和机会的个人投资经理可以进行控制管理。逻辑存在于时间的数学中。一个委员会每年召开50次会议，每次两三个小时，其做出的精明决策远不及一个每年工作50周、每周工作50小时或更长时间的投资组合经理。

此外，如果委员会试图管理投资组合，其给予主要政策的时间和关注就会不够，还会做出较差的经营决策。因此，新的管理模式明确地将政策决策与经营决策分开，将经营权分配给单一的执行人员或投资组合经理。他们有能力做出更多决策，因而能更主动地进行管理，使投资组合获得更多的利润增量。投资组合经理不必等待委员会会议，决策可以是非正式的，他们避免了准备向投资委员会提交正式报告所固有的拖延，他们可以果断地采取行动。

个人为何胜过委员会

有能力的个人在制定投资决策方面比委员会具有显著的优势。他投入全部的时间和精力，就是为了投资组合的成功。因此我们可以推断出，他对每种成分证券了解得更多，知道为什么要买入，为什么要持有，以及为什么要卖出。

既然投资组合管理是一门艺术而不是科学，而众所周知，委员会缺乏艺术性，那么精通这门艺术的单个投资组合经理将具有显著的竞争优势。他可以利用他的直觉、创造力和对市场的认识，因为人们评判他的标准不是他对自己的计划解释得有多好，而是他在市场上的表现。

此外，由于投资组合经理是根据整个投资组合的盈利能力来判断的，因此他更有动力承担明智的风险，回报也是显然的。他可以大胆行动，创新并主动提高投资组合的利润。通过赋予投资组合经理经营决策的权力和直接责任，新的管理层既获得了个人决策和执行决策的优势，又保留了委员会制定政策和审查的能力。

新管理机构如何获取信息

新的投资管理机构不仅要努力高效地做出有利可图的决策，还要善于获取和评估决策所必须依据的信息。传统的数据搜集和评估方法依赖于一个由分析师组成的团队，他们研究统计数据、访问公司管理层并撰写报告，向投资委员会提供购买和销售的建议。传统的研究过程被视为公司的专有信息和机密，只能由内部员工负责。

虽然内部资源对公司来说非常有价值，但它们可能导致信息流向决策者的渠道受限。证券经纪商提供的最佳研究和证券评估为提高投资组合的利润提供了重大机会。人们认为，证券经纪商研究具有很高的价值，他们也意识到投资组合产生的佣金可以为这种服务提供购买力。佣金购买行为需要被谨慎地管理和使用，以获取能为投资组合带来最大利润的证券经纪商的研究和判断。

投资管理中的另一项重大创新是，如何把证券经纪商研究融入投资管理过程。证券经纪商不断增长的研究知识储备与投资组合经理的操作需求之间存在沟通鸿沟。谁能最好地弥合这一沟通鸿沟，谁就能在竞争中占据优势。

绕开内部分析师

传统的管理团队坚持将所有证券经纪商的研究报告交给内部分析师处理，而新方法将这些信息和意见的重要部分直接传递给投资组合经理。这种做法源于对分析师和投资组合经理之间微妙的人际关系、他们在组织中的地位以及他们对外界意见的响应方面的理解。

出于许多合理的理由，内部分析师通常不太适合评估证券经纪商建议的优点。一个优秀的分析师必然持怀疑态度，并倾向于不相信其他人的言论。从职业角度讲，他不相信也不屑于依赖他人的工作。他对自己密切关注的特定股票了如指掌，不会对其他证券的简要描述产生深刻印象，他的职业满意度往往更多地取决于他对公司和行业的广度和深度的了解，而不是推荐买进和卖出的盈利能力。他的职业发展通常更多地取决于他在研究报告中对盈利预测的一贯准确性，而不是他对投资组合盈利能力所做贡献的频率和大小。他每年提出的建议比投资组合经理做出的决策要少得多，因此，为了获得令人满意的平均盈利能力，他做出的承诺要少得多。而且，他也没有那么多机会改变自己的决定，所以，他必须对所认可的每只证券都更有信心。基于上述所有原因，内部分析师在职位、责任和兴趣方面都不适合有效地利用证券经纪商的研究。

开放式的管理

相比之下，投资组合经理在工作中更依赖于他人的知识和判断，无论是内部员工分析师还是外部券商分析师。如果分析师能够为投资组合带来利润，那么投资组合经理对他们的信任程度是一样的。投资组合经理的核心技能在于发现特定情况下的积极潜力，而非识别潜在的负面影响。在当代管理哲学中，投资组合经理有多种途径获取创意和信息。如果对某个想法抱有兴趣但尚未完全确信，他们可以将这些想法转交给内部员工分析师进行审查和评估。一旦发现机会，他们就会迅速采取行动。

对内部分析师来说，另一种工作方法是重新定义责任，以便每个分析师都将自己视为助理投资组合经理，并集中精力将获利想法引入投资组合。在这个新角色中，内部分析师可以将证券经纪商研究视为一个节省时间、拓宽知识面并利用他人最佳意见的机会。助理投资组合经理兼分析师将以这些外部分析师的工作为基础，而不是重新创造他们的原创研究，他每年为投资组合带来的利润贡献很可能比投入时间、精力和才华进行独立研究更大。

除了重新构建沟通网络，从外部研究中获取更多价值，新管理层还将外部投资能力视为提高内部投资组合业绩的机会，将他们的知识和判断融入投资组合管理。最有用的证券经纪商被视为投资组合管理的有效合作伙伴，他们会就投资策略和持仓的可能变化提出意见。这种"开放式"政策的结果是，为投资组合的盈利管理做出贡献的有能力的人的数量大大增加。有了对投资组合管理方式的良好理解，这些外部合作伙伴可以集中精力提供对特定投资组合在特定时间最有价值的信息和建议。

市场行为也是一种指标

交易是一个重要的盈利机会，而且管理团队中应有一名成员对此完全负责。经验丰富的交易员持续与市场接触，不仅知道报价，而且对供需结构有深入的理解。有了这种卓越的市场知识，交易员通常能够就行动时机和由市场供需暂时失衡产生的非寻常买卖机会向投资组合经理提供建议，为利润目标做出重大贡献。为了提高公开市场业务的盈利能力，人们采用了新的方法，例如大宗交易，它允许以特定价格快速重新配置大量资金，允许向在市场无法立即吸纳大量股票供应时会投入自己的资本冒险进行头寸竞标的券商出售大宗股票。

业绩决定报酬

投资组合盈利的管理目标是通过与个人对投资组合盈利的贡献能力紧密相关的薪酬和其他激励措施来实现的。就收入、职业责任、声望和影响力而言，最重要的工作是投资组合经理。在这些自由形式的多利润中心的管理中，个人的非财务激励也很重要，每个人都扮演着企业家的角色，为投资组合盈利做出贡献的能力能快速得到认可和奖励。因此，新的管理层吸引了非常有才华、勤奋和有创造力的年轻人，并激励他们取得接近或达到自身潜力的成就。与大多数有组织的领域一样，持续取得卓越成果的关键因素是管理人员的能力和效率。新的投资管理模式强调了"利润创造者"的重要性。

总的来说，通过观察并与几十个不同的投资机构合作，我相信，少数但迅速增长的投资管理机构取得的卓越成就归功于其对运营环境的更清晰、更深入、更广泛的理解，以及为实现最大投资组合利润而精心组织的内部优势。新资金流向这些新投资组合经理是公众对他们的成功的认可。以传统方式行事的投资组合经理应该认真考虑投资管理新方法的性质和重要性。

资料来源：*Institutional Investor*, January, 1968。

9

成功投资的两堂课

只要我们一直寻找投资的秘诀,我们就能在一些意想不到的地方找到它们。现在,让我分享两个重要的秘诀:一个是在观看慕尼黑马拉松比赛时学到的,另一个则来自华尔街一位资深成功人士的忠告。

成功的投资应该是简单的。当然,实际上并非如此。但在40多年的投资生涯中,特别是作为主要投资和证券公司领导层值得信赖的顾问,我总结出两堂非常有价值且易于掌握的投资课。理解这两堂简单课程的人将会有出色的表现。这两堂课是我40多年不断学习投资的经验总结,一堂课来自我早期获得的一个重要的教训,而另一堂课是在我积累了更多经验之后才领悟到的精髓,它们就像我职业生涯中的两块"基石"。

几个月前,在慕尼黑看望我的儿子查德和他的妻子崔西时,他们的一个朋友正在参加慕尼黑马拉松比赛,我们约定为她加油。这位朋友参加过多次马拉松比赛,所以她有一个现实的计划,她知道大约11点她会经过一座教堂,所以我们就在那里等她。她准时经过,我们大声为她欢呼，她挥手致意后很快消失在我们的视线中。

我们去 Wursthaus 餐厅吃午餐，然后乘坐有轨电车前往奥林匹克公园。在从电车站走向体育场和马拉松终点线时，我们遇到了一群来自肯尼亚的兴高采烈的运动员，他们已经完成了比赛（可能是第一名、第二名和第三名），正准备回家。我们的朋友还要近一个小时才能完成比赛。

慕尼黑马拉松比赛的组织者安排了一种引人注目的方式来结束比赛：

运动员通过一个弥漫着水汽的隧道进入体育场，当他们进入奥林匹克体育场并只剩下一圈短距离的赛程时，他们冲出隧道，沐浴在阳光下。受到鼓舞的运动员非常喜欢这种方式。

我们坐在体育场里，周围有其他几百名粉丝，看着运动员单独或成群结队地通过入口进入体育场，冲向终点线。这些运动员在年龄、衣着和跑步风格上各不相同，但有一点是相同的。当运动员进入体育场，看到人群，听到零星但友好的掌声时，他们都会高举双臂，摆出传统胜利的 Y 形手势，保持这个姿势至少半分钟，微笑着冲过终点线。

起初，这看起来很奇怪。难道他们不知道肯尼亚人早就赢了？随着时间的推移（我们在体育场待了近两个小时，因为我们的朋友抽筋了，速度不得不慢下来），看到后来越来越晚抵达的运动员表现得像冠军、英雄和胜利者，这似乎更奇怪了。我突然意识到：他们是胜利者。他们都是胜利者，因为每个运动员都实现了自己切实的目标。

有些人不到 3 小时就完成了比赛；有些人 3 小时完成比赛；有些

人"用了"3.5小时。其他人则打破了他们之前的最好成绩。有些人的胜利仅仅是因为跑完了全程，有些人是第一次跑，有些人是最后一次跑。

这个有力的信息是：每个成功的运动员都实现了自己切实的目标，所以每个人都是真正的胜利者，完全有资格做出胜利的手势并跑完胜利的一圈。

作为投资者，如果我们以同样的方式思考和行动：了解我们的能力和局限性，我们可以规划适合自己的比赛，并以长跑运动员的自律精神跑完自己的比赛，实现自己切实的目标。在投资方面，好消息是显而易见的：人人都能获胜。每个人都可以成为赢家。

在投资中赢得"赢家的游戏"的秘诀很简单：制订你的计划并按计划行事。如果不以这种方式思考和行动，我们就会默认去玩"输家的游戏"，也就是试图"打败市场"，这是一场几乎每个投资者最终都会输的游戏。

我最喜欢的另一个投资启示是在40多年前获得的。当时我刚刚获得MBA学位，正在华尔街接受培训。[①] 作为培训的一部分，我们将在每星期四午餐前的一个小时与各部门（企业联合组织、大宗交易、研究、市政债券等部门）负责人见面，听取他们对各自部门工作的介绍。

有一天，我们很高兴地得知，高级合伙人已经同意腾出星期四的时间来讨论更宏观的话题。约瑟夫·K.克林根斯坦先生（他的朋友都叫他"约瑟夫"，我们背地里都叫他"JK"，除非他在场或可能在场，否则他总是"克林根斯坦先生"）戴着一副夹鼻眼镜，显得高贵、

---

① 在韦特海姆公司。

庄重而挺拔。

当克林根斯坦先生谈论他的公司以及华尔街的历史和传统时，我们静静地听着，但恐怕并没有很认真地听。然后在中午前5分钟，克林根斯坦先生结束了他的演讲，并问道："年轻的先生们，你们还有什么问题吗？"

大家一阵沉默。

打破沉默的是我们这个小团队中最聪明也最直言不讳的人。"是啊，克林根斯坦先生，我有个问题要问你。"

"你很有钱，克林根斯坦先生，我们也想变得富有。那么，从你的经验来看，你可以告诉我们如何才能像你一样富有吗？"

我们被吓坏了，出奇地安静，你甚至可以听到针掉在地上或者蝴蝶落在棉花糖上的声音。对这样一位伟大的人，竟然用这种方式说话！

约瑟夫·K.克林根斯坦最初看起来很生气，也许非常生气。但后来，让我们松了一口气的是，很明显他沉默是因为他在思考——非常仔细地思考他的许多投资经验。然后，他直视着提问者，简单明了地说："不亏损。"

在JK起身离开房间后，我们一起去吃午饭，饭桌上我们一致认为："如果你问一个简单的问题，你会得到一个简单的答案。"我们所说的"简单"，意思是愚蠢。

随着时间的流逝，克林根斯坦先生的建议一次又一次地回到我的脑海中。现在，我知道JK用几个简单的字给了我们长期成功投资的秘诀。虽然在日常工作中，我们所有的聊天和兴奋点都是关于大股票、大收益和"三倍股"，但长期投资的成功实际上取决于不亏损——不遭受重大的永久性损失。

尽管我们都知道，50%的损失需要本金加倍才能补回来，但我们仍然努力争取最大收益。正如我们也清楚地知道，事故往往发生在车速过快的司机身上；伊卡洛斯因离太阳太近而融化了翅膀；安然、世通和许多互联网公司在倒闭前都有很高的"新纪元"业绩。

无论是投资、青少年驾驶还是忠诚，永远都存在巨大损失的风险。投资可能会失败，青少年驾驶可能会发生事故，而忠诚可能会遭到背叛，这些都是无法避免的风险。你如果通过强大的防御措施避免了这些巨大的损失，那么胜利自然就会到来。巨额亏损几乎总是由冒了太大的风险造成的。

作为投资者，如果我们能够学会集中精力，明智地设定自己的长期目标，并学会把不亏损作为每项具体决策中最重要的部分，我们就能成为长期赢家。如果对我们中的任何一个人来说一切都太迟了，就因为我们最好的时光已经过去了，那就告诉我们的孩子或孙子克林根斯坦先生的伟大忠告。

资料来源：Charles D. Ellis (2005) Investing Success in Two Easy Lessons, *Financial Analysts Journal*, 61:1, 27–28。版权所有©CFA协会，经代表CFA协会的泰勒–弗朗西斯出版公司许可转载。

10
主动投资结束了吗

虽然中国的股票市场仍然由散户投资者主导，但大多数其他市场现在主要由专业人士主导——他们都拥有超强的信息资源、功能强大的计算机、彭博终端以及通过互联网获取的大量信息流。而每个主动基金经理都面临同样的大问题：所有其他的专家也有同样出色的资源。因此，在扣除运营成本和费用后，大多数专业人士的长期业绩都不及市场，而在过去的15年里没有亏损的少数人中，大多数在未来15年也会亏损。主动投资在60年前一举成名，有过辉煌的历程，但近几年可能已经迎来了它的终结。

既然指数基金通过广泛分散的投资组合提供市场收益率，而风险不超过市场水平，那么主动管理基金存在的唯一理由必须是更高的收益或更低的风险，或者两者兼而有之。这一理由被越来越多的人认为是投资界"用希望战胜经验"的诠释。

在20世纪60年代和70年代，大多数主动管理的"业绩"基金能够（在多数年份和几乎所有长期内）产生卓越的回报，并受到客户的欢迎。而且，随着资金的涌入和费用的提高，投资经理的业绩也蒸蒸日上。如果过去半个世纪没有任何变化，主动投资仍然会取得巨大的成功。

但情况发生了变化。新投资公司成立，迅速发展壮大。老牌公司进行了重组，然后繁荣起来。达尔文式的进化把劣质的机构管理者赶出了市场，而强大的公司则使自己变得更加强大。20世纪80年代和90年代，随着竞争标准的提高，取得中等程度成功所需的能力也不断提高。如今，主动管理基金并没有战胜市场，市场正在打败它们。主动管理的长期趋势是严峻的。

关于主动基金经理业绩被严重扭曲的传统数据，现在正在得到纠正，办法是将那些因表现不佳而被关闭或并入其他基金，然后从传统记录中被删除的基金的业绩重新纳入记录。这些纠正后的数据向投资者传递了重要信息。

主动管理的缺陷

有三点至关重要。在10年的时间里，美国83%的主动共同基金未能达到其选择的基准；40%的基金业绩不佳，甚至在10年期结束之前就被终止；64%的基金偏离了它们最初声明的投资风格。如果是其他行业，这些令人严重失望的记录是完全不能被接受的。虽然这些都是美国的统计数据，但由于国际机构主导着所有股票市场，它们都在朝着类似的方向发展（见表10-1）。

表10-1 落后于基准的国际基金的百分比

基金类别	基准指数	10年内失败百分比（%）
全球市场	标普全球1200指数	79.2
国际市场	标普国际700指数	84.1

续表

基金类别	基准指数	10年内失败百分比（%）
国际小盘股	标普发达市场，美国以外小盘股	58.1
新兴市场	标准普尔/国际金融中心指数	89.7

资料来源：标普道琼斯指数，数据截至2015年12月31日。

造成主动基金经理业绩不佳的变革力量是多方面的，而且不可否认这股力量十分强大。50年来，纽约证券交易所的交易量增加了约2 000倍，从每天约300万股增加到超过60亿股（而衍生品交易的价值从零到现在已经超过了股票市场）。投资研究工作大大增加。如今，领先的证券公司拥有多达600名公司分析师、行业分析师、市场分析师、金融和外汇专家、经济学家、人口统计学家和政治分析师，这些人分布在位于世界各地的办事处。特许金融分析师的数量从0增加到13.5万，另有20万人正在为CFA考试而学习。

通过325 000台彭博终端机、互联网和传真进行的各种信息的即时交流，确保了全球所有投资者都能即时、平等地获取全球丰富的信息、分析和见解。根据美国证券交易委员会的《公平披露规则》，向任何投资者提供的任何投资信息都必须同时提供给所有投资者。这就消除了活跃投资者曾经的"秘密武器"："第一时间"获得新信息、新见解或新判断。

半个世纪以来，从事价格发现的专业人员已从约5 000人激增至100多万人。对冲基金作为最密集、对价格最敏感的市场参与者，数量激增，目前执行了近一半的买卖交易。算法交易、计算机模型和人工智能的早期版本都是日益强大的因素。因此，机构投资者共同创建了一个全球专家信息网络，形成了世界上最大、最有效的连续预测市场。

主动投资者要想跑赢大盘,唯一的办法就是发现并利用其他专业人士的定价失误。这些专业人士拥有同样的信息,使用同样的计算机,拥有相同才能和动力的专家团队。在价格发现方面保持显著竞争优势的难度不断增加。

脱颖而出?

奇怪的是,这股最强大的变革力量在很大程度上并未引起人们的注意。在美国,机构交易的市场份额在这半个世纪里稳步上升,从9%到20%,再到50%,然后到80%,现在已超过90%。

尽管机构交易量几乎呈直线增长,但如果只与几乎势均力敌的竞争者(他们都是同一个巨大的、迅捷的全球信息网络的积极参与者)交易,那就很难取得优异的业绩。超越专家定价共识(即市场定价共识)的难度不断加大,呈指数级"幂律"曲线。

由于所有专业人士几乎同样装备精良且了解相同的信息,就像火车鸣笛时的多普勒效应一样,专业人士越来越多地只与其他专业人士交易,其产生的影响,正如现在有关基金的修正数据所显示的那样,他们越来越难以在他们和他们的同行共同主导的市场中胜出。

当然,一些拥有非凡技能或实践经验的主动基金经理的表现会更出色,但他们不会与众多传统的主动基金经理直接竞争。这些主动基金经理将开发并专注于竞争者较少的细分市场,并将在该细分市场中脱颖而出。而且,未来的"赢家"也不容易提前确定。

当价格波动或小公司股票的牛市或大市值股票的熊市出现时,我们可以肯定会出现声称"主动投资再次崛起了"的报道,其中充满了对该行业新英雄的钦佩。他们的案例需要把关注点放在幸运的赢家身上，忽略同样不幸的输家，因为统计学中的"小数定律"导致了结果的广泛分散，这是可以预见的。

尽管有证据表明，强有力的变化正在逼近并威胁着越来越多的主动基金经理，但大多数投资者仍然不会认清现实情况，或者说他们不会承认。但正如温斯顿·丘吉尔所说："我们必须正视事实，因为事实正在看着我们。"就像气候变化和其他复杂的系统性变化一样，这些证据需要被仔细分析，以区分长期趋势与围绕这些长期趋势的中期周期性波动，并将这两者与毫无意义的短期、随机统计"噪声"区分开来。

将深刻的和可能的事情从短暂的、无关紧要的事情中分离出来，对大多数客户来说是十分困难的，因此聪明的卖家将能够找到并推销精心挑选、半真半假的支持性"证据"。我们以前看过这样的手法：大型烟草公司对吸烟导致癌症的证据表示怀疑，或者石油行业对气候变化表示怀疑。

美好的过去

20 世纪 60 年代，主动基金经理迎来了他们的辉煌时期，当时他们只占美国交易量的不到 10%，而且在价格发现方面，他们几乎总是与业余个人投资者竞争。这些业余投资者缺乏研究或投资专业知识，平均每年只进行一次交易，并且出于市场以外的原因买入或卖出：用奖金或继承的财产投资，或者筹钱买房或为子女支付大学学费。

当时，大多数机构投资者都是地区性银行的信托部门，他们购买蓝筹"红利"股票，长期持有以避税，并购买阶梯式到期的债券组合。他们不是具有挑战性的竞争对手。

在那个年代，主动基金经理每年跑赢市场200~300个基点并不稀奇。投资者会介意支付资产的1%来获得2倍或3倍的高回报吗？当然不会。

然后，在20世纪80年代和90年代，利率从12%降至4%，因为美联储将利率推高至创纪录的水平，打破了通胀预期，并让利率正常化。股票和债券价格开始长期上扬，投资者的年收益率达到10%、12%和14%。在获得如此丰厚回报的同时，投资者会介意支付100个基点的费用吗？不会！

但今天，如果未来几年股市收益率平均只有6%~7%，债券收益率只有2%~3%（正如普遍预期的那样），当大多数主动基金经理的业绩持续表现不佳时，投资者还会乐意支付超过100个基点的费用（以及几乎同样多的运营成本）吗？指数基金不断地、可预测地产生与市场匹配的回报，风险不超过与市场匹配的风险，收费低于10个基点。当主动管理的收益率通常低于市场收益率，且风险更大、不确定性更高时，投资者还愿意多支付90~120个基点的费用来获得主动管理吗？

在回答这两个核心问题之前，读者不妨先看看过去半个世纪主动投资管理历史上的四个阶段。

- 第一阶段（1960—1980年）：主动基金经理主要与个人、保守型共同基金和信托机构竞争。结果：200~300个基点的卓越表现较为普遍。指数基金不受关注。
- 第二阶段（1980—2000年）：主动基金经理赶上了强劲的牛市，这让客户非常高兴，但其业绩增长只能抵消其成本和费用。指数基金开始受到关注。

- 第三阶段（2000—2010年）：主动基金经理不再能赚回所有运营成本和费用。对指数基金的兴趣和需求不断增加。从主动管理转向指数化管理的比例从比较低的基数水平开始逐渐上升。
- 第四阶段（2010—）：越来越多的主动基金经理（尤其是大型公司，它们必须主要投资于资本充足、被众多分析师广泛持有且定价基本正确的股票）表现逊于几乎完全专业化的市场，预期收益率平均仅为7%。客观的观察者认为，不能再把费用和其他成本视为"无关紧要"的存在。对低成本指数化的需求稳步增长。

在第一和第二阶段，主动基金经理和他们的客户之间几乎没有任何矛盾。即使是在第三阶段，对过去美好时光的回忆也与对回到过去几年的美好经历的希望交织在一起，这是可以理解的，但没有坚持对如何才能真正实现这一目标做出任何解释。投资者耐心等待，希望能有更好的回报。

第四阶段有所不同。客户不可避免地认识到，关键问题并不是："我们能找到一家拥有超级聪明、勤奋工作、技术娴熟的主动基金经理、愿意为我们努力工作的投资公司吗？"这个问题的答案显而易见，但毫无用处，那就是：能！但这不是正确的问题。关键的问题是："我们能找到技能更高超、工作更努力、更有创造力的主动基金经理吗？"唉，对大多数投资者来说，这个问题的答案是明确的：不能。

创造的价值不高

在收益率为7%的市场上，传统上被描述为"仅占资产1%"的费用，实际上占收益率的 15%。更糟糕的是，尝试将增量费用作为增量回报的百分比——与指数进行比较。当你这样做时，主动投资管理的增量费用实际上已经超过 100%——这种价格与价值比你很少见到。

惨淡的现实不会让所有主动基金经理同时面临同样的问题。风险最小的主动基金经理将是那些业绩最好、与客户关系最好或客户要求最低的或两者兼而有之的经理。此外，在高等数学方面具有明显差异化能力或基础研究时间跨度明显较长的主动基金经理将承受较小的压力。

压力最大的将是那些传统的、大型的主动基金经理，他们的投资组合必然以专业人士最广泛持有和最谨慎定价的大型股票为主。与此同时，"命运之恶"将继续挤压一层又一层的全额收费主动基金经理。

从历史上看，在自由、开放和竞争激烈的市场上，大多数价格高昂、能产生异常高利润的产品和服务都无法维持其异常的盈利能力。迄今为止，主动基金经理取得了巨大的成功。但这项业务的巨大成功不断吸引更多更好的竞争者、信息和技术，这使得取得优异的回报变得更加困难。在收益率较低的市场中，越来越多的客户发现了这一问题。

随着负面证据的不断积累和推动主动投资表现不佳的力量被更好地理解，越来越多的客户将意识到，在与实力相当的竞争对手的直接竞争中，大多数主动基金经理可能无法赚回他们的费用和成本。

随着指数化管理以更低的成本、更小的风险和更少的不确定性屡屡获得更高的回报，主动管理将被一家又一家公司从其曾经的主导和崇高地位上拉下来。回过头来看，这一痛苦的过程将被视为外部和内部变革力量日益明显的影响的必然结果。正如 T.S. 艾略特在 1925 年所写的那样："这就是世界的终结方式。不是一声巨响，而是一声呜咽。"

资料来源：*Financial Times*, January, 2017。

11

为主动投资辩护

　　这篇诙谐的文章温和地嘲笑了主动投资者的奇怪行为，他们争先恐后地寻找各种不太可信的理由，以确信自己一定在做正确的事情。当然，对那些"搭便车"的指数化投资者（他们免费使用了主动基金经理的工作成果）而言，这些主动投资者所做的是"正确的事"，他们的工作不仅让指数化投资变得可行，而且成本和费用更低，回报更高，对个人投资者而言，税收也更低。

投资管理既是一种职业，也是一项业务，所以，它们发生冲突并不奇怪，特别是当逐渐变化的各种趋势缓慢而平静地共同推动这种冲突时。具有讽刺意味的是，推动这一趋势的是那些在价格发现这一极其艰苦的工作中表现出色的技术专业人员日益精湛的技能。他们的集体成功使得任何投资经理或公司要想在大规模、分散化的投资组合中（特别是在考虑成本后）持续超越其他专业人士的共识，以及反复超越市场定价体系变得越来越困难。

　　有些人会说，很多主动基金经理在几年前就跨过了那条"鲁比肯河"，即再也无法持续地战胜市场，无法取得持续的超额回报（扣除成本和费用后）。有些人则会说，这是最近才出现的。还有一些人相信，这条分界线还没有出现，或者至少没有出现在他们身上。

在一次长途飞行中，我不知不觉地打瞌睡，同时默默回想了一下这个问题。过去50多年来，我有幸结交了很多职业上的朋友，在正确的时间和地点收获了丰厚的经济利润。下面这些内容是我在高空中冥想时脑海中浮现的想法。

有些话我还是应该说出来。主动投资正面临越来越多人的质疑，尤其是那些基于大量数据和逻辑论证的人。众所周知，主动投资目前处于守势，受到了一系列挫折和越来越致命的攻击，一些质疑者甚至声称其"岌岌可危"。对那些仍然坚持主动投资的少数人，人们给予了冷嘲热讽。

现在是为他们辩护的时候了，不是像往常那样引用偶尔出现的例外情况，也不是用五花八门的贬义词来驳斥质疑者，而是从更广阔的视角出发，指出质疑者（他们往往过于狭隘地专注于为客户"打败市场"）似乎一直忽视的主动投资创造的诸多间接利益。

由于小盘股表现不佳这一罕见的市场现象，主动基金经理的日子特别难过。在截至2014年9月30日的前12个月里，罗素1000指数（大盘股）涨幅超过19%，而罗素2000指数（小盘股）涨幅不到4%。这种不寻常的业绩分化惩罚了那些在小盘股中投资的主动基金经理，他们通常会将投资组合的10%~30%投资于小盘股。那些否定主动投资的人正在利用这个事实来攻击主动基金经理，"主动投资的攻击者"非常得意地引用这些看似决定性的数据。虽然那些支持主动投资的人可能会辩称"黎明前总是最黑暗的"，并且指出长期以来大众的共识几乎总是错误的，但是这里我还有更好的、更有力的辩护。不过，在为主动投资辩护之前，我们先简要回顾一下那些质疑者的理由。

首先，质疑来自学术界，学者们运用晦涩的零假设、统计推断和充满希腊字母的冗长方程式。大多数从业者都可以放心地忽略他们，相信在高层会议桌上没有人对那些"象牙塔"里的废话感兴趣。主动基金经理确信，那些从事实际业务的人根本不了解这一点，更不用说去阅读那些晦涩难懂的学术期刊了，研究院里的"隐士"在这些期刊上发表和引用彼此的文章。与此同时，如果感受到压力，主动基金经理可以将这些攻击斥为伯克利主教古怪问题的现代版本："如果一棵树在森林中倒下，没有人听到，那么它是否发出了声音？"

接下来是业绩报告和各种令人讨厌的比较。幸运的是，正如内特·西尔弗不断解释的那样，我们所看到的数字既有信号也有噪声，是一个永无止境的谜团，很容易被人操纵，例如，改变基准年，改变基准或比较标准，或者报告毛利润而不是净利润。或者，在特别尴尬的情况下，解释说某些特别令人失望的人已经被替换，所以现在一切都会好起来。如果有必要，再给客户演示大多数具有优秀长期业绩的基金经理也经历过长达3年的亏损期，或者解释说像晨星公司普遍使用的星级评级一样，所有的历史业绩都没有可靠的预测能力，坚持原计划往往比中途更换策略更明智。

最近，主动投资界频频遭受打击，有报告称，大多数基金的业绩达不到基准，趋势是越来越多的主动管理基金表现不佳，而且表现不佳的程度大大超过了表现良好的程度。更糟糕的是，投资顾问被指控通过一些标准的操纵手段来提高业绩指标，比如通过股票期权回溯以删除表现较差的投资经理的记录，或者将他们最近加入推荐名单的优秀投资经理的历史记录纳入其中。外部观察人士反复提到这两个问题，但这些问题被那些投资顾问（通过帮助客户选择主动基金经理而获得报酬的人）轻松地忽略了。

下面这段针对主动基金经理的攻击尤其具有杀伤力。质疑者声称，大多数主动投资只是伪装，因为其投资组合大部分（60%，甚至80%）都是复制指数基金，只有20%~40%的组合是"主动份额"。因此，他们投资组合的全部费用必须通过这部分主动份额来赚回。如果主动份额为25%，基于全部投资组合的费用为1%，那么这部分主动份额的费用负担将接近年化4%。如果市场收益率是8%，那么主动份额必须获得比市场收益率高出50%的回报才能覆盖成本，并实现盈亏平衡。是的，有些主动基金经理有时候可能做得到，但长期来看，没有任何主动基金经理可以经常做到这一点。

对主动投资者来说，看到"指数拥抱者"通过他们的市场行为来维持指数追踪效果，反过来挑战自己，他们一定会感到很痛苦。毕竟，主动投资带来的间接好处都取决于一个重要的事实：主动投资者数量众多，技术娴熟，独立且消息灵通，由一群经验丰富的专家提供信息、分析、意见和判断；他们配备了先进的信息处理设备，具备出众的能力和强烈的经济动机，能够成功地进行"价格发现"，而这些是普通投资者难以做到的。

在爱情、战争和市场营销中，一切都是公平的。因此，主动投资者可以为他们的公关绝招感到自豪，那就是为指数基金贴上"被动"这个令人恐惧的标签。我们中有谁愿意被称为被动呢？（试一试。"这是我的丈夫，他很被动。""我们的队长很被动。"）当然不会！在整个社会中，被动有严重的负面含义，而主动则有重要的积极含义。

此外，一些热衷于主动投资的基金公司通过广告大肆宣传那些近期获得良好业绩的少数基金，使情况变得更糟。虽然所有专业人士都知道，要证明能力胜于运气需要多年的优异表现，但广大投资者不愿等待。而且，大多数人并不精通统计学，他们没有意识到选择性抽样有多危险。因此，对卓越业绩的羡慕之情溢于言表，投资者嘀咕着："我也要跟他一样！"

因此，主动投资的捍卫者将不得不承认质疑者提出的这部分指控。由于少数"败类"基金经理的不良做法，行业广告无可避免地将投资者的注意力集中在近年来表现最佳的那几只基金上。当然，管理100只或更多基金的公司（其中大多数基金表现不佳）会明智地将广告重点放在那几只刚好表现良好的基金上。业内人士知道，这种做法几乎一定会导致资金在这些最佳年份之后涌入"五星级"基金，然后在几乎不可避免的糟糕年份之后流出，这个过程将使投资者损失 1/3 的收益。主动基金经理自然不会承认五星评级对估算未来回报几乎毫无用处，他们对雇主和同事负有"保持同一立场"的责任。

最近，对主动投资的攻击主要集中在费用上。攻击者使用了一些巧妙而令人回味的幽默话语，恶意地唤起我们对过去的回忆，激发人们的共情和关注。比如："在人类历史的进程中，从未有如此众多的人为了如此微不足道的东西向如此少的人支付如此巨额的费用。"人们正在重新审视费用的通常定义——"只有1%"。而且，费用越来越多地被重新定义，不是作为投资者已经拥有的资产的百分比，甚至不是作为收益的百分比——这将导致占资产的1%膨胀到占收益的约15%，而是（正确地）作为相对于指数基金的增量回报的增量费用，与那些在市场风险水平上持续提供"商品"市场收益率的指数化投资者相比。在这种特别令人厌恶的比较中，平均而言，主动基金经理所收取的增量费用被显示为超过增量回报的100%——在税前。对主动基金经理来说，幸运的是，这个可怕的现实（一个潜伏在主动投资世界中的幽灵）尚未引起大多数投资者的注意。

尽管攻击主动投资的成本和费用可能看起来很有说服力，但这种仅对投资者的收益（或损失）的狭隘关注，显然对主动投资是不公平的。它忽略了更广泛群体中每个人每天享受的许多重要的社会和经济间接利益。数百万人享有的众多利益之一，是主动投资的成本（包括投资者相对于指数化投资的持续亏损）相当小。尽管主动投资对投资者来说并不是特别成功，但这并不足以宣布主动投资是失败的。为了理解原因，让我们看看间接收益的记录，它们既多又强大。

没有人怀疑有效市场在许多方面是一项重要的社会福利。通过让"外部人"有信心参与进来，知道证券价格对买卖双方都是公平的，交易成本低，有效市场鼓励数百万投资者将他们的储蓄放心地交给资本市场。有效市场使得成长型公司，特别是有巨大潜力的新公司能够以低成本筹集大量资金。它们还使实力较强的公司能够收购实力较弱的公司，并以更具社会生产力的方式重新配置资产。更具活力的企业部门对世界各国的经济和社会都有很大的好处。

随着主动投资者不断寻找、发现市场的无效之处，实现套利，世界上许多地方和国家的市场日益融合成一个全球大市场。当腐败减少、交易成本减少和获取重要信息的途径扩大时，国际投资者要求本地公司在法律、会计、治理和经营管理的许多方面达到全球标准。

在计算机的辅助和价值规律的作用下，主动投资一直在整合世界的股票和债券市场，并将大宗商品、货币、房地产、汽车和信用卡债务，甚至几种保险市场纳入其中。这个日益统一的全球市场带来了更快的增长、更多更好的就业机会、更多的民主和更好的世界和平前景。大规模的市场整合增加了获取资本的机会，降低了资本成本，分散了风险，减少了不确定性，并提高了人们对储蓄和投资的信心。

主动投资最大的长期好处（包括所有其他益处），不仅是经济上的，也是精神上的。从封闭社会向开放社会的转变释放了数百万人的能量和才华，我们看到人们在教育和有趣的职业方面获得了更大的机会，也享有了更好的食物、住房和医疗保健，并在整体的"追求幸福"的过程中拥有更多自由选择。虽然主动投资并不是造就所有这些巨大成功的唯一原因——在短短一代人中使超过10亿人摆脱贫困，但在宏观层面上，如果没有主动投资的影响，这些变化是不可能发生的。

在微观层面上，主动投资在提高市场效率方面所取得的成功同样令人印象深刻。恶意的"主动攻击者"狭隘地将视野和分析集中在主动基金经理无法获得持续的超额回报上——因为主动投资者让市场变得如此高效，但反之亦然。主动投资不仅很难取胜，也很难输掉。

不输掉（或者至少不输得彻底）意味着许多个人和机构投资者可以继续希望自己最终也能成为赢家之一。这种希望使他们和他们的主动基金经理能够继续参与进来，这当然对我们大型市场的广度和深度至关重要。投资者在回报方面有所降低，难道不是为了整个社会的进步吗？由于主动投资是令人兴奋和有趣的，那些纯粹从经济角度上来看有所损失的投资者，无疑通过参与行动享受到了重大的社会利益。（我们都知道，世界著名赌场的玩家从纯粹的财务角度来衡量，平均来说都是"输家"，但他们仍愿意持续参与，这些非财务的好处必定会提升玩家的整体体验。）

攻击主动投资者及其赚钱的商业行为的那些人，似乎对主动投资者的丰厚报酬感到不满。喋喋不休的攻击者显然受嫉妒心驱使，奇怪的是，他们忽视了主动投资者慷慨的慈善事业给我们社会带来的巨大利益。我们应该更加感激主动投资者作为表演艺术的主要赞助人，作为大学、博物馆、医院和管弦乐团的核心赞助人，以及作为对我们的民主如此重要的政治活动的主要捐赠人，我们应该更加赞赏主动投资者为社会做出的贡献。

虽然旁观者可能很容易指责主动基金经理，过于狭隘地关注那些天真但始终满怀希望的投资者所经历的令人失望的结果和高昂的费用，但主动基金经理直接和间接带来的巨大收益显然更值得我们集体的认可、尊重、钦佩甚至崇拜。

想到世界上许多经济和社会领域都能受益于主动基金经理，我感到温暖和满足，直到我被空姐叫醒，要求坐直并系好安全带。专业投资者通过投资等方式为世界做出贡献，他们也能从中获得满足感。尽管这种满足感可能不是直接可见的，但我认为这是值得赞赏和考虑的。

虽然我的遐想很容易被认为是纯粹的幻想，但多年来我的观察（全球信息技术和通信的爆炸式增长，以及大量对公司、行业、经济、货币、大宗商品以及投资过程的研究的激增，这些都是我在十几家知名机构的杰出投资委员会的工作中看到的）让我相信，很少有投资经理能够在风险调整并扣除成本和费用后与市场匹敌或超越市场。幸运的是，所有投资者都可以通过低成本指数基金获得与市场回报相匹配的收益，而风险不会超过市场水平。有了这种渠道，投资者就能专注于赢家的游戏，确定自己的独特目标，设计最有可能实现这些目标的长期投资组合。只要投资专家继续从事重要工作，为客户提供投资策略建议，以实现其真正的目标和价值，并在各种市场中维持其承诺，我们的职业就会得到应有的赞赏和丰厚的回报。

资料来源：Charles D. Ellis (2015) In Defense of Active Investing, *Financial Analysts Journal*, 71:4, 4–7。版权所有©CFA协会，经代表CFA协会的泰勒－弗朗西斯出版公司许可转载。

12

东方快车谋杀案：业绩不佳之谜

越来越多的证据表明，共同基金、养老基金和捐赠基金都犯下了业绩不佳的"罪行"。这让人想起阿加莎·克里斯蒂的著名小说《东方快车谋杀案》，一项调查得出一个令人惊讶但不可避免的结论：常见的嫌疑人——投资经理、基金高管、投资顾问和投资委员会——都有罪。

阿加莎·克里斯蒂是世界上最受欢迎的悬疑小说作家之一，她在《东方快车谋杀案》中玩了一个让人猜不透的游戏。故事中线索众多，让人摸不着头脑。随着情节的发展，聪明的侦探波洛巧妙地引导读者，最终得出一个显而易见的结论：没有一个嫌疑人是无辜的，所有嫌疑人都有罪。

同样的现实或许可以解释为什么机构投资者一直未能实现其普遍追求的卓越投资目标，也就是"跑赢市场"。结果总是令人失望，导致问题出现的原因和嫌疑人线索无处不在，怀疑和证据指向了一大堆可能的嫌疑人，其中任何一个都有可能是真凶。而在不经意间，许多基金通过追求极高的目标，设定本质上不切实际的期望值，雇用风险偏好更高的投资经理（因为他们最近的投资表现"更好"），这加剧了"业绩不佳"的问题。

让超过 1/4 的基金达到前四分位数的结果，这在统计学上是不可能的。但是，大多数基金——超过前四分位数目标能力的两倍——郑重地宣布这就是其目标。（乌比冈湖的粉丝对此不会感到惊讶。行为经济学家也不会感到惊讶，他们的研究表明，著名的 80/20 法则在许多自我评估中也起了作用。在许多群体中，约有 80% 的人认为自己在作为朋友、健谈者、司机或舞者方面"高于平均水平"，有良好的幽默感和判断力，并且值得信赖。）

也许高估自己是人类的天性。但投资结果是能够被量化的，以便进行客观分析。大量现有的数据表明，在随机选取的 12 个月期间，约有 60% 的共同基金经理表现不佳。如果将这段时间延长到 10 年，那么在这段较长的时间内，落后于市场的基金经理比例约为 80%。表现不佳的股票经理的业绩，大约是"表现优异"的基金超过其选定基准的一半。这意味着，表现不佳的投资经理的投资结果比市场平均水平差得多。对机构投资组合表现的最新研究表明，经风险调整后，24% 的基金明显低于其所选择的市场基准，阿尔法值为负，75% 的基金大致与市场持平，阿尔法值为零，远低于 1% 的基金在扣除成本后获得了优异的业绩——这个数字在统计学上与零没有显著差异。

如果我们的行业无法兑现承诺，负面影响就会降临到我们以及我们耐心等待的客户的身上。因此，让我们来看看证据，了解为什么机构基金一直表现不佳。

证据

机构基金表现不佳是因为它们的基金经理表现不佳——当然并非总是如此，也不是所有的基金经理都表现不佳，但足够多的基金经理在足够多的时间里表现不佳，这一点不可否认。

对机构基金经理超过 35 年的行为研究数据显示，大量的新账户会选择近期业绩优秀的基金经理，这通常是在他们业绩最好的年份之后；而在他们业绩最差的年份之后，账户会逃离业绩不佳的基金经理。另一个反复出现的负面因素是，在某一资产类别或子类别价格上涨后才进行配置，而在价格下跌后才撤离，这意味着资产在错误的时间向错误的方向移动。这种"高买低卖"的行为模式对研究共同基金的学者来说非常熟悉，它也给机构投资者带来了数十亿美元的成本。

图 12-1 显示，机构投资者（养老基金、捐赠基金等）尽管拥有许多"竞争优势"，包括全职员工、顾问以及更换投资经理和选择他们认为最优秀的投资经理的能力，但通常还是未能达到其所选的基准。最近一项对超过 1 000 家机构基金的研究发现，被聘用的投资经理在被聘用前的 3 年里实现了显著高于被解雇的投资经理的收益率。（这些被聘用的基金经理在过去 3 年里为国内股票创造了可观的超额收益率。）然而，在新投资经理被聘用后的 3 年里，被解雇的投资经理实现了略高于新投资经理的收益率。这种差异一次又一次地出现，导致两种成本在重复中逐渐累积。最重要的不是变革后新投资经理与被解雇的投资经理轻微业绩不佳的成本，而是变革前几年即将被解雇的投资经理严重业绩不佳的代价。

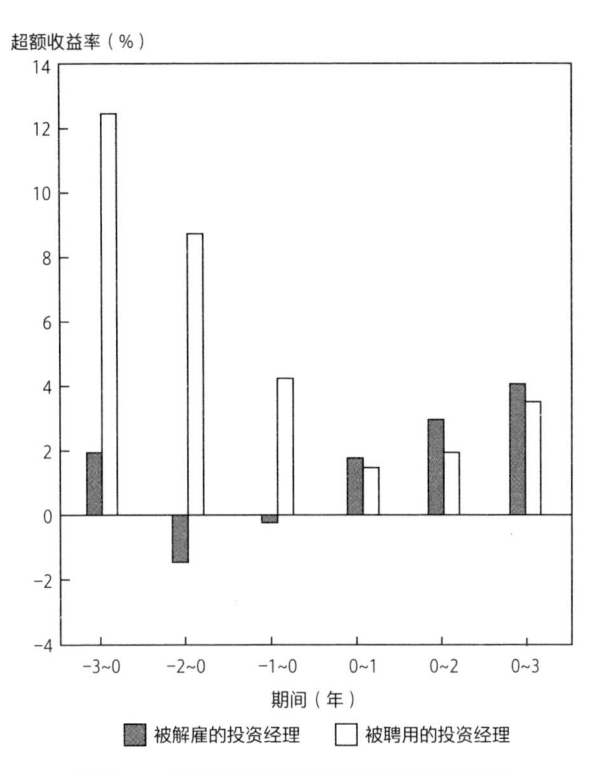

图 12-1 被聘用和解雇的投资经理的超额回报率

注：解雇前被解雇经理与聘用经理之间的所有业绩差异都很显著。解雇后被解雇经理与聘用经理之间的业绩具有差异，但统计上并不显著。所有数据均来自美国基金。

资料来源：Amit Goyal and Sunil Wahal, "The Selection and Termination of Investment Management Firms by Plan Sponsors," *Journal of Finance*, vol. 63, no. 4 (August 2008): 1805–1847。

具有讽刺意味的是，一旦招聘完成，几乎没有人会研究业绩不佳的投资经理的聘用过程。投资经理告诉自己，他们的糟糕表现只是"反常现象"，并常常以非凡的乐观态度展望未来，期待更好的时光，以及更好的结果。与此同时，客户告诉自己，他们摆脱了糟糕的投资经理。正如爱默生所言："未经审视的生活不值得过。"社会科学家观察到，那些有动机相信自己能力的人反复"看到他们相信的东西"，即效度错觉，以至他们甚至没有意识到持续存在的不足或失败。尽管每个人都知道赌场的赌客作为一个群体来说是巨大的输家，但赌桌和老虎机前仍然人头攒动。因此，如果客户和投资经理都不从自己的实际经验中进行反思和学习，问题就会持续存在。

如果参与者审视他们的经验，他们会发现一个严重的代价：在问题变得严重之前，投资者没有及时采取行动导致的资金损失。这种成本来自试图识别未来可能取得卓越业绩的投资经理时的风险，并且实际上增加了未来失望的可能性，因为在最近的过去，当时的业绩无论多么引人注目，未来的业绩都很少能被预测。

成本也比大多数投资者意识到的要重要得多。投资管理费用并不是"低廉"的。正确看待的话，这些费用实际上非常高。在过去几十年里，机构投资者的股权投资费用已从不到资产的0.1%上升到近资产的0.5%（对固定收益投资来说费用更低，而对私募股权和对冲基金来说费用更高）。因为客户已经拥有资产，因此只关注收益，这些费用实际上超过了预期收益的5%，这是对现实情况更准确的认识。

但现在，主动基金经理面临新的挑战。指数基金一直以较低的费用提供与市场匹配的收益，而主动基金需要收取更高的费用来寻求超过市场的表现。这意味着，主动基金经理只有在真正跑赢市场的时候才能寄希望于实现真正的价值——而我们现在知道，大多数基金经理都没有做到这一点，尤其是从长期来看。因此，对主动基金来说，真正的费用是指收取的费用与所提供的超额收益之间的比例。对成功的主动基金经理来说，这个比例可能在50%以上，但对不那么成功的基金经理来说，这个比例可能更高，甚至高得多。因此，投资者需要仔细考虑主动管理的真实边际成本，即所收取的费用与扣除费用和运营成本后的超额收益之间的关系。

如果正确看待，主动管理可能是唯一一种成本高于其所提供的价值且被广泛接受的服务。（实际成本与表面成本的对比会提醒我们，养一只小狗的真实成本不是买一只狗的价格，支付给船舶经纪人的费用也不是养一艘游艇的真实开销。对于后者，J.P. 摩根有一句著名的评论："如果你必须问它的成本是多少，那么你肯定买不起。"）越来越多的客户意识到，成本至少是业绩不佳的一个主要问题，特别是在当今高度专业化的市场上。具有讽刺意味（也很残酷）的是，如此多的主动基金经理技术精湛、工作努力、能力出众，他们共同主导了市场，而能够脱颖而出的人却寥寥无几（如果还有）。从整体投资表现来看，这一纪录并不令人欣慰。

因此，机构业绩不佳（除了高昂的费用和更换基金经理的成本）涉及三个"致命武器"：聘用基金经理太迟、解雇基金经理太迟，以及投资于表现不佳的基金经理和资产类别。留给我们的仍然是阿加莎·克里斯蒂的粉丝必须弄清楚的问题：凶手还有谁？

嫌疑人

对投资行业来说，有很多嫌疑人可能引起普遍的业绩不佳。

投资经理

我与欧洲、亚洲、澳大利亚、新西兰和北美的大型投资管理公司合作了近30年，主要参与制定业务战略，我发现罪魁祸首一定是投资经理。这些投资经理才华横溢、工作勤奋、训练有素、兢兢业业，但有时他们会对自己工作的价值过于自信（行为经济学家称这种现象为熟悉度偏见）。这方面的证据非常多。在新业务推介会和季度总结会议上，几乎所有投资经理都屈从于一种可以理解的诱惑，即从最有利的角度展示他们的业绩。他们的业绩几乎总是被"美化"。例如，历史"业绩"图表中所包含的年份通常主要是为了给人留下最好的印象。此外，投资经理业绩比较基准的选择也往往出于类似的原因。回顾过去，无论是"相关时间段"的不一致，还是所用基准的多样性，都令人印象深刻。更令人不安的是，很多机构投资经理仍在公布扣除费用前的业绩。

另一条"线索"是：投资理念和决策过程（无论执行起来有多复杂）往往被过分简化，用精选的数据记录下来，然后被清晰地表述为令人信服的普遍真理。潜在客户和客户都被引导相信，在"业绩之战"中，每个投资经理都发展出了一种强有力的概念竞争优势。客户经理会议有一个有趣的现象：实际上，每次这样的会议都是一次销售会议。当然，新业务推介会是销售会议，季度评估会议也是如此。每位投资经理在每次会议上没有明说的目标与其说是关于建立对投资不确定性和困难的共同理解，不如说是关于"赢"——在新业务竞争中赢得客户，或者在业绩表现强劲时赢得更多业务，或者在业绩不佳时赢得延缓时间，将客户多留几个季度。随着公司信息激增和严谨分析越来越普遍，竞争对手也越来越多，曾经被视为竞争优势的信息越来越"商品化"。没有投资经理会真实地向客户表达投资管理变得越来越困难的事实。

现实主义者会怀疑，尽管投资经理可能想以卓越的业绩为基础建立自己的公司，但更令人信服的动机已经变成了经济动机：赢得新客户，保住老客户，同时担心明天的业绩。在近30年的"幕后"经验中，我与几个国家各种规模的100多家投资机构合作，我越来越倾向于相信现实主义者的怀疑。

仔细考察投资经理的竞争排名，可以得出一个令人信服的结论：在最近的年度业绩数据特别有利的情况下，投资经理一次又一次地、特别努力地走出去推销他们的服务，赢得新客户，即使他们知道，继续产生如此优异的业绩是非常困难的。嗯，他们会这样做的，不是吗？现实主义者认识到，那些在业绩看起来最好的时候努力争取新客户的投资经理赢得了更多的业务，而那些在业绩不佳的时候巧妙地拖延时间的投资经理保住了更多的业务。因此，如果有人问投资者："谁是凶手？"证据会指向投资经理，他们会被认为是造成机构业绩不佳的罪魁祸首。

投资顾问

然而，经过仔细思考，我们必须考虑另一类嫌疑人：投资顾问。投资顾问向客户收费（通常是长期聘用费），职责是监督机构现有的投资经理，并帮助选择新的投资经理，当然，他们首先要帮助客户决定解雇业绩不佳的投资经理。在大多数机构繁忙的投资委员会看来，聘用外部顾问是明智之举，因为他们专门评估数百名潜在投资经理，系统地评估他们的"业绩"数据，定期采访他们的关键人员，并将实际行为与预测和承诺进行严格比较。外部专家表面上只为客户的最大利益服务，既是独立的，也能进行更广泛、更深入的评估。此外，与内部员工相比，聘请投资顾问的费用较低。

现实主义者会指出，投资咨询是一项业务。尽管投资顾问希望为他们的客户创造辉煌的业绩，但商业经济学几乎不可避免地主导着他们对专业精神的追求。一旦将投资咨询公司评估投资经理和建立数据库的研究成本计算在内，增量账户的年利润率就会超过90%。而且，由于管理良好的关系可以持续多年，它们的经济价值不仅仅是今年的费用，也是未来许多年的费用的净现值。同样，失去的每个账户其收费的净现值超过90%都是公司的利润损失。因此，咨询公司的老板非常关注公司的业务关系，而客户关系经理的首要任务很明确：永远不要失去一个客户。最终，随着咨询公司规模的扩大，这种业务优先级自然会主导每位在线投资顾问的薪酬和晋升。

考虑到这项任务的巨大难度，如果认为任何一家投资咨询公司都能以某种方式始终如一地识别出未来能力出众的投资经理，并巧妙地解雇那些即将让人失望的投资经理，那就太天真了。对咨询公司来说，最好的办法是鼓励每个机构客户将其基金分散到不同的资产类别中，并在每个类别中配置多名投资经理，从而建立起强大的防御阵地。在这两个维度上，"越多越好"的多样化通过分散特定投资经理的业绩不佳可能对投资顾问与客户关系和未来费用造成的风险，来保护投资顾问的业务。

当然，这种过度分散的投资组合策略导致投资机构支付更高的费用，并拥有大量不同的投资经理，这增加了一个或多个投资经理取得令人失望的结果的可能性。这也使得机构的资金主管及其投资委员会更加依赖于监督这些为数众多的投资经理的顾问，以及当某些现任投资经理出现问题或失败时可能引入的替代投资经理。对所有这些投资经理进行监控，不仅使投资机构依赖于投资顾问提供的信息，而且意味着没有哪个投资经理对整个投资组合来说非常重要。投资委员会会议的时间历来有限（通常每季度一次，每次3小时），却被安排得满满当当，既要审查投资组合的整体表现，又要听取一长串具体投资经理尤其是那些业绩严重不佳的投资经理的情况。投资委员会按照议程行事，无法全面评估投资经理的遴选过程，以及投资顾问真正的附加值。

许多投资顾问很早以前就了解到，对每个客户的投资委员会采取两种做法是非常明智的。首先，与委员会主席建立特别密切的个人服务关系。这一点很容易做到，方法是增加研究报告汇报、报告更新、电子邮件和电话沟通的频率，以提供令人印象深刻的贴心服务。（补充目标可能是与最有可能接任的下一任委员会主席建立同样的关系。）其次，投资顾问学会了在选拔中只介绍那些最近有令人信服的年度业绩记录的投资经理，不要因为为"令人失望的"投资经理辩护而丢分。（没有哪位投资顾问在介绍投资经理时会这样说："虽然这位投资经理最近的业绩看起来并不乐观，但我们的专业意见是，这位投资经理在不适合其风格的市场中经受住了风暴，而且拥有一支特别强大的团队，我们相信他在未来会取得优异的业绩。）

投资顾问的代理利益（咨询公司所有者和顾问个人的报酬）在经济上侧重于尽可能长时间保持最大数量的客户。这些代理利益与客户机构的长期主要利益并不一致。尽管顾问和委员会都不希望出现利益冲突，但这种代理与委托人之间的利益冲突是可能出现的。

最后，追踪每年哪些投资经理赢得客户和失去客户（然后按咨询公司细分记录）的行为记录表明，咨询公司的客户在投资经理业绩最辉煌的年份之后雇用他们，在其业绩最糟糕的年份之后解雇他们。因此，证据指向这样一个结论：是咨询公司干的！咨询公司是导致机构投资者业绩不佳的罪魁祸首，或者至少是同谋。

基金高管

怀疑的矛头指向另一个方向——投资机构自己的基金高管。怀疑的原因之一是好奇心：基金高管经常坚持开立一个独立的账户，而不是以低得多的费用投资于集合基金——即使由同一家公司使用相同的研究成果和通常相同或相似的投资组合经理进行管理。当投资流动性差的"替代品"时，独立账户往往是有意义的，但在投资"长线"股票时偏好独立账户却是个谜。尽管有一些令人钦佩的例外——尤其是几位经验丰富、专业能力强的首席信息官，但许多基金高管并不占优势。他们往往对投资的复杂性缺乏足够的了解，薪酬也不高，尤其是与"占社会主导地位的"一线投资经理相比。

投资经理很久以前就知道，他们总是代表那些在社会上占主导地位的人——猎人，他们在完成交易方面非常熟练，他们的薪酬是基金高管的许多倍。基金高管被轻蔑地称为"看门人"，他们几乎总是更多地关注处理日常事务和运营工作，他们肯定经常感到"被夹在中间，左右为难"，一边是时间太少的投资委员会，一边是拥有太多销售技巧和经验以及有绝对的决心取胜的投资经理。基金高管和他们的员工注定会不堪重负，这并非他们的过错。他们不是谨慎地购买投资服务，而是推销这些服务，尤其是基金业绩表现好的时期。因此，一个现实主义者无论多么不情愿，都会得出一个残酷的结论：是基金高管们干的。

投资委员会

在过去的 10 年里，一种新的工作经历让我对机构基金业绩不佳的原因有了更好的认识。我曾在亚洲、北美和中东地区的十几个投资委员会任职，所负责的基金规模从 1 000 万美元到 3 000 亿美元不等，因此我可以自信地指出，证据非常一致地指向另一个令人吃惊的罪魁祸首。尽管这些基金的初衷是好的（无论是个人还是集体），但基金投资委员会都是业绩不佳的罪魁祸首。

看看证据吧。首先，许多投资委员会的运作方式没有反映出投资市场的重大变化，而这些变化已经使许多关于投资的传统观念过时了，尤其是那些在投资委员会任职的高层人士仍然经常持有的过时观念。然而，许多投资委员会无意中错误地设定了自己的使命，其管理效果也适得其反。正如莎士比亚所说："亲爱的布鲁特斯，错不在于命运，而在于我们自己。"

那些束缚投资委员会的内部因素"与生俱来"。许多因素都是无益的。大多数投资委员会将多达10%的有限时间用于行政事务：审查过去的会议记录，确定未来会议的日期，等等。15%~20%的时间被用于讨论经济前景和监管问题。15%~20%的时间被用于审查基金经理的"业绩"，并将其基金业绩与其他基金业绩进行比较。通常，还有20%的时间被用于听取两三位现任基金经理的报告，他们会讨论经济、市场前景、对业绩的各种看法、最近比较有趣的投资案例以及他们的前瞻性投资组合策略。不同基金经理的一系列演讲总是很有趣，而且记录详尽，在大多数委员会成员的记忆中，这些演讲会融合成一张庞大的"拼图"，包含数据、概念、观点和预测。当初看起来很有说服力的东西，现在回想起来却显得杂乱无章。

然后，委员会开始"真正"工作，通常是在投资顾问的指导下：考虑从几十名受聘投资经理中解雇一两名业绩不佳者，然后从咨询公司（从几十名投资经理中）评估和筛选的三四名"入围"投资经理中聘用一名或多名。通常，被选中的投资经理近期的业绩最突出，演讲最有说服力。每位入围投资经理的团队进入会场，其成员通常会单独向大家表示感谢，感谢"这个重要的机会"。他们会分发40~60页的活页夹，里面装满了过去业绩的"惊人"图表、关于经济和主要投资市场的大量统计数据、几张概述投资经理核心信念和投资理念的"项目说明"、他们近期投资成功的几个令人信服的例子，以及几位关键专业人士的简短"资历"传记。尽管尖刻幽默的人可能会指出，这就像试图通过快速约会来选择配偶一样，但委员会成员还是尽职尽责，尽力跟上演讲的主题，努力记住演讲的具体要点，然后对被介绍方的能力做出明智的评价，而这一切他们都要在会议结束之前完成。

不同类型的机构所成立的委员会往往有所不同。例如，大多数捐赠基金投资委员会都由经验丰富的前辈组成，他们无偿奉献自己的时间，传授自己的智慧和经验，因为他们非常关心自己的机构。虽然他们通常是机构的重要支持者，并以能为机构服务为荣，但他们并不总是现代投资方面的专家。作为有地位的长者，与会者举止矜持，努力避免意见分歧或对抗，而且为了确保和谐，他们通常会将自己的观点置于正在形成的共识的中心附近。除了这些具有挑战性的定性特征，捐赠委员会在定量因素上通常也有相似之处，例如每年开 4 次会，每次会开 3~4 小时，会议议题几乎没有联系。委员会成员都知道，会议时间是固定的，议程至少是"满的"，主席决心在事先商定的休会时间之前完成所有项目。

企业养老金委员会往往在几个方面有所不同：大多数委员会成员完全由内部高管组成，他们代表着发起公司的重要部门，如人力资源、福利管理、财务和财政等。一到两名投资人员（通常比较年轻，出于培训目的轮岗几年，但对投资的复杂性没有丰富的经验）通常希望轮岗到部门财务总监或助理财务主管的职位。委员会会议通常由主管财务的副总裁主持，会议有明确的分工，大家对上下级关系的礼仪也非常了解。与捐赠基金委员会相比，企业养老金委员会会议时间更短、次数更多。关于如何评估投资经理或对业绩数据持怀疑态度的原因等理论性主题的开放讨论很少见。每个议程都有明确的时间限制,会议节奏很快,注重业务效率。

公共养老基金委员会有其自身的特点。委员会的规模很大,往往非常大,以容纳教师、消防员、警察和环卫工人等不同雇员群体的工会代表,以及政府预算办公室和财政部的代表、市长或州长的代表。许多委员会成员对投资及其复杂性以及管理风险和收益的重要性都很陌生。有些委员会还有两三名"公众"代表,或者法律要求委员会向公众开放,有些委员会甚至在广播或电视上播放会议内容。

几乎所有的投资委员会都面临一系列障碍,包括:

- 相信业绩数据可以为评估主动投资的基金经理提供有用的信息,尽管对过去业绩的研究表明,过去的结果没有预测能力——除了最底层的 1/10。(高昂的费用和有限的能力往往会持续下去,因此令人严重失望的结果往往会重复出现。)
- 他们认为,投资委员会的首要任务是选择能大幅超越市场的前 1/4 的基金经理,尽管有证据表明,大多数基金经理的业绩都不如市场,而且几乎没有一个基金经理的业绩能长期大幅超越市场。
- 当市场环境发生根本改变时,坚持历史上有效的政策。
- 容易受到"群体思维"和行为经济学等方面的制约,如对近期事件反应过度、存在证真偏差、倾向于忽视长期规范等。
- 在投资顾问的指导下,其建议可能存在前面讨论过的非常现实的委托代理问题。
- 犯了双重错误,即试图做太多不该做的事(做出投资管理决策），因而没有时间去做应该做的重要工作（提供良好的治理）。

治理工作应包括以下内容：评估基金内部管理层的监督能力，了解主动管理投资的实际成本，明确长期目标和短期风险承受能力，制定切实可行的投资策略，确定哪些行动符合商定的策略，并就基金运营管理层及其投资委员会所遵循的程序提出探究性问题。在动荡的市场中管理长期投资，并在动荡时期坚持所选择的策略，这些都是消耗精力的工作，而最好的委员会有助于创造稳定、理性、一致的环境。

结论

无论投资委员会在认真研究了积累的证据后多么想承认是自己导致了业绩不佳，它们都不应负全部责任。投资委员会的确难辞其咎，但它们并不是唯一的有罪者。它们有帮凶，投资经理、投资顾问和基金高管就是帮凶。没有一个嫌疑人是无辜的，他们都有罪。

但是，在阿加莎·克里斯蒂的许多读者经常喜欢讽刺性反转的"故事的结尾"中，四个有罪的当事人都没有意识到自己在这起犯罪中扮演的角色。每个参与者都知道自己在兢兢业业地工作，并真诚地相信自己是无辜的。事实上，似乎没有人认识到已经发生了犯罪，也没有人意识到，除非他们检查证据并认识到自己在其中所起的推动作用（无论是否无意为之），否则业绩不佳的犯罪将继续发生。

资料来源：Charles D. Ellis (2012) Murder on the Orient Express: The Mystery of Underperformance, *Financial Analysts Journal*, 68:4, 13–19。版权所有©CFA协会，经代表 CFA 协会的泰勒－弗朗西斯出版公司许可转载。

13

投资委员会最佳实践

投资委员会的良好治理是捐赠基金和养老基金实现长期卓越业绩的最佳也是唯一可靠的途径。对投资委员会的设计、成员组成和领导能力应给予更多关注。我曾在耶鲁大学、埃克塞特大学、新加坡政府投资公司、新西兰未来基金、沙特阿拉伯阿卜杜拉国王大学（世界五大捐赠基金之一）和其他一些机构的投资委员会任职，这让我清楚地认识到良好治理的重要性。遗憾的是，很多机构和家庭没有意识到良好治理的重要性，从而错过了其可能带来的利益。

细心的观察者越来越一致地认为，捐赠基金和养老基金投资委员会负有重要的治理责任，以确保支持各州、市和公司工人退休保障的养老基金和捐赠基金得到成功管理，同时确保美国许多最珍贵的教育、文化和慈善机构的资金得到成功管理。

虽然全体董事会负有最终的责任，但积极善治的核心是投资委员会。现有证据表明，美国的机构基金（虽然假设收益丰厚——通常是假设它们能够且将跑赢投资市场）低于市场平均水平。有些人会对数据产生争议，有些人会责怪投资顾问，而有些人会责怪投资经理。但所有人都能找到例子来证实他们对投资机构管理的不满或担忧。

我和他们一样对投资机构的管理感到担忧，但我认为治理方面存在同样严重的问题。除非能克服治理方面的系统性失灵，否则投资管理方面的任何改进都将被更大、更隐蔽的治理问题左右。由于捐赠基金的可支配收入是我们一流大学、学校、博物馆、医院和科研机构取得卓越成就的关键因素，因此我们都非常关心这些机构捐赠基金的长期投资成功。反过来，捐赠基金的成功又取决于两项职能（娴熟的投资管理和良好的治理）的良好配合，以确保投资计划适合特定机构。在当今快速变化的市场中，投资委员会难以在投资管理方面取得成功，但可以通过关注良好的治理来增加"顶层"智慧和指导，这是现代最佳实践的关键。

委员会结构

谁应该成为最佳实践投资委员会的成员？在投资领域，与大多数职业一样，经验不仅是最好的老师，而且是唯一的好老师。这就是为什么投资委员会需要深思熟虑、见多识广的成员，他们准备就绪，可以根据只能从投资经验中获得的智慧做出正确的判断。每个投资委员会中至少有过半数的成员具有丰富的投资经验。（注：股票经纪人和银行家很少有丰富的投资经验。）少数委员会成员的选择可能出于其他原因：行政职务，作为商业领袖的经验、政治地位和知识，对慈善机构及其财务的专业知识和了解，或慈善赞助较多。

最佳的委员会人数应该在 5 到 9 人之间，这样既可以保证有足够多样化的经验、专业知识和意见应对各种问题，又不会因人数过多而导致沟通困难或决策效率低下，可以让每个人的想法都能被听见和理解。

公司的高层管理人员要参与委员会或定期与委员会会面，从而实现双向沟通，以确保投资委员会了解公司财务管理的难处，深入了解赞助公司、州或市政府或慈善机构的财务资源，并理解他们的长期战略和筹款计划。反之亦然，负责做计划和预算的财务经理需要了解投资管理中不可预测、受市场波动影响的现实情况，以及捐赠基金每年产生可支配"收入"的能力的长期限制。与任何双边关系一样，成功取决于良好的双向沟通。

捐赠基金的治理应与机构的运营预算、资本和项目战略以及筹款的整体管理协调，并将其整合起来。当然，明智而有效地整合捐赠基金投资、机构融资和筹款是全体董事会的核心职责，但这项重要的"宏观"战略工作最好由投资委员会发起甚至领导。

委员会使命

一个运作良好的投资委员会将把管理工作与治理工作明确区分开来，应该认识到，良好的治理能够提供长期的政策框架，并确保工作环境能令经营管理人员高效、有效地开展工作。彼得·德鲁克有一句名言："效率是用正确的方法做事，有效性是做正确的事。"

投资委员会通常每年开 4 次或 6 次会议，有两个原因使其专注于治理，而不试图进行管理。第一个原因是中性的：在这个管理严格、瞬息万变的资本市场上，每季度才开一次会的委员会是不明智的，也不适合处理具体的运营决策，委员会知道自己做不好这些工作。

集中于良好治理的第二个原因是积极的：即使是组织最好、领导最佳的委员会也会发现，其面临良好治理的挑战，即设定适当的风险限制、制定最佳的投资策略和目标、商定投资组合结构、确保明智选择投资经理、在市场狂热或绝望期间保持稳定的方向、制定明智的支出规则，并与财务委员会和全体董事会协调以实现全面治理，使基金的投资管理组织在整体财政治理中发挥充分和适当的作用。

最好的投资委员会确保投资经理在投资管理业务中技能娴熟、勤奋且具有成本效益，但其主要的关注点和责任是确保在组织治理和投资策略方面真正做到正确。在制定长期投资目标时，最佳实践投资委员会知道风险控制是第一位的，长期战略投资组合和收益率是第二位的，支出政策是第三位的。每个组织都是独一无二的，每个组织都应该在这三个方面有一套为自己量身定制的治理政策。最佳实践投资委员会不断努力寻求风险与收益之间的适当平衡。对他们来说，大胆与谨慎并不矛盾。另外，最佳实践投资委员会将确保外部投资经理的薪酬激励与养老基金或捐赠基金寻求的长期投资结果保持合理一致。

投资目标

虽然风险管理是投资委员会的首要任务，但这绝对不意味着"谨慎"过于保守。正如罗伯特·巴克的委员会很久以前向福特基金会捐赠基金提交的著名报告一样，过度谨慎的机会成本可能非常高。在过去的50多年里，公共和私人养老基金也过于谨慎和保守，过度投资于债券。在捐赠基金投资失败和亏损的悲惨历史中，在资产配置方面缺乏勇气的例子要多于太过大胆的例子。最佳实践投资委员会将坚持承担和管理合理的短期市场风险，并坚持避免由于过度扩张或没有真正努力的沉默机会成本而造成的非必要长期实际损失。

投资委员会应该向谁寻求建议？首先，每位委员会成员都应该阅读关于机构投资的最明智、最有用的书，即大卫·史文森的《机构投资的创新之路》。这本书对耶鲁捐赠基金管理背后的逻辑进行了深思熟虑的思考和明确的解释，邀请每家机构对每个核心问题给出自己的答案：我们的战略投资组合结构是什么，为什么？我们的投资时间跨度是什么，为什么？我们如何选择投资经理，为什么？我们的支出规则或收益率假设是什么，为什么？我们的投资委员会特定的治理功能和责任是什么，为什么？

最佳实践投资委员会通过"主动侦察"来确保投资组合的安全，并有专人负责充分了解每位投资经理的组织、专业能力和业务状况；积极参与网络渠道获取"小道消息"；定期调整平衡；定期到每位投资经理的办公室进行复查，以观察可能成为预警信号的变化。

最佳实践投资委员会定期以严格的"回归本源"方式重新审视和评估其核心理念及由此产生的政策指南。这项工作最好在专门的年度会议上进行，所有参与者都应提前明确提出他们最精彩的问题。如果需要工作人员搜集数据，则应确保有充足的准备时间。最佳实践委员会还将对自己的工作进行评估，以确保自己的工作对投资决策产生积极影响。

最佳实践投资委员会的风险评估包括三个方面：收益风险、资产风险和流动性风险。确保可预测的收入流以支持机构的预算通常是最优先考虑的问题。金融危机表明，许多捐赠基金突然意识到流动性有多重要。

主要的治理决策将决定对股票投资的重视程度和对投资组合流动性的需求。为了获得长期回报，股票投资的重点应该是实质性的，既要认识到长期投资的优势，也要认识到市场波动带来的短期问题，要在二者之间找到平衡。这不是一件容易的事，但对良好的治理至关重要。

通过确保制定明确的投资经理选择政策，投资委员会可以对良好治理做出重大贡献。这并不意味着委员会将实际选择或解雇投资经理。事实上，如果委员会涉足内部管理，直接聘用和解雇投资经理，那就混淆了治理与管理。但是，治理委员会可以而且应该明确说明在选择或解雇投资经理时将使用的政策和做法，以确保管理过程是经过深思熟虑的。例如：

- 要聘用多少投资经理——为什么？一开始，保留众多投资经理似乎是明智之举。最佳实践委员会发现，人数越少、关系越密切，效果往往越好。
- 每个投资经理的最大和最小授权是多少？为什么？
- 将遵循哪些选择标准和"尽职调查"程序——为什么？
- 解雇投资经理的标准是什么？

良好治理的核心是确保投资业务在投资经理的技能和风险能力范围之内。最简单的投资操作是使用指数基金。如果考虑采用主动管理，最佳实践委员会首先对长期结果（至少是过去 10 年的结果）进行严格审查。（这种审查将表明，大多数投资经理都无法与市场匹敌，更不用说战胜市场了，而且平均亏损大于平均增值。）委员会还应客观地审查其组织未来能够选择表现优于指数的基金经理的可能性，因为他们知道，虽然许多人已经尝试过，但大多数人都没有成功。理智谦逊是投资管理良好治理的宝贵特点，而逃避责任肯定不是。

如果要聘用主动基金经理，大多数中小型基金应该考虑聘用一位具有多种不同技能的基金经理。通过将资产集中于一家多功能公司，即使是一只小基金也能成为重要的客户。这将证明基金经理有理由给予其"一流"的关注，该基金享受基金经理的最佳投资建议是合理的，这也便于基金经理在适当的时候调整或改变投资组合的结构。

自我评价：关键问题

投资委员会若想成为最佳实践者，就必须认真自查，看看是否存在以下这些问题的迹象。

·经营过度分散，基金经理过多。

对规模较大的基金来说，如果它们也专门聘用了小型专业基金经理，那么必然会拥有众多基金经理。但是，规模较小的基金（20亿美元或以下）应认真考虑只与一两个主要基金经理合作，这些基金经理在提供最佳资产组合建议方面能力很强，而且在每个主要资产类别中都表现出卓越的专业能力。很少有既擅长投资传统资产类别又擅长投资"另类资产"（如私募股权、房地产、对冲基金等）的基金经理，因此，那些希望同时投资两种类型资产的委员会通常需要两种类型的基金经理。

虽然分散基金经理并在每个资产类别或专业领域拥有专家能带来潜在的好处，但历史表明，拥有多个承担相同的基本任务的基金经理的"分散化"所带来的好处非常有限，尤其是从长远来看。毕竟，大多数股票经理已经将投资组合分散到60~80种不同的股票上。

在基金经理众多的情况下，委员会将永远无法与其建立深度共识，而这种共识对建立卓越的基于信任的开放式沟通和关系是必要的，这种沟通和关系能使客户和基金经理共同合作以增加价值。如果拥有许多基金经理，那么至少有一个基金经理会面临某种问题或困境。这使得委员会不得不将有限的时间拿来解决问题，而不是增加积极的价值。如果对每位基金经理都不够了解，当面临困境时，委员会就会倾向于简单粗暴地解决问题（例如"掩盖错误"或"赶走失败者"），这会导致不必要的基金经理更换和这种恶性循环的重复。那些只是定期开会的委员会，很容易陷入"群体思维"，解雇最近业绩不佳的基金经理，雇用最近业绩良好的基金经理。

与每位基金经理的关系应该尽可能长久（理想情况下是永久性的），因为更换基金经理的成本可能远高于通常所说的3%~5%的交易成本。总成本包括高薪聘请"热门"基金经理和解雇"失败的"令人失望的基金经理的成本。匆匆忙忙选择出来的基金经理往往会令人失望。

除了这些显性成本，还有一些隐性成本，这些成本分散了管理层的注意力，使其无法更加努力地与最优秀的基金经理建立良好的长期工作关系。坦率地说，在捐赠基金和养老金管理中，"约会"关系太多，而"婚姻"关系太少。虽然委员会通常将人员流动归咎于基金经理，但真正的罪魁祸首通常是容忍"交易型"方式的委员会。最糟糕的是那些基于非常有限的信息（如一个小时的演示）就匆忙做出聘用决定的委员会成员。由于他们主要关注的是基金经理的短期表现，而不是深入了解基金经理，因此他们往往会重复这种昂贵的、不断更换基金经理的过程。

- **委员会成员轮换过快。**

一定程度的成员流动是有益的，有助于保持委员会及其讨论的新鲜度。但过于频繁的流动会导致成员无法深入了解彼此和学习如何有效地合作，机构记忆（即组织中的经验和知识）也会因此丧失。成员任职时间过长也可能带来问题。长期成员可能会失去新鲜感和动力，不再积极倾听和参与讨论。最佳实践委员会成员的任期应该平均6~7年，这个时间范围对各种委员会来说都是最佳的。

为了避免对某个或某几个成员过度依赖，委员会应该做好计划并错开成员的任期，确保没有人是不可或缺的。设置5~6年的任期，并提供一两次续签机会，可以使委员会有机会在不引起太多注意的情况下更换不合适的成员。委员会成员应该在背景、年龄和技能方面有所不同。

- **允许一个或两个成员主导整个委员会。**

最佳实践投资委员会的主席是"仆人式领导者"，他们以服务团队和促进团队成员的贡献为主要目标。这种促进始于选择那些"与他人合作融洽"并拥有专业知识的成员。它需要对会议议程进行充分的准备，并提供足够的文件资料（最好是从几个不同的角度来看），这样，对重要的政策问题，委员会就有时间进行充分、公开的讨论和认真的解决。它还包括关注会议气氛，使会议有趣、愉快，让每个人都有机会发表意见，让会议以适当的节奏进行。

- **过度依赖投资顾问。**

优秀的投资顾问已经赢得了良好的声誉，因为他们能够提供有价值的建议和帮助。不过，投资咨询仍然是一项业务，尤其是对大型咨询机构而言。许多这类公司的商业战略往往涉及引导客户进行广泛的资产类别分散化，这直接导致委员会拥有众多不同的投资经理——其中没有一个人真正为委员会所熟知，这使得委员会不可避免地要依赖投资顾问来监督和管理这些投资经理。会议的可用时间不是集中于长期投资策略和良好治理的其他方面，而是被有趣的、娱乐性的但最终毫无结果的工作占用，这些工作就是解雇"业绩不佳者"，聘用有前途的"赢家"，不断地循环。在最糟糕的情况下，这种循环只能取悦于拉斯维加斯式"闪电婚礼"的"婚姻介绍所"。因此，要定期评估投资顾问的业绩。

·作为一项明确的政策，选择排名前 1/4 的投资经理。

当然，如果你真的聘请了排名前 1/4 的投资经理，那对你的投资体验将是非常有利的，但历史数据压倒性地证明：几乎没有人能做到这一点，也没有人能长时间维持卓越业绩。具有讽刺意味的是，那些怀有这种愿望的委员会成员还在自欺欺人，他们迟早会损害自己的资金。具有"伊卡洛斯讽刺意味"的是，过于追求拥有"最好的"投资经理往往会让他们在业绩达到顶峰时雇用"热门"投资经理，然后当顶峰过去、陷入低谷时获得低于标准的业绩。

良好的治理将避免过于努力地增加回报，将确保只选择具有强大专业文化的"全天候"投资经理，并将设定可以无限期维持的长期收益率预期。要实现强劲的长期收益率，需要"大胆，但不能过于大胆"和"现代，但不能过于现代"。投资专业人士从痛苦的经历中学会了不盲目跟随市场潮流，尤其是当人们迷恋历史上的高收益时，那些在市场高潮时才加入投资的人往往认为自己也有权利获得高收益，但实际上这种想法是不切实际的。

·基金经理过多。

拥有过多的基金经理成本高昂。显性的成本是，当你的总基金被分成许多小账户时，你的基金会被收取基金经理费用结构中的高端费用。其他成本是隐性的，但影响更大。它们包括：对每个基金经理都不够了解，无法建立强有力的"共同理解"关系；不知道如何解释中期投资结果；当业绩不佳时，不够了解基金经理，无法坚持投资路线；并且我们的财务状况没有被基金经理充分理解。

- **投资经理流动过于频繁。**

最佳从业者的平均任期或与投资经理的关系持续时间宜超过10年。虽然不到10年的平均关系持续时间可能是"可以接受的"，但平均只有5年的情况就不行了。最好的做法是精心选择并与投资经理合作，以使他们的平均任期超过15年。

在与投资经理保持合作的过程中，要警惕一个明显的例外情况：当你的一位投资经理带来"好消息"，说他们已经与一家大型机构（通常是位于不同国家的巨型银行或保险公司）合并，而这家机构会以某种方式向他们提供全部资源，帮助他们做大做强，那么不要等待，也不要试图理解，立即终止合作关系。

如果这种观点显得过于绝对，那就在未来两三年内保持联系，如果对这个合并的结果感到非常满意（这肯定是罕见的），你可以考虑重新聘用之前被解雇的投资经理。但是当你第一次被告知时，你不要妥协或犹豫。（顺便说一下，你肯定会收到一份精彩而雄辩的、通常非常动人的解释，描绘所有即将到来的好处和优势，但此类收购的漫长历史并不令人鼓舞。因此，要以历史而不是友谊为指导，立即终止合作。）

第二种例外情况需要特别警惕：当投资经理改变了他的风格，偏离了他赖以获得管理你的基金授权的投资理念和决策过程，或者当基金规模超出了他所宣称的"最优点"或最大资产预期值时，你就要当心了！经验表明，该投资经理很可能已将其真正的工作重心从专业投资转向了资产募集业务。对该经理来说，这样的转变可能会给他带来惊人的利润，但对客户来说则代价高昂。

· **不以资产类别和同行对比来衡量结果。**

最佳实践委员会知道要根据合理的预期来解读一段时间内的业绩数据。最佳实践委员会利用与同行的年度和季度比较，主要是为了鼓励投资经理解释结果与预期不同的真正原因。当然，与预期的任何重大差异都可能预示着重大问题。如果是这样，最佳实践委员会就需要直接而严格地处理这个问题。（投资经理、托管人或投资顾问可以提供相关数据，作为其标准服务的一部分。）

· **员工流动。**

养老金或捐赠基金管理是一种职业———一种生活方式，而不仅仅是一种谋生手段，它依赖于对特定机构及其领导层的各种实际状况的深刻理解。这需要细心和时间，两者都需要长期的连续性。长期任职的能干员工可以为良好的投资结果做出重要贡献，最佳实践委员会应确保其拥有能干、忠诚的员工，并确保员工是"职业化的"。

· **国际投资不足。**

分散投资是投资者的"免费午餐"，跨经济和市场的分散投资是有意义的。然而，大多数国家的大多数资金都过度集中于其"本土"市场。

· **不考虑指数化。**

指数化的明显优势是成本更低，但从长远来看，这并不像更好的投资结果那么重要。更为重要的是：指数化使委员会专注于真正重要的事情，即在战略资产组合上做出正确的决策。

- **策略不明确、不果断，而且没有落实到书面。**

一套理想的书面投资策略可以交给一群"有能力的陌生人"，他们有信心能够忠实地遵循既定策略，并在10年后以良好的中期业绩回报投资组合。

对养老基金而言，一项核心策略是选择收益率假设。最佳实践委员会不会接受没有书面记录的未来预期收益率，并严格询问每个资产类别的原因。如果预期对任何类别或整个基金都采取"主动管理"，则应说明原因。

支出规则

当然，所有的投资委员会都关心良好的长期收益率，但最佳实践委员会知道，其首要任务必须始终是（尤其是在风险容易被忽视的经济繁荣时期）管理风险。（当然，有计划地承担风险是获得长期超额收益的关键。）可以通过适当的平滑或支出规则来减少市场波动的短期风险，以避免对机构使命的支持出现中断。

明智的支出和投资"两掌相击"共同支持着治理良好、管理良好的机构。请注意，精算回报和支出规则应符合并由投资结果决定，而不是相反。委员会绝对不应该让支出愿望或"需求"影响（更不用说决定）投资目标。确保这种财务顺序显然是投资委员会的治理责任。

最佳实践委员会要评估自己的成员和自己作为委员会的运作情况。哪些做对了？哪些方面可以改进？应该在议程中增加哪些内容？

哪些可以被削减？一些最佳实践委员会还使用6项商定的关键标准（例如准备充分、紧扣主题、增加实质性价值、增加过程的价值、激发判断信心、言简意赅等）对每个成员进行评估，通常每年一次。调查结果可以由主席报告给每个成员，并与该组的高分、中位数和低分进行比较。

最佳实践委员会关注政策。同样，"支出规则"是捐赠基金与其所支持机构的预算之间的主要联系。决定从捐赠基金中提取多少资金用于当前支出，以及为未来（和未来支出）继续投资，是任何投资委员会最重要的决策责任之一。大多数机构的支出额占资产的4.5%~5%。

尽管不同的机构仍在使用各种不同的选择，但最佳实践委员会越来越关注耶鲁大学诺贝尔经济学奖得主詹姆斯·托宾的工作，他制定了一个复杂的程序来实现他明智地称为"代际公平"[①]的目标。托宾雄辩地描述了这一目标：

> 受托人是一个捐赠机构的未来守护者，他们反对当前的要求。他们的任务是维护各代人之间的公平。受托人认为捐资大学（或其他主要机构）……是永恒存在的。因此，他们想知道可以无限期维持的捐赠消费率……在正式术语中，受托人的时间偏好率应该为零。

> 如果机构按照这种方式使用捐赠收入，那么其经济基础就不

[①] 托宾的公式指出，今年70%的支出由去年的支出（受英国高等教育政策研究所或"高等教育价格通胀指数"影响而增加）决定，而30%取决于机构的长期支出率政策——通常为当前捐赠价值的4.5%~5%。随着时间的推移，实际支出会随着市场的起伏而变化，但变化更为平缓。

会改变，即捐赠基金的规模不会因频繁的支出而减少。这样，机构可以继续执行其长期战略和计划，而不必担心资金不足。

委员会应小心三种诱惑。一种是认为当前的预算优先事项非常紧迫，因此可以破例增加支出，"就这次"使其超过长期标准。一种是在经历了长期、有利的市场和高收益之后变得非常乐观，认为"这次不同"，并将假设或支出提高到可能被证明是不可持续的高水平，要将其降下来将非常困难。

第三种诱惑是，在一个长期的熊市中，当前的需求如此强烈，以至在严重不利的市场中低价抛售基金已成为当务之急。需要注意的是，防止出现这一问题的最佳时机是在市场利好的情况下，延缓养老金的捐赠支出或降低收益率假设，而在这种情况下，提高预期收益率的想法似乎很容易，也最有诱惑力。

正如摩根大通的著名警告，"市场是波动的"，捐赠基金也是如此。这就是为什么投资委员会和受托人在对其精算收益率假设或支出规则进行自律决策时，需要着眼于长远。这些规则只有在被视为具有约束力时才真正重要，即使这种自律是最难被接受的。

捐赠基金模式

许多投资委员会被建议大力发展"另类"投资，包括各种类型、风格和种类的对冲基金、私募股权投资、房地产、风险投资等。[①] 对主要的捐赠基金而言，"捐赠基金模式"确实在非常长的时间内带来

---

① 通常情况下，少数几个开创性的捐赠基金的投资记录是最好的。

了真正非凡的高收益率，但如果这一丰功伟绩被误解或曲解，并转化为"任何人都能做到"的简单主张，从而导致一些投资委员会采取不明智的做法，那将是非常遗憾的。正如人们所预料的那样，过去的记录似乎很有说服力，但明智的委员会将警惕四个不同的因素。

（1）过去的丰厚回报吸引了大量的新资金流入，创造了从业者（更像夏威夷冲浪者）正确地称为"资金墙"的东西。虽然伟大创意的供应量可能会增加，但不可避免的现实是，随着资产分母的增长速度超过收益分子，总体收益率已经并将继续下降。

（2）需求创造供给。由于认识到投资经理可以带来巨额利润，新公司不断成立，以抓住重大机遇。其中一些将被证明是伟大的公司，并将带来丰厚的回报。但也有一些公司可能被证明是自私的掠夺者，以充满希望的投资委员会为食。随着供不应求，新公司不断涌现，出现以下两种情况的可能性都很大：平均专业技能和敬业精神下降，商业利润动机上升。特别是那些姗姗来迟的人，要小心了。

（3）投资顾问有时会过分强调他们在顶尖大学"另类"资产投资中的角色。虽然投资顾问可能"参与了创造"，提供了比较数据、历史市场信息，有时甚至充当了行为的促进者，但他们很少是概念的发起者，也不是关键的执行者。

一些投资顾问对"复制成功投资策略"的热情即使不是受公司自身经济利益的驱使，至少也是受其自身经济利益的影响。而监督众多不同类型投资经理的过程非常复杂，委员会不得不将季度会议和整个投资过程的有效控制权交给投资顾问。虽然委员会成员来来去去，但精明的投资顾问会让自己成为"永久党派"。

以利润为中心的咨询公司通常根据投资顾问留住客户的能力来支付报酬，并随着越来越多的投资经理和更多的服务的使用，不断地提高费用。一旦研究的大部分成本得到覆盖，向其他客户提供研究报告或管理建议的增量成本就会非常低，因此，增量利润可以非常吸引人。所以，请谨慎对待。

（4）与任何以技能为基础的工作一样，好的想法是必要的，但成功99%靠的是技能、经验和严谨的执行力。顶尖大学都拥有强大、坚忍和勤奋的团队，专注于寻找最优秀的"另类"投资经理并与之合作——通常是在其发展的早期阶段。此外，顶尖大学还深入"小道消息投资"网络的核心，与其他思想领袖交流创意、观点和信息。要实现所有这些优势非常困难，需要多年的努力。

2008年，投资者经历了长久以来最严重的市场动荡。两个明显的问题浮现在每个人的脑海中。首先，应该做些什么？其次，从那段可怕的经历中我们可以吸取哪些持久的教训？

第一个问题的现实而合理的答案分为两部分。首先，如果存在任何不适当的风险——超过联邦存款保险公司（FDIC）承保的10万美元的银行余额就是一个简单而常见的例子，这些银行余额应该被分给更多的银行。同样，证券不应该被留在华尔街股票经纪公司名下。

第一个问题的答案的第二部分对大多数投资委员会来说更有用，也更重要。正如我们现在所知，黑天鹅（意想不到的"异常"事件）确实发生了。钟形概率曲线确实有"肥尾"，这意味着最不可能的事件出现的概率比正态分布所显示的更高，影响也更大。

从经验中得出的持久教训是明确的。正如精确度不等同于准确性，风险不等同于不确定性一样，明智的投资委员会成员不会"过于接近边缘"。这就是为什么本杰明·格雷厄姆和戴维·多德在没有足够的"安全边际"或吸收错误的能力的情况下从不进行投资。在投资中，如果需要进行精确的计算和预测，那么这种行为更像是投机，而不是投资。耐力——尤其是投资委员会的耐力——对于决定可以承担多少市场风险至关重要。长期资本管理公司的计算机模型确实被证明在长期内是正确的,但该公司在短期内还是破产了。

捐赠模式——由拥有 300 多年机构历史的机构所创建——是一种长期模式。如果机构和投资委员会没有做好充分准备,不能从长远角度看待短期经验,那么最好仔细研究捐赠模式,并在具备必要的人员能力、财务纪律和内部理解的情况下再采用该模式。

最后,我想说:担任投资委员会成员应该是有趣的、愉快的、充实的。最佳实践委员会的设计是为了在这三个方面都取得成功。如果你的委员会没有达到所有三个标准,那就改变它。没有理由不成为一个专注于卓越治理的最佳实践投资委员会。当然,这需要深思熟虑的决心和强大的领导力,但它更有趣——对个人和职业发展也有更多的回报。

资料来源:*Association of Governing Boards*, 2016。

14

游戏层级

要想从整体上克服投资管理令人生畏的复杂性,一种方法是将其分解为多个部分,并逐一解决每个部分的问题。

在过去的25年里,投资者和投资经理享受了漫长的牛市和辉煌的绝对业绩,但相对业绩却越来越差。这就是《金钱游戏》(亚当·史密斯为20世纪60年代业绩投资者的冒险经历所起的令人愉悦的名字)越来越成为《输家的游戏》(1975年我的不太乐观的文章标题)的原因。

绝大多数专业管理基金的业绩都低于市场指数,尤其是在衡量较长时期的累积业绩时。在过去的50年里,共同基金对标准普尔的复合损失总计180个基点,收益率为11.8%,而标准普尔指数为13.6%。在过去的10年里,标准普尔500指数的收益率优于89%的美国共同基金的收益率。据报道,共同基金的平均"业绩不佳",为340个基点。而且,国际市场也存在"专业基金业绩不佳"的现象。

当然,也存在某种"末期优势"的可能性或概率,因为只有不到12只市盈率较高的大型股票给标准普尔指数带来了额外的提振,而大多数主动基金经理在股市宽幅震荡时表现得更好。不过,真正研究投资的人最好不要过早地否定这些证据。相对于市场平均水平,投资经理的长期业绩高点较低,而低点比上一代人的水平更低。

为什么这么多辛勤工作、经验丰富、才华横溢的专业人士在掌握了大量数据、信息和专家的建议后,其努力成果却如此令人失望?部分原因是,近年来,大多数专业人士的投资组合中小盘股表现不佳,比重过大,导致亏损加剧。部分原因则是少数大盘股强劲上涨,但配置比重偏低。(随着市场收益率恢复到长期平均水平,这部分不足有望得到逆转。)还有一部分原因是现金拖累,因为投资经理无论怎样都会持有现金头寸。但这些局部原因不应分散我们的注意力,我们不应忽略主动投资者面临的严峻现实。

主动投资者的业绩如此令人失望的主要原因是,他们所处的竞争环境已经从相当有利变为严重不利,而且越来越糟糕。那些倾向于否定恐龙的人应该记住,这些猛兽在地球上游荡了超过1亿年,直到气候从有利变为不利。现在,专业投资管理所处的环境与30年前截然不同。

在研究气候变化之前,让我们提醒自己,主动投资在边际上始终是一场零和游戏。要想通过主动管理取得优异成绩,就必须直接依赖他人的错误和失误。其他人必须表现得好像他们愿意输,这样你才能在覆盖所有运营成本后赢得胜利。

20世纪60年代,在纽约证券交易所的公开交易中,机构交易只占10%,而个人投资者占90%,因此,从现实角度看,大量的业余爱好者实际上注定要输给专业人士。

个人投资者通常出于股市以外的原因买入股票:他们继承了遗产、获得了特别奖金、卖掉了房子,或者出于其他与股市无关的原因而拥有资金。他们卖出股票是因为孩子要上大学了，或者他们决定买房——同样出于股市以外的原因。个人投资者通常不会对股市中的众多选择进行广泛的比较。大多数个人投资者甚至连自己投资的几家公司都不了解。许多人依赖零售股票经纪人，而这些经纪人很少是专家。

个人投资者可能认为自己在投资时了解一些信息，但几乎总是如此：他们认为自己知道的东西要么不真实，要么不相关，要么是市场上的专业人士已经知道的。他们的活动并不是由市场分析、公司研究或严格估值所产生的投资信息驱动的。大多数个人投资者的活动被学者恰当地称为"噪声"交易，这是一种没有信息驱动的交易。

因此，专业投资者（他们总是在市场内部工作，对数百只他们可以掌握大量的、最新信息的股票进行价格与价值的严格比较）认为，他们会比那些曾经主导股市并完成90%交易的个人投资者业绩更出色，这并不奇怪。

专业人士可以而且确实战胜了业余人士，但那是一代人以前的事了。现在的情况已大不相同。仅仅过了30年，90∶10的比例就完全颠倒了，其后果是深远的。如今，纽约证券交易所90%的交易都是由专业人士进行的。事实上，75%的交易是由100家最大、最活跃的机构的专业人士进行的，50%是由50家最大、最活跃的机构的专业人士进行的。他们是一群怎样的专业人士呢？他们在大学和研究生院都是班上的佼佼者，是"最优秀、最聪明的人"，掌握着超乎寻常的信息，严于律己，理性思考，积极进取。他们会犯错误，但犯错误的次数会越来越少，而且他们会越来越快地纠正自己所犯的错误。

再深入思考一下：大多数专业人士并没有战胜市场，因为这些技术娴熟、锲而不舍的专业人士就是市场，他们无法战胜自己。专业人士的大问题是，他们不再从业余人士那里买入，也不再向业余人士卖出。他们周围不再有足够的业余人士。专业人士必须向其他专业人士（通常是最活跃、最激进的机构）买入并卖出。他们参与交易是为了赢得游戏。

结果是，主动投资几乎总是要么回报太少，要么成本太高，或者两者兼而有之。（这还不包括高周转率共同基金的股东所支付的税费。）主动投资者的整体环境已经从友好转变为敌对，而且这种转变不会逆转。

从另一个角度看，投资管理可以分为两个部分。一部分是职业，另一部分是业务。我们都知道业务的部分：业务正在蓬勃发展。费率在一代人的时间里增加了3倍，资产规模增加了10倍，而公众对公司的估值也可能影响公司的收益倍数。这些都是投资行业中的"乘法"效应。"好的东西太多，"用梅·韦斯特的话说，"反成了坏事。"

但在职业方面的表现就不那么令人鼓舞了。作为一种职业，投资管理可以进一步分为两个领域：一个是微观领域，一个是宏观领域。在证券分析的微观或技术层面，这个行业显然继续取得了显著的进步。投资机构的分析师和投资经理享受并知道如何利用他们非凡的电子访问权限，以获取广泛的数据和行业专家的复杂解释。这些专家几乎随时在线，他们在全球范围内组织并解释这些数据。这个行业的从业者收入丰厚，并且具备高超的技能。研究和投资组合管理作为职业从未像现在这样好。

然后是宏观层面的投资咨询。正如彼得·德鲁克所解释的，高效工作意味着知道如何以正确的方式做事，而有效工作意味着做正确的事。投资咨询帮助投资者做正确的事。投资顾问的主要专业工作是帮助每位客户确定、理解并持续不断地致力于实现长期投资目标，这些目标既要符合资本市场的实际情况，又要适合特定客户的目标。

最难的工作不是找出最佳的投资策略，而是坚持正确的投资策略，并保持迪士累利所说的"始终如一"。在情绪化的环境中保持理性并不容易。无论情况如何都要坚持稳健的策略是非常困难且非常重要的工作。不忠实的代价可能非常高昂。

对股票市场价格数据的短期错误理解和曲解所导致的情绪化交易，已经让共同基金投资者付出了高昂的代价。在过去15年非常有利的股市中，共同基金的平均年收益率为15%，但共同基金投资者的平均年收益率仅为10%。由于从一只基金转到另一只基金，以及经常低卖高买，投资者损失了整整1/3的可用收益。

在市场高点或低点保持长期定力是出了名地困难。在这两种情况下，情绪都很强烈，当前市场行为似乎最需要改变，因为在市场高位和低位，明显的"事实"似乎最具说服力。这就是为什么波戈的这句话是永恒的真理："我们已经找到了敌人，那就是我们自己。"这就是为什么投资者可以从合理的投资咨询中获益良多。

虽然大多数投资者接受的投资服务都是以打包形式提供的，但也可以将服务拆分成不同的层级。

第一级：资产组合——投资者投资组合的"正常策略"的股票、债券、私募股权或其他资产的最佳比例。投资咨询通常集中在这里。

第二级：股票组合——各类股票的"正常策略"比例：成长股与价值股，大盘股与小盘股，国内股与国际股，等等。

第三级：主动管理与被动管理——"正常策略"投资组合的适当操作实施方法。

第四级：具体投资经理的选择（集中了大多数投资者和投资委员会的时间和精力）——投资公司将管理整个投资组合的每个组成部分，

解雇最令人失望的投资经理，聘用最有前途的投资经理。

第五级：主动的组合管理——改变投资组合策略、选择证券和执行交易。

这个行业所能提供的成本最低、最有价值的服务是第一个层级：在明智的投资咨询的帮助下，确定长期目标和基本资产组合。最后两个层级——对投资经理的主动管理（通过聘用和解雇）和对投资组合的主动管理（通过买入和卖出）——也是最昂贵和最难保证成功的。

在第一级中设定切实可行的长期投资目标，每个投资者都可能成为赢家。但正如积累的证据越来越清楚地表明的那样，在第五级中，很多投资者过于追求竞争优势，以致适得其反，很少能成功。

这就是"输家的游戏"的终极讽刺：我们可能会被兴奋和行动迷惑，努力想在第五级获胜，而那里的成本如此之高，收益却如此之小。更糟糕的是，寻找战胜市场的方法分散了我们对第一级的关注，第一级的成本很低，收益却相当大。

作为一个专业人士，我们难道不应该鼓励我们的客户减少对第四级和第五级的关注吗？在第四级和第五级，90∶10 转变为 10∶90，对环境造成了深刻而不利的影响；而在第一级，环境的改变不会造成任何危害，而且实际上使战略和政策更容易被实施，更有把握产生预期或预定的结果。

资料来源：*Journal of Portfolio Management*, Winter, 2000。

15
制胜邀请函

你是否和大多数投资者一样，希望提前知道你的投资基金将长期稳居前1/4？有证据表明，这里有一种明智、自信的方法可以做到这一点。而且很容易做到！

接受现实并非易事。如果接受现实就必须放弃长期坚持的信念，尤其是当许多人显然也在坚持同样的信念时，接受现实可能很难，非常难。

虽然达尔文进化论得到了广泛的科学证实，但仍有超过40%的美国人信奉神创论。超过40%的人怀疑全球变暖。为什么有那么多人抵制指数化和交易所交易基金，或者以某种方式相信创世论或不相信全球变暖？尽管认真研究事实的人可能会很难理解，但我们不应该感到惊讶。正如托马斯·库恩在他的经典著作《科学革命的结构》中所解释的那样，对那些在特定理论的发展上建立起自己职业生涯的人来说，转变到一个新的概念可能会很困难。

对全球变暖持怀疑态度的人也是如此，他们抓住了去年冬天华盛顿的大雪作为"证据"，反对全球变暖，而没有检查数据是否确实证实而不是否认了全球变暖。(事实上,这场大雪有力地证实了全球变暖。)随着生物学越来越深入地探究生命的真实运作方式,达尔文进化论得到了越来越多的证实,但"老派"的怀疑论者依然坚守着他们的立场,不为所动。指数基金和交易所交易基金也是如此。

一项又一项的研究不断累积证据证明,除了少数和极少数例外(这些例外其实本应被提前预见),主动管理创造的成本都高于其产生的附加值。至今,没有系统的研究能够支持与这一观点相悖的结论。同时,那些在投资中寄托了深厚情感、经济或社会利益的人仍然坚信主动管理,我们不禁思考他们为何会如此坚持。

创新获得认可的模式是众所周知的,它是一个缓慢但不可避免的过程。这个过程需要一个人接一个人地克服对创新的抵抗。不同社会群体对创新的抵制(或接受的黏性)存在差异:农民对玉米杂交种子的创新接受缓慢,医生对新药物的接受相对较快,而十几岁的女孩对新事物的接受通常很快。

两个群体在创新的扩散中起着关键作用:创新者和影响力人物。

- 创新者总是勇于尝试新事物:尽管他们的实验经常失败,但他们对新事物充满热情,不太在意失败的结果。这是因为他们不会过分纠结于自己的某次实验,即使新事物失败了,他们也能够坦然接受。
- 影响力人物受到广泛的尊重,因为他们有能力选择成功率高的新方法,并且几乎从未失败过。这就是为什么很多人会关注他们所做的事情,并充满信心地跟随他们。有趣的是,影响力人物会密切关注创新者,当看到创新者的实验取得成功时,他们也会尝试采纳。由于影响力人物只尝试那些已经被创新者成功验证的方法，因此他们的成功率非常高。这也解释了为什么会有那么多人追随他们，以及他们为什么会成为影响力人物。

交易所交易基金和指数基金的使用（尽管速度非常缓慢）正沿着我们熟悉的创新扩散曲线向上发展，而且正在缓慢加速。为什么会这样？因为越来越多的投资者意识到，在扣除费用和调整风险后，交易所交易基金和指数化投资比主动管理更成功。

这是对主动基金经理的否定吗？不是！当然不是！事实上，这只是因为主动基金经理才华横溢、工作勤奋，而且拥有数据库、计算机、彭博终端、特许金融分析师证书和其他先进工具，所以他们依然在股票市场占据主导地位。

50年前，专业投资者的交易量还不到市场的10%；而今天，专业交易占市场的比例远远超过95%，衍生品的交易额甚至更大，100%是专业交易。（交易量是过去的2 000多倍。）

实际上，对主动管理的最高赞誉是具有讽刺意味的：尽管市场上存在众多优秀的主动基金经理，他们努力且巧妙地追求正确的投资策略，使得市场具有相当高的效率。然而，市场并非"完美"，仍然存在一些不完美的因素。但是在这种情况下，几乎没有一个主动基金经理能够取得比专家共识更好的成绩——尤其是在扣除费用和机会成本之后。主动基金经理的费用可能只占资产的1%，却占收益的15%左右，如果以增量收益重新计算费用，则费用占增量收益的100%以上。越来越多的证据表明，主动管理的不佳业绩让客户对主动投资管理的成本效益比产生严重怀疑。

随着证据的不断积累，个人和机构投资者越来越多地选择使用交易所交易基金和指数化投资也就不足为奇了。真正令人惊奇的是，为什么这两者的增长率没有更高。

所有的祖父母和大多数父母都知道，而且大多数孙辈将来也会知道，对一个好司机的真正考验很简单：没有出过严重事故。所有飞行员都知道，安全、沉闷（甚至无聊）是一次良好飞行的本质。投资的成功秘诀不在于战胜市场，就像成功的驾驶不在于超过限速32公里一样。驾驶的成功始于走正确的道路。同理，投资的成功来自明确的目标和正确的资产组合，并坚持下去。

交易所交易基金和指数化投资使投资者更容易关注真正重要的事情，如设定正确的风险目标，设计最有可能实现合理目标的投资组合，适当地重新平衡投资组合以及保持长期的投资策略。交易所交易基金和指数化投资简化了投资实施过程，并可能提供更好的结果，从而释放了投资者的注意力，让他们专注于制定正确的投资策略这一真正重要的工作。这就是为什么交易所交易基金和指数化投资变得越来越重要，尤其是对那些真正想要赢得"赢家的游戏"而不是输掉"输家的游戏"的个人和机构来说。

资料来源：*Wealthfront*, Summer, 2012。

16

小满贯

对大多数主动基金经理来说，投资组合分散化的好处可能会带来两个"影响业绩"的问题。一是削弱原本可以投入每项投资的专业技能，这些技能是超越专家竞争所必需的。二是无法更多地投资于能产生重大影响的最佳机会。我对费用的长期兴趣，以及如何准确看待它们，本章都有体现。

我父亲喜欢打桥牌，而且经常打，打得很好，通常每次都能赢钱。一天晚上，他的桥牌搭档（一个他以前没一起玩过的熟人）以一个阻击叫开场："小满贯！"当他那高兴的搭档说"这牌必赢无疑！"时，他吃了一惊。当他看到他的搭档亮出牌时，他惊呆了：全是红心！我父亲问了一个显而易见的问题："你为什么不叫大满贯？"

他被回答逗乐了："因为我不确定你手里的牌能给我多少支持。"我父亲对搭档的谨慎感到震惊，这种情绪影响了他的后续表现，他再也无法像之前那样在游戏中保持最佳状态了。

桥牌是一种比投资更公平的游戏。在桥牌比赛中，叫得不够高的罚分与叫得过高一样严重，因为两者都是不对的。衡量投资经理的投资业绩也应该如此。对客户来说，没有实现长期收益的机会成本与任何"实际"损失一样都是损失。在投资中，不适当的谨慎至少应该和在桥牌中一样值得关注。

作为投资经理，如果能迫使自己大胆行事，我们岂不是能更成功地为客户创造良好的业绩？例如，为什么不一开始就强迫自己将至少50%的投资组合放在10只或更少"有吸引力的机会"的股票上呢？（请注意，拥有多个投资经理的客户已经有了很多分散投资的方法，包括信息搜集和决策的多样化。让每个经理"完全分散投资"肯定会导致客户的投资组合中持股数量过多。）

因此，我们的第一个问题是普遍存在的"难以启齿"的问题：我们在多大程度上是"隐蔽的"指数持有者？我们的实际投资组合与指数有什么本质差别？一个更难回答的问题是，相对于构成这种差异化投资组合的资产，或者甚至相对于从这种差异化投资组合中获得的增量收益，我们收取了多少费用？

投资经理业绩的公开数据并不令人鼓舞。正如我们反复提醒的那样，主动基金经理的平均表现并未超过指数，因此该行业的平均分散投资组合并未超过市场。它正在被击败。为什么？一个答案可能是"承担太多风险"。更好的答案可能是"过于谨慎"。对于投资中固有的困难，传统的答案是分散投资。我不这么认为。记住H.L.门肯的告诫："任何复杂的问题都有一个简单的答案。这是错误的！"

我们知道投资是一个复杂的问题。分散投资的答案是否过于简单？人们普遍认为，分散投资可以抵御不确定性。但真的如此吗？让我们再仔细看看。首先，一份长长的持股名单并不意味着"投资组合分散化"，就像一堆石头并不是沙特尔主教座堂一样。两者都需要精心设计和巧妙构建。

其次，增加持股数量会冲淡我们的技能，分散我们的研究精力，分散我们的注意力，削弱我们果断和迅速行动的决心。如果你足够努力，思考得足够深入，能够全面了解每项资产，那么这种知识至少在理论上能够使你有信心做出并维持每一项重大投资。你越是通过增加你必须了解的不同投资的数量来实现分散化，你就越有可能不如你的最佳竞争对手投资者，特别是那些最专业因此行动最快的投资者。

只需要精心选择数量极少的不同投资，就能提供分散化的保护，避免出现重大失误。通常，这种对重大失误的保护可以通过十几个不同的投资来实现。在那之后，增加投资组合中不同投资的数量会增加不确定性，而不是减少风险。

与此同时，那些全神贯注于其他事务或注意力过于分散而未能充分关注市场动态的投资者，可能会错过重要的投资机会，或者对潜在的风险反应不及时。令人不安的是，理论上旨在保护我们免受风险的投资组合分散化，实际上可能会增加我们真正的不确定性。这种更大的不确定性可能会导致投资者犯错或疏忽，而如果能够在每项投资上投入足够的时间，他们是可以避免这些错误的。

股票市场可能是"经济民主"的持续体现，但最成功的投资者的决策并不民主。正如所有运动、艺术和科学一样，投资必然是一种精英管理。菲利普·费雪在半个多世纪的写作和实践中，一直主张持有少数真正杰出的公司的股票，并专注于对每家公司进行充分的研究，从而保持长期、稳定的投入。密斯·凡德罗深知关注过多细节会分散注意力，他告诫他的同行建筑师"少即是多"。

这就是为什么伟大的美国投资大师沃伦·巴菲特建议投资者把自己想象成一个一生中只有一张可以打20个孔的"决策卡"的玩家。每做一次决定，就打一个孔。打完20个孔后，你就必须离开游戏，游戏结束了。巴菲特甚至宣布伯克希尔－哈撒韦公司的四项投资是永久性的：可口可乐、迪士尼、政府员工保险公司和华盛顿邮报公司。巴菲特取得的杰出成就（基于非常充分的调查工作而持有的非常集中的长期投资组合）对投资者来说是一个鼓舞人心的信号。

作为投资者，如果集中技能和精力，做出更少、更好的投资决策，有意识地寻找重大机会，我们就能做出更好的决策。如今，交易量如此之高，我们要做的事情太多了，我们没有足够的时间去深思熟虑并做好重要的事。这就是沃伦·巴菲特和菲利普·费雪的特别之处。拉里·蒂施也毫不逊色。约翰·内夫通过敏锐而勇敢的长期投资战略决策，将精力集中在自己最擅长、最合理的机会上，创造了他这一代大型共同基金的最佳风险调整收益率。想想自己的人生，我们在私人生活中做出过多少真正重要的决定？

作为投资者，我们中有多少人真正认识到了"平均收益"的重要性，并且能够将最佳的投资机会转化为最大的回报？我们是否进行了充分的分析，以做出更少、更大、更持久的投资？我们只是"为了玩而玩"，还是"为了赢而玩"？两者之间的差别是决定性的。我父亲想知道，作为投资者，我们是否在认真寻找并真正准备好出价"大满贯"！

资料来源：Charles D. Ellis (1997) Small Slam!, *Financial Analysts Journal*, 53:1, 6–8。版权所有©CFA协会，经代表CFA协会的泰勒－弗朗西斯出版公司许可转载。

17

来自海滨公墓的一课

在投资中,不随波逐流,而是制订自己的独立计划,这一点至关重要。许多投资者似乎更倾向于跟随他人,似乎在所谓的"传统智慧"中寻找安慰。当然,拥有好运确实有帮助!

70多年前,我有幸在马萨诸塞州马布尔黑德的海滨公墓体会到了不随波逐流带来的好处。当人们都深信他们的集体观点是正确的时候,我却清楚地认识到应该做什么以及为什么要这样做,这个宝贵的经验让我终生难忘。

在阵亡将士纪念日的游行中,我们童子军被选为随行人员,跟在美国对外战争退伍兵组织和美国军团护旗队的后面。我们踏着坚定的步伐,从市中心的历史协会出发,最后抵达海滨公墓。我们肃立着,注视着那些士兵,他们的制服宽大而庄重,与我们的制服形成鲜明对比。他们将步枪高举向天空,齐声鸣响了传统的21声礼炮,向那些为国捐躯的烈士致以最崇高的敬意。

我们作为童子军被选中,也许是为了表达对退伍军人和军团的尊重。但对我们男孩来说,我们来到这里的真正原因非常简单,我们希

望得到一些弹壳。指挥官看穿了我们的心思,他告诉我们:

  孩子们,请站在这条线后面,因为这是一个庄重的场合。我们在这里是为了纪念那些做出重大牺牲的人。
  我知道你们对子弹壳很感兴趣,想把它们作为纪念品。当鸣枪致敬结束后,我会捡起所有的空弹壳。你们就站在原地,听我口令。当我数到"三"的时候,我会把弹壳抛向你们,你们就可以跑过来捡了。

  我们明白了指挥官的指示,我们是"听话的童子军",当然我们都希望能得到弹壳!

  礼炮齐鸣,弹壳被收集起来。指挥官转向我们,我们都知道接下来要做什么——争抢第一!我们急切地占据有利位置,站在线后,每个人都决心要比其他人更快地冲出去。指挥官距离我们约3米远,我们已经准备好了。

  然而,在这关键的时刻,我突然意识到,如果每个人都想争第一,那么做最后一个可能是明智之举。于是,我下定决心要与众不同。

  指挥官的手向后摆动。"一!"每个男孩都准备好了扑上去。"二!"指挥官微笑着,然后他的手向前一挥,"三!"弹壳被完美地扔了出来。男孩们冲出去了!他们跑得很快,都在抢着第一个捡到弹壳。所有的男孩,除了我。与众不同的做法效果很好——非常好。

  我后退了一步,在一分钟内成功地捡到了4个弹壳。它们从其他男孩的脚下滚到了只有我一个人看到的地方。我迅速将它们放入口袋,然后查看其他地方,毕竟,我可能会找到更多的弹壳。

  但这并不是我想要强调的。重点在于,当别人的想法和行动在某种情况下成为主流时，我们需要有自己的规划和判断。制订自己的计划往往是非常明智的选择，而且往往能带来意想不到的收获。

制订自己的计划是在"赢家的游戏"中取胜的最佳方式，或许也是唯一的方式。如果你能忽略那个无赖，也就是市场先生，并远离那些跟随他走向"输家的游戏"的人群，这就很容易了。但这需要只有专业人士才具备的那种对数据深入学习的能力和经验，尤其是在做出正确判断的机会和犯错风险都非常大的情况下。

深思熟虑且有效的投资咨询的核心，是帮助投资者明确实际可行的长期投资目标，并为其构建合适的投资组合或资产组合策略。这种咨询服务既是投资管理行业面临的机遇，也是挑战。

资料来源：Charles D. Ellis (2011) The Winners' Game, *Financial Analysts Journal*, 67:4, 11–17。版权所有 ©CFA 协会，经代表 CFA 协会的泰勒－弗朗西斯出版公司许可转载。

18

汤米·阿莫尔的投资智慧

通过学习其他领域的知识或经验，我们可以对比和思考自己的行为和思维习惯，从而更好地认识自己，并改进自己的决策和行为。打高尔夫球是人生（也是投资）的重要经验来源。

汤米·阿莫尔在他那个时代是高尔夫球界最伟大的教练。1925年成为职业高尔夫球手后，他赢得了所有主要的高尔夫球锦标赛。然后，从1929年开始，他在博卡拉顿教授高尔夫球课程。他在1953年出版的书至今仍在印刷，是关于打高尔夫球最好的书之一。当然，它还有一个最棒、最鼓舞人心的书名：《如何一直打出最好的高尔夫球》（*How to Play Your Best Golf All the Time*）。对于那些吸取了其教训的人来说，阿莫尔的书实现了书名的承诺。

打高尔夫球就像生活，投资也是如此。打过高尔夫球的人都知道，打高尔夫球的最大挑战不在于如何击球，也不在于如何推杆，更不在于如何让球从沙坑中脱身。最大的挑战在于如何控制高尔夫球手——你自己。投资也是如此：了解自己的能力和财务状况，在可承受的范围内投资。

对投资者来说，一个显而易见的机会就是向阿莫尔这样的名师学习，吸取他的"高尔夫球"经验，这些经验对投资非常适用，其中包括这样一段精彩的全面总结："简单、专注和精打细算是每个伟大球员所用方法的显著特征，而其他人因在大量细节中徘徊而迷失了通向成功的道路。"

观察伯克希尔－哈撒韦公司的投资者，他们通常每年只进行很少的投资，而且持有投资的时间很长。因此，如果观察者有一种冲动，想高呼"非常棒！继续努力，沃伦！"是可以理解的。美国基金公司的投资者有理由指出，这一系列有着最佳长期投资业绩的共同基金，其投资组合周转率很低。指数基金的表现优于大多数主动基金经理，这主要归功于其设计的核心特点：简单和省力。太多的投资者因为频繁的买卖而受到惩罚。

正如阿莫尔所说："行动先于思考会让你大部分尝试归于失败。"投资组合周转率高得惊人的机构投资者，在采取行动之前进行更缜密的思考并放慢整个过程，至少有很大的可能会从中受益。

事实上，阿莫尔用一个简单的事实概括了他多年来作为伟大比赛的竞争者、教师和学生的经历，这个事实无疑会提高你的得分："冠军并不完全靠打出好球的能力，而是靠很少打出坏球的基本素质。"想象一下，如果删除任何一只基金中最差的三四只股票，投资业绩会有多大的提高。像所有伟大的老师一样，阿莫尔反复强调："获胜之道在于少打烂球。"投资经理不妨投入更多的时间和精力，清除他们的"烂股票"，以避免亏损。

阿莫尔继续用稍微不同的措辞解释他的意思："打好你最有把握打好的那一杆，并让下一球变得简单。"对投资者来说，阿莫尔可能会把这个建议改成：今天就做出让长期持有变得容易的投资决策。

机构投资者的主动投资，超过90%的"市场交易"是由机构进行的，而50%的交易是由最大的50家机构完成的，所有这些机构都消息灵通且具有竞争力——几乎没有犯错误的余地。正如阿莫尔所解释的："在高尔夫球锦标赛中，选手犯错误的可能性很小。在普通球员之间的俱乐部比赛中，选手犯错误的可能性很大，但无论是在俱乐部还是在专家级的比赛中，你会注意到，获胜者之所以胜出，是因为他比其他人少犯了错误。"

尽管很少有人公开承认，但我们都知道，卖出股票的主要原因是在购买时没有进行充分的研究和判断，就像离婚的主要原因是在结婚前没有进行充分考虑一样。作为投资者，如果把投资集中在那些经过深入研究后认为最有可能在未来多年内表现良好的股票上，我们会不会做得更好？

阿莫尔在半个世纪前谈到高尔夫球运动时可能没有考虑到"金钱游戏"，他说："没有其他游戏像高尔夫球那样要求严格，因为要实现球具和球员的精确配合，必须满足许多规则。"但如果今天修订他的伟大著作，阿莫尔很可能会把投资也包括进来。

投资者不断追逐"大赢家"，却屡屡跑输市场，这与阿莫尔的观点不谋而合："事实上，在数百万高尔夫球选手中，至少90%的人得分都在90杆以上，或者在标准杆一杆以上，这一事实具有非常重要的意义。这清楚地表明了他们固有的局限性。他们中很少有人会承认自己的局限性。"（这句话对那些不断涌入投资管理领域的"最优秀和最聪明"的人来说尤为重要。）阿莫尔接着说："幸运的是，几乎所有人都可以学会在打高尔夫球时少犯错误，从而更接近标准杆数。"

在高尔夫球场上，我们与自己比赛。但在投资中，我们不仅要与自己比赛，还要与所有对手比赛，而我们的竞争对手越来越强大。因此，现在正是重温阿莫尔不朽教诲的好时机。投资能力不是绝对的，而是相对的。相关竞争正变得越来越激烈，大多数投资经理应该认识到严峻的现实：即使他们的绝对技能正在提高，他们的相对能力肯定也在持续退化。

阿莫尔希望我们明白，明智的前进方式是花更多的时间，拥有更多的知识并加深理解，发挥我们的优势，以我们最擅长的方式进行投资，并做出使下一个决定变得容易的投资决策。正如阿莫尔所说："当每个高尔夫球选手学会在自身能力范围内打球时，他们的成绩就会更好。"在投资中，我们的能力总是相对的。

资料来源：Charles D. Ellis (2004) Tommy Armour on Investing, *Financial Analysts Journal*, 60:5, 15–16。版权所有©CFA协会，经代表CFA协会的泰勒－弗朗西斯出版公司许可转载。

19

泰德·威廉斯给投资者的启示

泰德·威廉斯曾是波士顿红袜队的职业棒球手。他曾6次获得美国联盟击球冠军，如果不是在1951—1952年被征召到韩国服役，他的职业生涯记录可能会更好。尽管在那几年里他打球的月份很少，但平均得分仍然超过400分。

泰德·威廉斯性格粗犷、孤僻且沉默寡言，但他在22年的棒球生涯中创造了辉煌的击球纪录，并写下了有关这项运动的最佳图书之一《击球的科学》(*The Science of Hitting*)。书中汇聚了精湛的击球经验和教训，每位分析师和投资经理都能从中受益，并能将其应用于投资。

专业投资者都知道，在股市中打出全垒打是很难的。许多复杂的判断必须恰到好处：对公司内外众多因素交织产生的对未来收益影响的估计；其他投资者看法和预测的变化；以及对未来市场估值的估计。这就是为什么投资人能够很好地理解泰德·威廉斯关于棒球运动中击球难度的论断："击球（我已经说过无数次了）是体育运动中最难的一件事。"这句话值得人们注意，尤其是在竞争激烈、不断被评估的投资管理领域中那些有竞争力的人。

在引起了大家的注意后,威廉斯继续说:

当我这样说时,有人会扬起眉毛,偶尔也会争论不休,但有什么事情是更难做到的呢?有什么事情需要更多的天赋能力、更多的身体灵活性、更多的精神警觉性?这需要与身体力量相匹配的更高的技巧,它有如此多的变量和如此少的常量,并且伴随着持续的挫折感,即使你是击打率达到 0.30 的击球手(这在当今是罕见的),你也会在 10 次击球中失败 7 次。而如果乔·纳玛什或罗曼·加布里埃尔每 10 次传球只能完成 3 次,他们就会成为前职业四分卫(即需要退役)。如果奥斯卡·罗伯特森或里克·巴里每投 10 个球只能进 3 个,他们的教练就会把篮球从他们手中夺走。

威廉斯继续说,就好像他在谈论伟大的选股者或投资组合策略师一样,"棒球界急需优秀的击球手。击球是比赛中最重要的部分,它是赢得大笔奖金的关键所在,是大部分荣誉的象征,也是球迷的兴趣所在"。

认识你自己

认真提高击球水平与提高投资者的技能并无不同。威廉斯解释说:"关于击球,我要说的大部分内容都是自我教育。作为击球手,你是棒球比赛中最大的变数。了解自己需要全神贯注,这是一件很难的事情。如今,球手们有太多分心的事情。"每位职业投资者都会同意这两点:我们需要全身心投入,我们面临太多分心的事。

但是，点头表示同意是一回事，采取正确的行动是另一回事。威廉斯并不认同伟大的"天生"击球手这一概念，他更清楚这一点。作为一个认真的击球手，他努力找出哪些方法有效，哪些方法无效。威廉斯尝试了不同的姿势，试用了不同的球棒，最终确定 33 盎司[①]的球棒最适合他。他还让红袜队在俱乐部里放了一个秤，以便检查每个球棒的重量。当威廉斯解释他对影响自己表现的每个细节的关注时，他说："球棒会吸附地上的凝结物和灰尘。"

《击球的科学》大部分内容解释了投球手和击球手在不同情况下互动的"博弈论"。但是，对击球手可以采取哪些行动来增加成功，威廉斯提供了最好的见解。有多少投资顾问和投资经理可以通过仔细、客观地研究他们过去的决策，寻找可以减少或消除的不足，从而提升自己的投资水平呢？

作为一名认真的击球手，威廉斯努力找出哪些方法有效，哪些方法无效。棒球运动的传统观点是存在一个单一的击打区——这种理解影响了对球员及其表现的评估。威廉斯否定了这一观点，坚持认为实际上有 77 个不同的"微型区域"——7 列 11 组小区域。对于每个微型打击区，他计算了自己的击球率。多么惊人的发现！威廉斯的击球率从"微型区域"边缘的仅仅 0.23 转变为他"甜蜜区"的高达 0.40。

难怪威廉斯成功的第一条规则是："找一个好球去击打！"正如他解释的那样："击球手都有他们喜欢击打的区域。击球手能够在该区域成功地击中球的概率是困难区域的两到三倍。投球手必须犯足够多的错误，才能给你一些在你喜欢的区域内的球。你无法否认，你必须找一个好球去击打！"或者就像沃伦·巴菲特经常建议投资者的那

[①] 1 盎司 ≈28.35 克。——编者注

样:"等待好时机。"

做你擅长的事

威廉斯提供了一系列关于击打的技巧,投资者可以很容易地将其转化为投资技巧。作为一名近8 000次击球记录的运动员,威廉斯相信:"每次击球都是一次冒险——一次我可以记住并作为信息储存起来的冒险。"作为投资者,我们中有多少人拥有同样快乐的投资方式?我们中有多少人搜集、分类并仔细分析我们所有的决定?威廉斯不仅勤奋地研究自己的许多经验,还研究其他击球手。他致力于"练习、练习、再练习"。"我练习到起水泡流血。这是我强迫自己做的。额外的击打练习是你学习的方式。"

威廉斯承认自己有20-10的视力,这对一个击球手来说是极大的优势。威廉斯像一位成功的投资者在回顾自己的业绩,他说:"我所拥有的更多不是视力。我的全垒打胜率比贝比·鲁斯高;在全垒打和命中率的综合得分上仅次于鲁斯;我比鲁斯更频繁地跑动,而三振出局的次数更少。"

威廉斯接着说出每个优秀的投资者都知道的成功秘诀:"我必须做正确的事情,最重要的是有选择性。"

威廉斯是一位非常优秀的击球手。他通过研究比赛,尤其是通过在每个方面的细节来详细地研究自己,让自己成为一名伟大的球员。对于任何决心取得卓越成就的人来说,这是多么伟大的一课——尤其是在今天的专业投资管理领域。

资料来源:投资行为分析会议,2019年10月。

20

症状和迹象

虽然投资管理方面的各种症状表明我们的职业存在严重问题，但许多迹象表明，我们大多数人都没有充分关注投资咨询对我们职业成功的潜在价值。当然，我们要想让自己的业务长期成功，就必须依赖于职业成功。

投资管理作为一种职业处在困境中，并且从长远来看，作为一项业务也面临困境，因为投资业绩处在困境中，而投资业绩是职业和业务的核心。

对于任何关注盈利能力、增长或收购等业务维度的人来说，这种警示似乎都很荒谬。毕竟，业务正在蓬勃发展。但在客户满意度和忠诚度等专业方面，令人担忧的证据却在增加。麻烦越来越多，而造成麻烦的几个因素是相互关联、相互促进的。

最终，如果该行业在职业层面上步履蹒跚，那么业务层面也会受到损害。试想一下，回到"业绩"投资被普遍接受之前的低费率水平会产生什么样的经济影响！

寻求理解

其他学科的分析模型也许可以使思想开放的观察者以新的视角，更清晰地看到他们自己学科的发展，也许会更加清晰。导航员和医生在寻求理解的过程中积累了经验，这些经验对寻求理解和管理投资业绩的投资经理及其客户来说是有用的。

当医生诊断疾病时，他们非常严格地区分两种非常不同的现象：症状和体征。

- 症状是那些我们很容易辨别的表现：头痛、胃部不适、肌肉酸痛等等。我们求助于医生，确定不适的位置和性质，并请他们确定我们所患的疾病并进行治疗。我们的医生会仔细分析我们注意到的症状——以及我们可能没有注意到的其他症状，这有点儿像拼拼图，寻找蕴含信息的图案。

医生们都知道，并非所有症状都与疾病有关，许多其他症状只是指示性的。有些是心理性的，有些则是短暂的。即使症状是真实的，医生在诊断和确定疾病的真正原因以及预测其未来病理方面也会面临真正的挑战。

- 迹象，就像特定类型癌症的证据一样，各有不同。虽然患者可能无法察觉某些迹象，但经验丰富的医生可以识别它们。你可能自我感觉和看起来都很好，但医生知道你是否患有某种疾病，以及这种疾病是什么。在某些情况下，迹象具有诊断价值，诊断专家既知道所患疾病也知道其发展过程和速度。这是一个残酷的现实，例如，当你的医生发现一些迹象时，你虽然感觉良好，但你肯定患上了致命的癌症。

大多数诊断工作相当困难。多年的艰苦学习和专业经验对医生做出正确的诊断至关重要。磁共振成像扫描仪等强大诊断仪器的使用改变了医学诊断，医生们从估计和推断转向了确切了解。技术继续改变着医学。医学领域巨大的科学进步使刘易斯·托马斯博士能够说，到1960年左右，关于疾病本质的科学知识已经积累得如此之多，以至科学终于战胜了医源性或医生造成的疾病（如医生在接触第一个患者之后没有充分清洁就转到另一个患者所造成的感染）。1960年后，医生的科学知识蓬勃发展。

海上航行也经历了类似的巨大进步。约翰·哈里森发明了用于海上的精确计时器，使水手们能够确定自己的经度。（他们已经能用六分仪测出纬度了。）这使得詹姆斯·库克船长能够在他的伟大发现之旅中穿越太平洋，并知道自己身在何处以及如何到达他打算去的地方。在马修·方丹·莫里的领导下，各航海国的船长们在19世纪中叶开始在全球范围内系统地搜集有关水温、水流、风速和风向等影响变量的数据。精心搜集的数据被绘制在海图上，并对其规律进行分析。很快，人们就绘制出了捕捉最有利风向和洋流的最佳航行路线。令人欣喜的结果是，远洋航程被大大缩短，更可预测，也更安全。（150年后，美国海军的海图上仍然标注着马修·方丹·莫里的创新成果。）

50年前，雷达再次给导航带来了革命性的变化。水手们可以在浓雾、大雨或黑暗中"看到"海岸线和其他船只。随后，用于深度测量的声呐和无线电定位相继问世。如今，全球定位系统（GPS）将导航带到了新的高度。导航员现在可以在地球表面的任何地方，在海面以上或以下的任何高度定位自己的位置，精确度可达到一平方米以内。

除了调整风帆，船长们还负责在海上规划最佳航线，以确保安全航行，并最终准时到达目的地。除了解除病痛，医生还负责预防医学和治疗越来越多的疾病。在每种情况下，能力的转变都改变了人们的期望。我们现在期望医生能诊断出各种各样的疾病，我们期望航船能准时到达。

同样，知道我们身处何地以及如何到达目的地的能力也在投资管理中得到发展。可用的工具在独特性方面迅猛发展。就在一代人以前，摩根担保信托公司信托与投资部的杰出负责人朗斯特里特·辛顿在通用汽车高级财务主管询问关于通用汽车大型养老基金的运作情况时，会满怀信心地用他密西西比州维克斯堡的热情口音做出回应，并亲切而明确地结束谈话："一切都进展顺利。"

跟随耶鲁大学考尔斯基金会和芝加哥美林中心的经济学家的研究，到20世纪60年代初，与标准普尔500指数进行比较的方法变得普遍起来。20世纪70年代，A.G. 贝克尔将个别基金与数十只其他规模相似的基金进行了普遍的比较，但没有考虑到资产组合、投资策略或目标方面的重要差异。到了20世纪80年代，市场上出现了许多经过精心定义和构建的指数，可以根据资产类别中的任何一种基准来衡量特定基金的业绩。

如今，对贝塔系数、阿尔法系数、夏普比率以及相对于几乎所有指定基准的业绩进行严格而详细的分析，已成为所有仔细研究业绩归因的一部分。因此，投资经理及其客户现在可以确切地知道特定投资组合相对于市场的定位。他们还可以知道，在任何合理的未来市场行为情景下，该投资组合的预期表现。

这一进步为我们带来了当代的核心挑战。如今，投资经理以及客户可用的分析工具如此出色，以至他们面临的挑战从"我们现在在哪里？"转变为"我们想要去哪里？我们计划如何到达那里？"由于客户现在可以得到他们想要的东西，因此，在评估投资经理的实际业绩时，明确而准确地界定投资经理的意图就变得更加重要了。

投资经理及其客户需要区分在投资上相当于医学的症状和迹象，并始终根据持久、客观的数据采取行动。在确定和理解投资目标以及评估投资业绩时，投资经理及其客户需要知道如何区分传递真实信息的数据和只是噪声的数据。

如果客户关注症状，投资经理可能会倾向于管理症状。投资经理对症下药的最常见方法是更改报告和讨论业绩数据的时间段。（在冰球比赛中，每个防守队员很快就能学会如何掩护技术娴熟的前锋：不要盯着眼睛、头部、冰球或球杆，甚至不要盯着手部，要盯着臀部，因为滑冰者必须跟随他们的臀部移动。）我们都知道，业绩数据的主导地位在被巧妙操纵时是非常强大的。（令人遗憾的是，广告中关于共同基金"业绩"的报道比比皆是。20世纪70年代初，当污染问题迅速成为公众关注的焦点时，从拉瓜迪亚机场起飞的喷气式飞机受到了压力，它们被要求停止排放从发动机中喷出的浓浓的废气，这被视为对公众的漠视。问题很快通过化学方法得到解决——不再有黑色的废气了。然而，真正的污染并没有从根本上被消除，因为添加了化学物质来消除黑烟，无形废气实际上增加了污染。但问题被"解决"了，消费者也就不再抗议了，他们认为自己赢了，但实际上他们输了。）

良好的投资业绩

当然，症状本身是显而易见的，否则它们根本不会成为症状，但它们并不一定是有用的信息。当我们讨论业绩时，我们必须问一个经典的幽默问题："与什么相比？"我们现在知道，关键是要明确相关的同行群体或标准，并将结果与该标准进行比较。领先或落后于标准普尔 500 指数（在 25 年前这还是一个吸引眼球的重大启示）现在被认为没有实际意义。真正的问题是，投资经理是领先还是落后于一个明确的、双方都同意的具体基准。

良好的投资业绩不仅仅是取得有利的结果，更重要的是以明确、可预测、可重复的方式取得这些结果，从而使有利的结果在未来是可预期的。这就是为什么按照意图或目标行事与实际结果同样重要。正如伟大的体育教练告诉其团队的那样："计划你的比赛，按照你的计划进行比赛。"

所谓"一致性"，就是投资经理在自己已知的能力范围内勤奋工作，遵守投资经理选择的纪律，有意识地避免网球运动员所说的非受迫性失误，因为这些失误会导致选手输给发挥更稳定、更一致的对手。一致性还有助于消除在投资审查会议上讨论时经常出现的含混不清现象。一致性要求投资经理及其客户集中精力制定并明确投资目标和投资策略。

基金高管要对投资经理产生可预期和可预测的投资运营结果的能力进行知情评估，就必须搜集和使用足够大或时间跨度足够长的样本，以保证统计的有效性。（同样令人担忧的是评估期过长，如共同基金在资产膨胀之前就创造了"业绩纪录"。）实际上，季度和年度业绩只是长期持续管理投资组合过程中的极小样本。小样本出了名地不可靠。[我最喜欢的例子是英国人类学家18世纪考察美洲印第安人归来的故事。在伦敦官邸英国皇家学会的年度晚宴上，他起身开始了他的个人报告。他庄严地宣布："在北美，所有印第安人总是排成一排（停顿），至少我看到的是这样。"]

任何贝叶斯统计学家都会乐于解释，根据短期业绩数据做出聘用和解雇投资经理的决策的主动客户正在冒很大的抽样误差风险。太多的基金高管和投资顾问似乎依赖过短的时间段，从而损害了业绩数据的有效性。

经验证实了这种担忧。对太多的基金和投资顾问来说，他们解雇的投资经理的平均业绩超过了他们聘用的替代经理的平均业绩。这就是低估向均值回归这一强大趋势的危险所在。大多数投资者用来评估投资经理的"数据"不够稳健，因此没有太大帮助。机构投资者从经验中知道，数据证实了在共同基金中个人投资者情况相同或更糟糕。近几年的业绩根本无法准确或可靠地预测未来的业绩。

成功评估投资经理的秘诀在于，基金高管（及其投资顾问）要注意不要过于关注症状，尽管这些症状有时可能很有用，而是要关注迹象和业绩不佳的真正原因。

在评估投资经理时，以下是我们需要注意的一些严重症状：

- 组织变革：关键人物的更替；决策过程或组织结构的变化；主要投资者没有建设性地合作，特别是如果出现业绩分化加剧的症状。
- 所有权变更可能导致组织领导层或内部纪律或动机的变化。（关键投资者个人财富的突然增加可能会让人分心。）
- 资产增长会使投资经理的决策能力不堪重负（这一直是小盘股

投资经理特别关注的问题）。

- 最近经历了巨大的成功。对享受过盛宴的投资者来说，在派对结束前离开尤其困难。随着市场对科技成长股的热情日益高涨，科技成长股投资经理将市场潮流推向了前所未有的估值高峰，相对于整体市场而言，接下来他们肯定有一段很艰难的时期。同样的情况发生在20世纪70年代的"漂亮50"两级市场中，发生在20世纪60年代保险和电力公司股票的超级估值上，发生在20世纪80年代的日本股票上，或者发生在20世纪90年代的电信业中。正如尤吉·贝拉明智的说法："一切都似曾相识。"

- 投资表现的分散性。客户真实评估投资经理业绩最有效的方法是要求每位投资经理报告其管理的投资组合所取得的业绩，当然，要按照投资策略和目标进行分类。这种全面披露大大降低了在相对较短的时间内（更小的样本）对单个投资组合（小样本）进行审查时出现的抽样误差风险。更重要的是，具有相同目标的投资组合出现了业绩分化，它们本来应该取得相似的结果，这是真正麻烦的最重要的症状之一。

- 投资理念的偏离或决策过程的失误，会将投资经理带入一个陌生的领域，远离其能力范围。基金高管知道其投资组合分配的结构很重要：成长股与价值股、大盘股与小盘股、国际股与国内股及其所有组合。

基金高管知道，无论是优于还是劣于基准，都不重要。如果投资经理超出其能力范围，那才是关键。对驾驶员来说，向左和向右偏离道路一样糟糕。就像在掷环游戏中，太远和太近一样糟糕。投资经理及其客户之间的协议被破坏了，不忠诚就是不忠诚。

明智的客户会注意到，投资业绩就像学习语言或谈判和平协议一样，不是平滑、稳定、持续地增长，而是不规则地激增，之后是没有明显进步的时期。同样，股市在不到20%的交易日实现了80%以上的收益。而大多数优秀的基金经理在短短几个季度内就用他们投资中的一小部分实现了超出基准业绩的绝大多数优势。

因此，过多地关注当前的业绩数字或表面症状可能会产生极大的误导。（这是政治权力人物马克·汉纳在开除一位当代政治家时所想的，他说："他的耳朵离地面太近了，听到的全是蚱蜢的叫声！"）然而，如果这些症状持续存在，它们总体上会等同于迹象。

投资管理

在投资管理中，有些迹象是外部或环境因素造成的，有些迹象则是投资经理自身造成的。随着衡量业绩的时间段的延长，更多的投资经理会出现业绩不佳的情况，平均业绩不佳的持续性和幅度也会更大。

这里不赘述这些令人警醒的现实，有一些迹象表明，越来越多的客户将会看到他们的投资经理的业绩低于整体市场，但这并不是一个普遍的不可避免的现象，但是可能性越来越高。（请注意，投资经理规模越大，客户越多，业绩不佳的可能性就越大。因此，平均而言，客户的体验将比投资经理的体验更糟糕。）

考虑一下市场在一代人的时间里所发生的变化。市场现在反映了专业人士的知情判断。过去机构交易与个人交易之间的比例是10∶90，现在已经完全颠倒了。今天，机构控制着纽约证券交易所公开交易的 90%。这就是做市商在风险管理和衍生品对冲方面变得更加谨慎和严谨的原因。纽约证券交易所 50% 的交易由 50 家最大、最主动的专业投资者做出，股票市场的自然价差越来越小。

　　误差的幅度在稳步变小，而且在不断缩小；对错误的惩罚更大，而且来得更快。随着机构投资者主导市场，市场变得越来越高效。因此，定价和估值方面的失误越来越少，持续时间也越来越短，因为越来越多的投资者越来越快地了解到越来越多的信息。

　　来自华尔街的信息和分析内容广泛、专业、精深，分享的范围如此之广、速度如此之快，以至在发现这些信息和分析的几个小时内，大多数研究就已经成为"终极无价值商品"，因为每个人都知道这些信息和分析，它们已经在市场价格中了。

　　频繁买卖的投资经理受到市场的影响更大，因此，玩"金钱游戏"的回报越来越少，避免伤害变得越来越重要。正如我们在玩扑克时都会被劝告的那样："如果 20 分钟后你还不知道谁是游戏中的傻瓜，那么很有可能你就是。"

　　随着时间的推移，当如此多的机构投资者都知道有哪些信息，并同样迅速地采取行动时，主动基金越来越不可能仅仅通过更快地处理突发信息就获得超越竞争对手的收益。

　　追随指数会导致投资经理过度分散投资组合，持有过多不同的股票，以至无法拥有卓越的洞察力或做出比主导市场活动和价格的同行更好的决策。此外，恪尽职守地匹配指数也会使投资经理盲目地复制指数。当少数几家大公司以极高的市盈率出售股票时（如 2000 年的情况），这些公司的股票就会在整个指数中占主导地位，无意中价格投机也会被纳入指数。

　　过度的交易会导致年度运营费用增加，这不仅给投资组合的结果带来了巨大的摩擦成本（加上应税基金的短期税费），而且让机构投资者争先恐后地要胜过或猜透其他机构投资者，而这些机构投资者都分享着大部分相同的信息，并主导着股票市场的快速反应定价。

谁会认为这种快速反应的活动是投资而不是投机呢？如果说它是投机，那也是一种高风险的投机：不是针对公司的发展，而是针对其他机构在预期彼此时的可能的市场反应。高周转率投资组合业务的交易成本很容易超过所有这些活动的净收益，这就是公认的"输家的游戏"的原因。

过去30年，共同基金和机构基金的费用和成本翻了一番。在年收益率为15%的"大牛市"环境中，投资经理收取的费率稳步上升可能没有得到特别的注意，但如果年收益率降至平均6%~8%，谁不会注意到平均收益中的很大一部分是作为费用支付给投资经理了？

客户一旦学会不将费用与所管理的资产甚至总收益进行比较，而是与风险调整后的增量收益进行比较时，就能更好地了解投资组合管理的实际成本。很少有投资经理能在10年内创造费率低于50%的增量收益。对大多数投资经理来说，他们按实际增值计算的实际费用超过了100%。

迹象的含义

综合上述几种迹象，不难看出投资管理行业的总体趋势。尽管各公司的情况有很大不同，但总体趋势是投资经理取得卓越业绩的难度越来越大，客户也越来越失望。

投资管理行业需要认识到，如果继续向客户宣称"我们的使命是实现卓越的经营业绩"，就像大多数投资经理反复确认的那样，那就有可能导致不可避免的业绩亏损和客户不满。我们可以也应该专注于明智的投资咨询这一经典但被忽视的任务——在这方面我们肯定能为我们的客户带来巨大的利益。

为客户提供长期投资目标和适当的投资策略及资产组合的投资咨询服务，是我们真正的职业使命。当为每个特定投资者确定了正确的目标和目的，并制定了适当的投资策略后，通过指数化进行的操作既成本低廉，又可实现，而且有益。

具有讽刺意味的是，一代的天才们已经将投资经理及其客户面临的挑战从寻找"打败市场"的方法转变为学会接受市场现实，并通过明确重要的长期目标和资产组合选择来充分利用这一点。

那些接受挑战和机遇的人，将从投资管理专业转向投资咨询专业，从几乎不可避免的失败转向有把握的胜利。

资料来源：*The Journal of Portfolio Management*, Summer, 2002。

21

华威酒庄和香波城堡的经验教训

我父亲给我们上了很好的一课,教我们如何理解成本和定价,以及如何做出更明智的客户决策。正确看待投资管理的费用,它比大多数投资者认识到的要高得多。"只有1%"是一种非同寻常的自欺欺人。按卓越业绩的百分比计算,主动投资的费用(税前)平均超过100%。

我父亲以一种令人难忘的方式给我们上了一课。在马萨诸塞州马布尔黑德市普莱森特街的华威影院看完电影后,我们几个孩子回到家中。我父亲问:"电影好看吗?"

"好看,"我们回答,"约翰·韦恩演的。"

然后,我父亲问了一个他一生都在思考的问题:"为什么?为什么票价这么低?"答案很简单:"因为我们是孩子,爸爸。他们只收12美分,所以很多孩子都会来。"但简单的答案无法过关,我父亲坚持问:"为什么华威只收12美分,而事实上他们放电影根本赚不到钱?"

"爸爸,这是一个脑筋急转弯吗?"

"不,这不是一个脑筋急转弯,但要得到正确的答案需要仔细思考。"

就这样,父亲让我们和他一起思考,让我们知道华威影院的人愿意亏本放映约翰·韦恩的电影,是因为他们以高价出售可乐和爆米花,从中真正获利。父亲希望我们学会把表面现象和实际情况区分开来。

几年后,我父亲母亲带我们去纽约市一家名为香波城堡的法国餐厅用餐。当端详着琳琅满目的菜单时,我们不禁感叹这顿晚餐是多么美妙,价格又是多么昂贵。

然后,我父亲又问了一个试探性的问题:"如果我告诉你们这家很好的餐厅其实在美食上并没有盈利,你们怎么解释它还在营业这一事实?"

"爸爸,这是一个脑筋急转弯吗?"

"不,这不是一个脑筋急转弯,但要得到正确的答案需要仔细思考。"那时我们了解到,一家好餐馆的利润不是来自美食,而是来自饮料、鸡尾酒和葡萄酒。父亲又一次教我们思考表象与现实之间的显著差异。(J.P.摩根也有同样的想法,他说每个重要的商业决策几乎都有两个原因:一个是看似显而易见的合理的原因,另一个才是真正的原因!)父亲的哲学简单而深刻:无论做什么,你一定要认清真正的原因,不要被迷惑。

在投资中,我们逐渐认识到,获得长期成功的最佳方法不是选股,不是把握市场时机,甚至不是改变投资组合策略。当然,这些方法都有其当前的英雄和"光辉故事",但很少有英雄投资者能够坚持很长时间,也不是所有的光辉故事都是完全真实的。通往长期成功的最佳途径是采取稳健、持续的投资策略:设定正确的投资组合并坚持下去。

21 华威酒庄和香波城堡的经验教训

简要回顾历史

下面介绍投资管理领域宏观环境中的主要变动趋势，我们在这个大环境下实践我们的专业并开展业务。尽管可能对数据有一些歪曲，但使用一张通用图表可以很好地描述这些变动趋势。这张图表总结了我们的明显"现实"——多年来走势一直向上。这张图表可以支持以下 10 个关键观点。

- 机构资产大幅增长。
- 市场估值，尤其是股票估值大幅上升。
- 交易量大幅上升。
- 机构客户聘用投资经理的数量大幅增加。
- 获取信息的渠道无疑大大增加了，不信可以数一下彭博终端。
- 工商管理硕士、博士和特许金融分析师的人数大幅增加。
- 投资顾问的聘用大幅增加。
- 50 年来，共同基金和机构账户的收费标准大幅增加。
- 投资公司的盈利能力和投资专业人员的报酬大幅增加。
- 投资公司的估值大幅上升。

当前的现实

现实情况差异很大。专业投资经理并没有"战胜市场"。年度数据越来越多地证实了一个严峻的现实：专业人士落后了。[①]

[①] 由于常见的幸存者偏差问题，我们使用的数据在一定程度上存在"正面偏见"。

如果我们观察更长的时间段,如 10 年或 15 年,数据就更加令人失望了。在这些更重要的时间段内,能跟上市场平均水平的专业人员就更少了。

同样令人不安的是,业绩数据的首要现实是,它不具有预测性。历史数据并不能预测未来的表现。因此,即使是拥有"良好"记录的投资经理,在未来往往也不一定能取得优异的业绩。结果比我们愿意相信的更接近随机。主动管理投资组合的投资者长期来看并没有获得超越市场的回报,在扣除如指数基金等量回报后,主动管理投资的增量回报更低。主动管理投资组合的长期前景是严峻的。

你是否还记得弗雷德·施韦德的精彩故事,一个无辜的外地人被载着经过曼哈顿东区的游艇码头。主人和导游自豪而热情地指着最大的船只说:"看,那是银行家和经纪人的游艇。"客人问:"可是,客户的游艇在哪里?"①

迄今为止,客户并不关注专业人士无法通过主动管理增加价值的问题,因为他们关注的是整体体验。"水涨船高",我们市场的行情一直很好。如果没有这股浪潮,客户的看法可能会大为不同。因此,现在是我们的专业人士问我父亲那样的问题的时候了:为什么我们的行业在无法增加价值的情况下却能获得如此丰厚的回报?为什么这么多辛勤工作、才华横溢的专业人士用如此多的数据和先进的工具所取得的成果如此令人失望?

---

① Fred Schwed Jr, *Where Are the Customers' Yachts? Or, a Good Hard Look at Wall Street* (New York: John Wiley & Sons, 1995), p. 16.

完全颠倒

答案很简单：一个巨大的环境变化似乎在一代人的时间里就结束了——这是主动投资管理所基于的核心假设。10∶90 这一令人欢欣鼓舞的比例已经变成了令人沮丧的 90∶10。让我来解释一下。

要想通过主动管理取得优于或好于平均水平的结果，你就必须直接依赖他人的错误和失误。其他人必须表现得"愿意输"，这样你才能"赢"。20 世纪 60 年代，在纽约证券交易所的公开交易中，机构交易只占 10%，90% 由个人投资者完成。

以下是一些值得牢记的个人投资者的特点：个人投资者通常不会进行广泛的"货比三家"。大多数个人投资者甚至不了解几家公司。他们依赖的零售经纪人很少是专家。他们买入股票的原因是继承了一笔财产、获得了一笔特别奖金、卖掉了一套房子，或者是股市以外的其他原因。他们卖出股票是因为孩子要上大学了，或者他们决定买房——同样是出于股市以外的原因。大多数个人投资者的行为并非基于市场分析、公司研究或严格估值等投资信息。大多数个人投资者的行为被学术界称为"无信息交易"。

难怪专业投资者会认为，自己能够"跑赢"在纽约证券交易所完成 90% 交易的个人投资者，因为这些专业投资者总是在市场上对数百只不同的股票的价格和价值进行严格的比较，他们能够掌握大量最新信息。他们可以也确实做到了——在一代人之前。[①] 但今天不行了。

50 年后的今天，原有的 90∶10 的比例已经被完全颠倒了。局面

[①] 过去的样子让我想起了电影《全金属外壳》中的两个教官，在基础训练结束后，他们观察新兵毕业训练中快步行进的信息。他们评价说："十个新兵中有一个是真正的士兵，其余的都是……靶子。"

已经完全改变，其影响是深远的。现在，纽约证券交易所90%的交易都是由"专业"人士完成的。[1] 他们是专业人士中的精英。他们在研究生院时就是出类拔萃的"最优秀和最聪明"的人，他们具有很高的积极性。他们不是"为了玩而玩"——而是"为了赢而玩"。

尽管他们努力尝试，但严酷的现实是，专业人士并没有打败市场。原因很简单，这些技术娴熟、毫不留情的专业人士就是市场。当然，专业人士不会总是正确的，但他们一定会非常努力——一直如此，并利用他们可以调动的所有资源。是的，他们会犯错误，但他们犯错误的次数越来越少，频率也越来越低，而且他们犯的错误会越来越快地得到纠正。他们"唯一"的问题是周围没有足够容易上当的外行可供利用。主动投资要么产生的回报太少，要么成本太高，或者两者兼而有之。[2]

过去一代人的集体智慧已经改变了投资经理及其客户面临的挑战，从寻找打败市场的方法转变为学会接受半有效的市场现实，并将其作为既定事实，通过明确重要的长期目标和政策来充分利用这一现实。这一挑战意味着需要从投资技巧转向真正的投资专业，即提供明智、娴熟的投资咨询。

要就资产组合提供建议，投资顾问最好具备管理各资产类别投资组合的技能，以便帮助实施自己的建议，并与客户建立畅通的沟通渠道。沟通非常重要，因为在确定适当的长期投资目标和最能实现这些长期目标的投资策略的过程中，双方都有重要的工作要做。

---

[1] 事实上，近75%的交易是由100家最大、最主动的机构完成的，而50%的交易是由50家最大、最主动的机构完成的。

[2] 我在发表于《金融分析师期刊》(1975年7—8月)的文章《输家的游戏》中描述过这种残酷、艰苦的现实。从那时起，由于专业从业者越来越出色，这种现实变得越来越糟糕。

值得信赖的投资顾问的主要专业工作是帮助每位客户确定、理解并始终如一地致力于实现长期投资目标，这些目标既要符合资本市场的实际情况，又要适合特定的客户。最难的工作不是找出最佳的投资策略，而是帮助客户坚持正确的投资策略，并保持迪士累利所说的"始终如一"。无论是在市场高点还是在市场低点，坚持长期投资都出了名地困难。无论在哪种情况下，情绪都是最强烈的，当前市场的现实最需要变化，因为事实似乎最引人注目，这也是为什么波戈的明智解释是一个真理："我们已经找到了敌人，那就是我们自己。"

始终坚持正确的策略是非常困难且非常重要的工作。不忠的代价可能非常高。例如，在过去15年非常有利的股票市场中，共同基金的平均年收益率为15%，但共同基金投资者的平均年收益率仅为10%。共同基金投资者从一只基金转换到另一只基金，往往是低卖高买，从而损失了1/3的收益。

我父亲会用我们这些孩子觉得熟悉的一系列问题来挑战投资者的看法，也会挑战大多数投资专业人士的看法，但其中有一个有趣的不同之处。我父亲的问题不是问卖方为什么要出售他们的服务，而是深入探讨买方为什么要购买。以下是可能的询问方式：

"为什么投资者要为投资管理支付如此高的费用？"

"因为，爸爸，人们都想赚钱，他们希望通过支付更高的费用聘请最优秀的投资经理来帮他们赚更多的钱。"

"你知道事实正好相反吗？"

"爸爸，这是不是脑筋急转弯？"

"不，这不是脑筋急转弯，但要得到正确的答案需要一些仔细的思考。"

不久之后，我父亲就会让我们明白，投资者需要做出三个层级的决定，而大多数投资者将投资服务视为一个混合的整体，服务可以被拆分为三个可分离的组成部分或层级：

- 第一级——将股票的最佳比例作为投资者投资组合的"正常策略"。
- 第二级——股票组合的构成，各种股票类型（成长股与价值股、大盘股与小盘股、国内股与国际股）的正常比例。
- 第三级——主动管理与被动管理。

然后，我父亲会解释说，关于资产组合（第一级决策）和股票组合（第二级决策）的投资咨询服务是廉价的，每隔几年才需要一次。（拥有100万美元的个人投资者可以每5年或10年花不到5 000美元向专家购买一次这种服务，拥有100亿美元的机构可以支付5万美元。）主动管理（第三级决策）的费用（包括管理和交易）大约是100万美元个人投资者资产的1%，也就是每年1万美元，5年就是5万美元。

我父亲会指出，具有讽刺意味的是，对投资者最有价值的服务（投资咨询服务）虽然明显价格低廉，但需求却非常少。主动管理虽然通常不能成功地增加价值，但价格却很高。

我父亲希望我们作为投资者和投资专业人士至少要独立思考，意识到这三个层级的服务可以分开获得，我们可以将支付的费用限制在我们能合理预期的结果所增加的价值上。我父亲希望我们认真思考我们面临的真正挑战。

资料来源：版权所有 ©1998 CFA 协会。经 CFA 协会许可转载。

22

投资管理费用比你想象的要高得多

高昂的费用和管理的资产长期增长，使投资管理成为世界上薪酬最高的主要行业之一。尽管 20 年前只有少数投资者意识到费用的高昂，但这种情况正在逐渐改变。

虽然有些批评者对投资管理费用有所抱怨，但大多数投资者长期以来的看法是：投资管理费用很低。事实上，人们认为投资管理费如此低，以至在选择投资经理时它们几乎无足轻重。然而，这种观点只是一种错觉。从实际情况来看，主动管理的费用很高，甚至比许多批评者所认为的要高得多。

如果按照资产的百分比来计算，平均费用看起来确实很低——个人投资者的平均费用略高于其资产的 1%，机构投资者的平均费用略低于其资产的 0.5%。但投资者已经拥有这些资产，因此投资管理费用应该基于投资经理为投资者创造的收益。如果按收益的百分比计算，费用就不再显得低了。可以算一下，如果年均收益率为 8%，那么同样的费用就不是资产的 1% 或 0.5%，对个人投资者而言是超过资产的 12%，对机构投资者而言是资产的 6%。

但即使这样重新计算，也大大低估了主动"打败市场"的投资管理的真实成本。原因如下：指数基金可靠地产生一种"商品产品"，确保市场收益率不超过市场风险。目前，指数基金的费用非常低：机构为 5 个基点（0.05%）或更少，个人为 10~20 个基点或更少。因此，投资者不应将主动基金经理收取的费用视为总收益的百分比，而应将其视为增量费用与风险调整的增量收益之比，这个增量收益是高于相关指数的。

因此，正确地说，主动管理的费用非常高。增量费用介于增量收益的 50% 和无穷大（因为大多数主动基金经理达不到他们选择的基准）之间。

是否有任何其他类型的服务定价在客户交付价值中占比如此之高？与可以轻松获得的指数化投资相比，主动管理的费用高得惊人，如果客户没有意识到费用的真相，那么主动投资能继续繁荣发展吗？

主动管理的费用有着漫长而有趣的历史。从前，投资管理被认为是一种"亏本业务"。在第二次世界大战后工资和价格被冻结，养老金首次作为"附加福利"迅速增长，大多数主要银行同意以很少或没有明确费用的"客户便利"方式管理养老金资产。通过支付固定利率的经纪佣金，银行用佣金换取存款余额。经纪人获得了"互惠"的佣金业务，而银行得到了可以按当时利率借出的"免费"存款余额。在 20 世纪 60 年代，包括 DLJ、Mitchell Hutchins 和 Baker Weeks 在内的一些机构经纪公司拥有投资管理部门，它们收取全额费用（通常为 1%），但随后完全用经纪佣金抵消了这些名义上的费用。因此，它们实际上的费用是零。

20 世纪 60 年代末，摩根银行率先宣布机构收费为 0.25%，当时华尔街的传统观点认为，此举将使该行失去大量业务，但实际上该银行只失去了一个小客户。由此开始了近半个世纪的费用持续上涨，这得益于客户认为，如果选择了合适的投资经理，增量收益将轻松超过费用。即使在今天，尽管有大量相反的证据，但个人和机构投资者通常也希望他们选择的投资经理能够创造明显高于市场回报的收益。这就是为什么费用看起来仍然很"低"。

一个细微的异常现象正受到越来越多的关注：虽然基于资产规模的收费在过去50年里大幅增加——机构和个人投资者都增加了4倍多，但由于多种原因，投资业绩并没有什么改善。股票市场的变化非常大，特别是在总体上。在过去的50年里，纽约证券交易所的交易量增加了约2 000倍——从每天约300万股增加到超过60亿股。从交易价值来看，衍生品从零增加到远超现货市场。机构在证券交易所的交易从不到10%上升到90%以上。一系列的因素（彭博终端、特许金融分析师证书持有者、计算机模型、全球化、对冲基金、高频交易、互联网等）已成为市场变化的主要力量。

最重要的是，全球范围内训练有素的专业人员的数量显著增加，他们努力工作以获得竞争优势。因此，今天的股票市场是由大量勤奋、经验丰富的专业决策者构成的，他们每天根据各种信息和数据做出股票价格预测。这种由专家参与的预测市场，由于规模庞大和专业性，被认为是世界上最大的"预测市场"。在这个由专家共识主导的市场上，那些致力于在扣除费用和运营成本后打败市场的公开交易证券分散投资组合经理确实面临着巨大的挑战。

如果费用的上升趋势和业绩的下降趋势给投资者敲响了警钟——这当然是应该的，那么客观现实应该让所有相信投资管理费用低廉的投资者重新考虑。从正确的角度来看，主动管理费用并不低——它们很高，非常高。

大量的、不可否认的数据表明，提前确定哪个投资经理能在扣除运营成本、税费和费用后实现跑赢市场的业绩，这是非常困难的。是的，虽然确实有一些投资经理能一直跑赢市场，但我们无法提前确定哪些投资经理是幸运儿。

　　虽然价格不是唯一重要的因素，但当投资管理费用被分析成增量费用以换取增量收益时，这些费用并不是"几乎为零"。难怪越来越多的个人和机构投资者转向交易所交易基金和指数基金——那些有经验的人正在逐渐增加对这两种基金的使用。

　　与此同时，那些投身于复杂而有趣的主动投资管理工作的勤奋和快乐的从业者可能会思考，我们和我们整个行业的薪酬是否都处在我们自己创造的巨大的全球泡沫中？我们的行业未来是否会面临费用下降的阴影？我相信会的，尤其是对那些继续将跑赢市场作为其使命的人来说。

资料来源：Charles D. Ellis (2012) Investment Management Fees Are (Much) Higher Than You Think, *Financial Analysts Journal*, 68:3, 4–6。版权所有 ©CFA 协会，经代表 CFA 协会的泰勒 – 弗朗西斯出版公司许可转载。

23

计算机专业人士可能正在策划一场革命

虽然在50多年前撰写这篇文章时，在每家投资机构的文化和组织架构里，"计算机专业人士"的地位都明显低于投资专业人士，但是人们还是有可能思考一场革命，尽管"人工智能"这个术语刚刚被创造出来。

C.P.斯诺几年前就发现了这一点，并在他的《两种文化》一书中写道："在很多日子里，我白天和科学家一起工作，晚上和一些文学界的同人一起外出……我认为，通过生活在两个群体中（更重要的是，通过在两个群体之间频繁地穿梭），我才能解决'两种文化'的问题。"

多年来，人们一直在谈论计算机对投资管理业务将产生巨大的影响。银行、经纪商、共同基金等机构的高管为此投资数百万美元，这些投资将获得丰厚的回报。

也许是这样。但真正阻碍这一切的是，计算机专业人士和投资专业人士通常不能很好地合作。他们可能受雇于同一家公司，去同一栋办公楼，但他们不会在一起工作。这一点在美国的投资机构中尤为明显，在这些机构中，计算机专业人士和投资专业人士处理着完全不同的问题，他们对所要完成的任务的定义方式也完全不同，而且在工作中几乎看不到他们在经济上的共存关系。

计算机专业人士开发出复杂的程序，以识别股票价格中任何重复的行为模式，并对许多假设模式进行详细和广泛的测试。他们的结论是，股市就像随机漫步，价格没有规律可循。过去的一切都不能预测未来的价格。与此同时，投资人在 Oscar's 餐厅的锦缎桌布上用牡蛎叉画了几条线，向自己展示为什么威吉特电子（Wigitronics）的股价看起来会向上突破。

计算机专业人士开发模型来衡量股票投资组合的真正分散性，并在 N 维空间上绘制特定股票组合的最优组合。而投资专业人士则相互告诫："这个名单上的公司不错。"还有一位高级信托官（当然不是计算机专业人士）向朋友承认，他一直以为马科维茨是《华盛顿邮报》的左翼政治专栏作家。

计算机专业人士令人满意地证明，股票收益估计具有双峰分布，并且他们的样本均值不符合无偏估计的测试，而投资专业人士则对"雅芳女人"（雅芳的销售代表）这一社会群体的社会学研究以及销售周期的变化对 1972 年收益的影响有相当深入的了解。

他们不仅工作环境完全不同，工作方法也互不兼容，当一起合作解决问题时，他们说着不同的语言。投资专业人士会问："我们应该买哪些股票？"而计算机专业人士会用充满西格玛、质数和各种数学符号的方程来回答。换句话说，他们并不在一个圈子里。投资专业人士不使用计算机专业人士所用的东西，而计算机专业人士也不用投资专业人士可以使用的东西。他们似乎并不在乎。事实上，他们似乎很高兴不需要一起工作，因为他们真的不想一起工作。

因此，计算机专业人士并没有对华尔街产生多大影响。另一方面，这种不愉快的经历并不是独一无二的。例如，C.W. 丘奇曼于 1964 年在《加利福尼亚评论》(*California Review*) 上对 6 年来《运筹学》杂志发表的文章所取得的实际成果做了如下评论："在任何情况下，都没有足够的证据表明，从运筹学项目中得出的建议……被管理层执行了。"

当然，投资行业的公司在计算机和计算机人才上花费了大量的资金，高层人士都在谈论计算机的未来作用。而且年度报告总是展示最新的计算机。那么，为什么投资专业人士不更多地使用计算机呢？普遍未能使用计算机的基本原因是，投资专业人士和计算机专业人士来自两个截然不同的文化背景。他们彼此不认识。

乐观主义者和怀疑论者会说，声称投资专业人士没有也不会充分利用计算机专业人士的概念、技术、程序和技能是无稽之谈。然而，那些相信这一点的人只是不了解投资专业人士和计算机专业人士之间的真正不同。我不是人类学家，但以下是我观察到的一些更明显的差异：

- 计算机专业人士打的领带为灰色、灰蓝色、灰绿色或棕色，布料上织有细微的图案，或者在靠近底部的地方有一个装饰图案和一个玛拉伯爵夫人标签。投资专业人士打的领带是布克兄弟生产的、块状印花布或马德拉斯风格的布；投资专业人士不打双温莎结。
- 计算机专业人士穿白衬衫和蓝衬衫。投资专业人士穿条纹衬衫、黄色衬衫，偶尔也穿粉色衬衫，他们的衬衫是纽扣领的。

- 计算机专业人士在宾夕法尼亚州立大学或伦斯勒理工学院学习机械工程。投资专业人士在布朗大学学习英语文学。
- 投资专业人士在哈佛大学、弗吉尼亚大学和斯坦福大学读研究生。计算机专业人士在麻省理工学院和卡耐基理工学院读研究生。
- 计算机专业人士住在新泽西州或布鲁克林。投资专业人士住在康涅狄格州或曼哈顿。
- 投资专业人士在昂贵的餐馆吃午餐，体重也在增加。计算机专业人士不这样，体重也没有增加，他们在午餐俱乐部吃简餐。
- 投资专业人士在行业内有朋友和亲戚。计算机专业人士在进入行业后才结识朋友。
- 投资专业人士的办公室铺有地毯。计算机专业人士的办公室是铺有油毡的瓷砖地面。
- 投资专业人士是共和党人。计算机专业人士是独立人士或民主党人。
- 投资专业人士的最佳年龄为40~60岁。计算机专业人士的最佳年龄为28~35岁。
- 计算机专业人士更聪明。投资专业人士穿更长、颜色更深的袜子。
- 计算机专业人士以严肃认真的语气谈论工作，他们以专业的方式互相支持。投资专业人士喜欢闲聊，只有在认为自己会让人觉得有趣的时候才谈论工作。两个群体都喜欢互相批评。
- 计算机专业人士喝完美曼哈顿。投资专业人士喝尼格罗尼。
- 计算机专业人士穿棕色西装。投资专业人士不穿棕色西装。

虽然我的观察可能与你们的不尽相同，但可以肯定的是，迄今为止，缺乏沟通和文化疏远造成了一种社会僵局，给人一种局势稳定的假象。事实并非如此。在高等金融机构和高等教育机构中，计算机硬件技术和先进的编程技术正越来越有效地得到应用。

当投资专业人士在原地踏步（并坚持一个固定的目标）时，计算机专业人士正在做三件事来实现最终的领先地位。第一，他们正在系统地测试投资专业人士提出的每个命题在统计学上的有效性，以解释他们为什么这么做。到目前为止，虽然只有少数几个理论经过了完整的测试，但没有一个金融理论能经受住完整的测试。因此，计算机专业人士正在学习大多数投资专业人士所做的没有意义的事情。

第二，计算机专业人士正在分析投资专业人士多年来取得的实际成果，并且找到了一些非常有力的证据，尽管只是初步的。证据表明，尽管投资专业人士扮演了各种角色，精心策划了各种活动，并努力为其客户赚钱，但作为一个群体和个人，他们未能为更高的利润做出任何贡献。换句话说，投资专业人士所做的并不能长期有效。

第三，一些计算机专家正在尝试以全新的方法来解决投资管理问题。他们在一起安静认真地交谈，就像革命者在运动真正开始之前所做的那样。他们承认，投资问题并不容易得到解决，但随后又指出，它并不像登月或开发导弹防御系统那样困难。他们有足够的时间。

计算机专业人士并始非常自信，随着时间的推移，他们将成功地理解股市，他们的程序将彻底改变投资管理领域。投资专业人士坚持认为这肯定不现实，但他们开始越来越不自信，也开始意识到不能忽视来自底层的抱怨。他们偶尔会私下思考："如果那些人真的研发出一个有效的计算机程序，什么事情会发生？对我们所有人会有什么影响？"

资料来源：*Institutional Investor*, December, 1970。

24
成功的投资机构的特点

对大多数投资专业人士来说，如何有效地组织投资机构是一个备受关注的话题。然而，从长远来看，尽管许多投资公司都在努力为客户带来好的业绩，但大部分公司并未达到这个目标，甚至跟不上市场指数。其中一个原因是运营成本，另一个原因是高昂的费用。对个人而言，还有一个原因是税收。但主要原因似乎是出色的"竞争水平"和伟大的"市场均衡机制"，因为几乎所有机构市场参与者都拥有同样出色的计算机能力、彭博终端、互联网接入和同样有能力的投资经理，而且几乎每个人在同一时间都知道几乎所有相同的信息。

理论上，建立一家一流的专业公司应该很容易。我们都知道这些秘诀：找到最优秀的人才；有明确的目标；有很高的专业标准；有长远的眼光；始终记住客户比公司更重要；始终记住公司比个人更重要；始终记住，作为个人，职业承诺比经济报酬更重要；时刻保持自律，你就会成功。或者正如摩根先生所说，"以一流的方式经营一流的企业"。

成功的管理秘诀与麦肯锡公司的马文·鲍尔在其著作《管理的意志》（*The will to manage*）中所写的是一样的。书名就说明了一切。真正优秀的公司的管理层所做的事情没有什么不寻常的地方，他们和其他管理层有同样的秘诀，但他们正在实践它。这让一切变得不同。

大卫·奥格威撰写的著作《奥格威谈广告》读起来很有趣，有很多图片——还有很多真知灼见。他研究了5家优秀的广告公司，并得出结论：成功的主要因素过去是，现在也是坚持不懈。

在识别优秀和成功的投资管理公司方面存在的一个问题是，大多数现在做得很好的公司在10年后不再表现优异。我们在10年前最钦佩的大多数公司，今天都不会被我们列入最伟大公司的名单。在我们这样一个竞争激烈、快速变化、以人力资本为主的行业中，没有什么是比成功更短暂的了。

职业和业务目标冲突

许多观察者认为，投资管理公司的职业目标和业务目标之间存在根本冲突，这两个领域相互对立。毫无疑问，如果其中任何一方表现平庸，两者就会发生直接冲突。任何半好不坏的职业承诺或半吊子的业务目标迟早都会腐蚀组织。

但是，如果每个目标都追求卓越，如果对两者都足够尊重，那么真正好的业务目标和职业目标之间就不会有冲突。例如，只有业务实力才能让专业人士拥有独立的思想和明确的目标，才能让他们从事一流的职业工作。只有职业的独立性才能带来真正优秀的工作，这是实现真正良好的业务目标所必需的。只要每个方面都真正强大，那就没有冲突。然而，大多数组织发现很难在这两个方面实现和保持卓越，这是一个需要被关注的问题。组织的文化或氛围必须始终有利于职业方面。当有疑问时，要倾向于职业方面，因为必须有这样的偏重。

战略考量的重要性

费用是投资管理机构成功或失败的最重要的因素之一。你设定的费用水平决定了你将服务的市场。一旦选择了你将服务的市场（这是你在设定费用时间接做到的），你就可以确定在该市场中成功的关键因素和游戏规则。

在战略方面，清晰和简单至关重要。大多数组织都不愿意明确表示自己不会做什么。最清楚地定义你真正身份的不是你愿意做什么，而是你不愿意做什么。彼得·德鲁克在这方面有很多话要说。这很容易概括，将注意力集中在优秀领域；作为专业人士，做那些你做得很好的事情，尽量不要浪费时间做其他你只做得一般的事情。外部重点应放在重大机遇上。

确定重大战略

在业务战略的形成过程中，许多组织没有认识到这与其投资管理活动或常规业务管理是完全不同的工作。离开你的办公室两三天，离开日常的工作环境，去一个不同的环境，进入不同的时间框架。否则，时间紧迫的日常决策将耗尽你的时间，你本来可以用这些时间做更重要的事情。

我们从来不会为重大决策花费太多或足够多的时间：那些关于基

本策略和战略的软性、微妙且可以避免的决策。如果不在"软"的时候加以处理，将来它们会导致非常困难的决策。做出"软"决策并不容易，因为它们涉及基本价值：年轻人的选拔、培训和指导，对年轻人的信任，决定要特别关注哪些发展领域，你对客户的承诺的质量。真正重要的决策将在这些"软"领域被做出，而这些决策在日常活动的压力下不可能被明智、妥善地做出。

战略制定与规划是两个不同的概念。规划偏向于一种被动职能，因为它的主要目的是消除错误、降低不确定性、避免失败。如果我们可以精准地提前两三年做出计划，那么为什么现在不直接付诸行动呢？成功的公司深知规划体系的重要性，但这门学科主要针对负面因素。

我们的员工和内部交流

一个成功的组织最重要的部分是一流的、高素质的人才。然而，我们中的大多数人都没有花足够的时间和精力去挑选或培养组织中真正一流的年轻人，没有给他们提供他们需要的环境和想要的关注。一流人才如此稀缺，如果我们发现了他们，并将他们带入我们的组织，我们就应该给予他们所需的一切，让他们茁壮成长。

成功的公司在基本价值观上保持着高度的一致性。那些所谓的"有趣"讨论很少出现，因为它们并不是必需的。在最重要的哲学问题上达成深度共识的组织，不需要进行"有趣的"危机讨论。最好的公司拥有一套统一的核心价值观，同时鼓励员工拥有丰富多样的经验、方向、思考和表达方式，并相互尊重彼此的个性。正是这种共同的目标和价值观，才有可能吸引并培养出一流的人才。

对大多数投资管理机构而言，规模和市场流动性并不是关键问题。有些人可能会认为市场因素限制了他们的资产管理能力，但大多数投资管理机构并没有受到外部因素的限制。相反，它们所面临的挑战更多来自内部，主要是沟通上的困难。

以二战初期的德国 U 艇舰队为例，它们取得了惊人的成功。尽管美国和英国海军喜欢声称他们击败了 U 艇，但现实是 U 艇击败了自己。原因是 U 艇的指挥部在柏林，德军最初的想法是，所有 U 艇都会寻找货船，如果发现了一艘货船，它们就会向柏林发出无线电信号，柏林会决定每艘 U 艇应该去哪里。当德国只有 50 或 60 艘 U 艇时，这个系统运作良好。当德国的 U 艇数量达到 400 或 500 艘时，大量数据涌向柏林，超出了柏林处理和组织数据的能力，以至总部的决策跟不上需求。

这种数据超载的问题也是陷入困境的投资管理公司的特点。大量的数据会压垮决策，让人似乎找不到思考的时间。成功的公司会保护其决策者免受数据暴政的影响，并想方设法控制进入其组织的信息流。他们要确保研究为他们服务，而不是相反。扮演别人的"戈黛娃夫人"没有任何好处。

对内部交流来说，最大的问题是人员增加。当你以算术方式增加人员时，他们的关系会呈几何级数增长。朝着社会或政治，而非客观和基于事实的决策迅速发展；决策没有经过充分思考，因为大部分时间都花在了交谈上。直接、简单、简短的沟通非常有效。这是一个沟通系统模型。我们的沟通越简单、清晰、直接，我们成功的机会就越大。

变得更大与变得更好

增长和扩张完全是两码事——尽管在投资领域，我们往往把扩张当成增长来谈。扩张是变得更大，增长是变得更好。做更难、更有价值的事情——通常是为更有实力、要求更高的客户。

增长的大敌是扩张。彼得·德鲁克再次指出，要想获得一流的资源，将其用于一流的机会，最简单的方法就是停止做自己不擅长的事情，将解放出来的资源用在能够取得巨大成功的事情上。

变得更大几乎必然意味着你找不到那么多优秀的人才加入你的组织，这也必然意味着你将为更多的客户提供更多的服务。一个严峻的趋势是，当你为较小的客户提供服务时，你将进入附加值较低的工作领域。随着附加值的下降，利润率也会下降，但在短期内，两者都会被扩张带来的总利润增长掩盖。扩张几乎总是与质量下降相联系，而质量下降又为数量增加所抵消。

任期更替和组织架构

为了优化共同价值观与多样性之间的平衡关系，建议专业人员的平均任期为6~7年。如果任期少于这个时间，人们就无法充分了解彼此，从而无法最有效地合作。六七年后他们会非常了解彼此，从而不再认真倾听。

充满活力且有效的战略最大的死敌就是组织架构。为了满足市场需求而制定的战略需要一个实施架构。然而，组织架构一旦到位，就会努力从战略中夺取组织的控制权。随着时间的推移，组织架构几乎总是获胜。组织架构会尽可能地抵制变化。它固守着熟悉的过去，使我们无法以大胆的现代战略迈向未来。

要警惕"彼得原理"的正常趋势。不要把你最好的投资经理变成一个不那么出色的行政经理。你如果有幸拥有最好的投资经理,就让他们自由地进行投资。尽量让他们投入 100% 的时间进行投资。优秀的总经理很多,但优秀的投资经理却很少。让投资经理成功的天赋,不太可能让行政经理成功。

现在和以后的报酬

薪酬是任何组织战略的重要驱动力。重要的不仅仅是经济补偿,尤其是,它也不是现值补偿。

是否实现了分配公平?如果每个人都清楚地知道自己的报酬是多少,他们会觉得合理吗?每个组织都应认真考虑的最好的检验标准是:全面披露薪酬制度。公平竞争是薪酬的基本要素。没有公平竞争,任何组织都不会长久成功。

除了目前的薪酬,最成功的独立投资管理公司还面临一个迫在眉睫的问题。在许多这样的公司里,三个群体之间将会产生巨大的冲突。第一个群体会说:"我们创办了这家公司。我们来的时候公司只有几个人。我们做了第一笔生意。我们承担了所有的风险。公司应该属于我们。"第二个群体会说:"虽然第一批人可能创立了公司,但当我们加入时,公司还不成气候,也没有明确的业务方向。我们带来了重要的客户,制定了关键的战略,让公司变得成功。所以,公司应该是我们的。"第三个群体会说:"我们是公司的未来。我们正在建立更多的客户关系。如果失去了我们,公司的未来将充满挑战。公司应该是我们的。"通常,这些"群体"之间的年龄差距为 10~15 年。

地位、尊重和公认的重要性是报酬的重要方面。今天，肯定没有人会认为投资经理的薪酬不合理。事实上，他们的收入非常高，前景更加光明。然而，有些人可能会感到不满意，因为他们没有得到作为专业人士应得的尊重。在成功的组织中，专业人员之间会相互给予对方高度的尊重、认可和钦佩，他们对组织和为客户提供卓越的专业服务感到自豪。

好创意和好客户的力量

知识不是恒定的，洞察力也不是恒定的。真正有价值的伟大想法很少出现。成功的投资管理机构似乎擅长停下来发现这些好的想法，并利用它们。

成功的投资管理机构的一个重要方面是拥有优秀的客户，这也是许多领域优秀机构的真实写照。如果遇到不喜欢或不钦佩的客户，或者客户对你期望不高，你应该认真考虑终止与他们的合作。他们只会拖你的后腿。如果遇到很好的客户，你应该主动联系他们，让他们对你提出更高的要求，激励你做到最好。

评估"成功"

是什么造就了成功的公司？在投资管理方面取得业务上的成功并不难。费用高，成本相对较低，技术风险极小，国外竞争无关紧要，增长很容易实现，客户非常忠诚，竞争不激烈，供不应求，这些让业务成功变得非常容易。

然而，就职业成功而言，我想问几个问题。

在投资管理方面，真正重要的发展有多少来自内部（来自你自己的组织或来自我们这个行业）而不是外部？

从职业的角度看，我们是否真正为我们的国家和社会做出了贡献？我们增加了净值吗？我承认我确实有些怀疑。如果你把支付给所有投资经理的全部费用加起来，再把这些投资经理产生的所有交易成本加起来，然后把总和与投资组合在风险调整后的增量回报进行比较，哪个更大？

我们是否真的促进了年轻人的职业发展？我们是否成功地教育了我们的客户，特别是关于制定资产组合和风险水平的长期策略的重要性？我们有没有教他们如何避免市场择时？我怀疑，在职业成功的这些方面，我们还不是很成功。然而，从长远来看，满足客户真正合理的需求将是我们职业成功的最佳部分。

领导力是成功企业的最终特征。要想成为卓越的企业，需要强有力的领导力——不是一个人，而是一群致力于实现真正价值的领导者，他们乐于抽出必要的时间，以极大的热情追求这一理念。

25
投资管理新模式

实现组织成功所需的管理纪律（招聘最优秀的人才并严格培训，发展一种以异常出色地服务客户为中心的强大文化等）在近几十年已越来越服从于某种特定投资纪律，如成长投资与价值投资等只服务于一种类型的客户：机构投资者或个人投资者。实际上，优秀的组织结构可以容纳多种投资专业，并使投资机构能够更好地为主要客户提供长期服务。

投资管理领域正在形成一种新模式——一种新的组织和"管理"模式，它具有强大的竞争力，能够主导投资管埋业务和投资行业的实践。这种新模式与过去25年在该领域被接受且占主导地位的模式有着显著的不同。

当前的主导模式是专业化的投资管理模式，通常只针对一个特定的市场（如养老基金）提供一种投资产品。发展中的新模式是一个可以在多个市场运作，提供多种投资产品的组织。

我的论点是，由于新的多市场、多产品的组织（如果得到适当的领导和管理），更能始终如一地满足客户和投资专业人士的长期需求，它将被越来越多的人接受，并成为常态。事实上，有证据表明，新的投资范式正在迅速取代旧的范式，这是因为新的范式更能适应当前的投资环境。

过去

为了更全面地看待当前的情况，让我们回顾一下50年前的情况。当时很简单：保险公司和保险计划在20世纪40年代主导着养老基金的投资。

20世纪50年代，随着通用汽车与美国汽车工人联合会（UAW）达成协议，设立独立基金并在朝鲜战争期间价格冻结时提供"附加"福利，企业养老基金开始激增，一种新模式开始崭露头角——大型银行信托部门提供狭窄的产品线：平衡账户。但其产品有一个关键的不同之处：股票可以占总资产的30%甚至40%，远远超过了保险公司5%的上限。在战后的牛市中，股票起了很大的作用。

20世纪60年代中期出现了两个关键变化。养老基金变得相当庞大，将这么多资金交给一个基金经理是有问题的。此外，业绩正在被衡量和比较，一些最大的银行信托部门被认为表现不如另一种类型的投资经理——明确追求"业绩"的投资顾问。

从20世纪70年代到80年代，又有五个变化越来越明显。第一，计划发起人将他们的资金分散给越来越多的投资经理，部分原因是他们想寻求专业投资经理，部分原因是许多最有前途的专业投资经理都是规模较小、相对较新的公司。采用分散投资经理的方式来管理养老基金投资，这种做法推动了专业投资经理的出现和发展。第二，计划发起人显然愿意支付更高的费用，以获得他们认为能够获得更高回报的"业绩"投资经理，而这些回报将远远超过更高的费用成本。第三，投资经理了解到，他们可以通过大胆、积极的直接销售赢得更多的业务——他们也确实做到了。第四，机构经纪行业在研究和执行大宗交易方面发展了相当大的能力，以满足"业绩"投资经理的需求。第五，资产继续增长，越来越多的养老计划和捐赠基金组织开始自己"管理投资经理"——尤其是成为能够与投资服务的卖家对接并开拓市场的买家。

这个市场如此巨大，特别是对专业投资经理来说。他们变得如此成功，以至信托部门和保险公司放弃了其传统的组织结构，试图复制这个我们都非常熟悉的新模式——一群40多岁有很强分析背景、富有魅力、精力充沛、技能高超的投资经理，他们作为一个富有创造力的团队努力实现卓越的业绩，主动管理投资组合，寻求与客户建立密切的专业关系，并熟练地进行直接销售和与投资顾问合作。他们作为个人获得丰厚的报酬，作为公司收取高额费用，与他们相处令人兴奋，而且很有趣。他们按照市场的规则运作——并且已经发展壮大。

20世纪80年代延续了20世纪70年代的发展。资产分类变得越来越重要。投资经理分类变得越来越重要。你要么是一个价值投资经理，要么不是；你要么是一个成长投资经理，要么不是；你要么是一个行业轮动投资经理，要么不是。你必须选择一个类别并坚持下去。产品种类开始增多，投资经理可能从事的各种专业化工作也成倍增加。

解决日益增多的投资经理问题的一个方案是，出现一个全新的行业——"投资咨询"。现在，至少有50家投资咨询机构，它们处在计划发起人和投资经理之间，试图解决资产分类、投资经理和产品种类日益增多的问题。

未来

投资经理根据一套不断扩大的特定类别进行分类。一个投资经理要么是价值投资经理，要么是成长投资经理。在每个类别中，要么是大盘股投资经理，要么是小盘股投资经理。投资经理又可以分为被动、定量或主动投资经理。他可以使用或不使用"技术分析"。一个全球或国际投资经理可以专注于环太平洋地区、欧洲或拉丁美洲、全球新兴市场，也可以专注于或有或没有货币覆盖的世界上的任何特定地区。

在债券业务方面，投资经理可以是避险型的、专用型的或结构型的，也可以是指数型的。他可能持有担保投资合同（GIC）或银行投资合同（BIC）；可能在高收益部门工作，无论是否有信用评估；可能处理私募或延伸市场；可以避免或专注于各种抵押贷款和资产支持证券。债券投资经理可以是国际性的，也可以是全球性的，无论是否有货币覆盖；可以有短期投资基金（STIF）或中期票据投资组合；可以参与银行贷款打包或可转换债券、行业转换、套利、固定收益、固定期限等业务。

从投资经理的角度来看，这个世界也不是特别简单。大型、中型和小型机构基金有着根本不同的特点。公共基金与公司基金有着天壤之别，而捐赠基金与两者都不同。401（k）计划发展迅速，从根本上改变了竞争条件。核设施退役可能是一个重要的市场，需要大量的资金投入。保险公司变得越来越有趣，当然，还有大量不同类型的离岸基金。英国、日本、德国和加拿大对美国投资经理来说都是重要的市场机会，但这些国家彼此之间以及与美国市场之间都有很大的不同。

投资经理及其客户方面的所有复杂性都超出了我们大多数人的能

力范围。我们需要一种新的组织方式，一种有能力在许多不同市场进行交易的方式。新的组织方式必须既满足客户的需要，也有助于投资经理更有效地开展工作。它必须能够成功地处理多种产品。它必须是一个多市场组织，这样才能从多种渠道获得业务。

对客户和投资经理来说，新的组织形式必须是可靠和可持续的。它必须能够吸引和留住有才能的人，并能够长期管理大量的资金，如图 25-1 所示的结构。星星代表投资管理能力，这些能力可以被定义为"产品"。每种产品的概念、规格和性能都被仔细、严格地定义。圆圈代表组织销售其产品能力的市场。产品和市场之间需要一种强大的关系管理和专业投资咨询（问题描述和问题解决）服务来满足客户的特定需求。

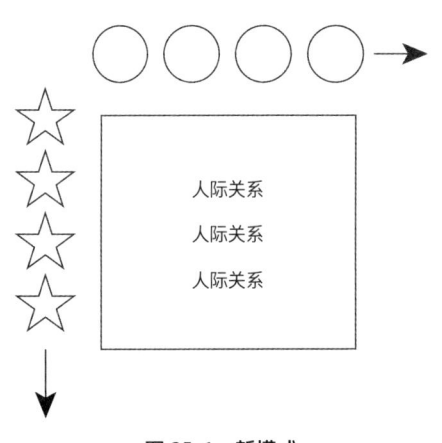

图 25-1　新模式

这种多市场、多产品的投资管理组织满足了主要客户的多方面需求：产品规格和产品一致性，满足新需求或利用新机会的产品创新，长期专业关系带来的信心和便利，可能的较低成本，以及"客户驱动"而非"产品驱动"的关系。这种组织更好地满足了众多投资经理的需求,让他们在高薪水平上获得了专业成长、创造力和财务安全,而不需要他们将自己的职业生涯和商业声誉押在单一资产类别的单一投资方式上。

这些组织有能力购买越来越昂贵和必要的系统,开发新产品,开发新市场——并且他们会这样做。随着产品专业化和市场细分的激增,掌握新模式的组织将开发越来越多的新产品和新市场。事实上,这些新组织已经主导了新产品和新市场开发。

三个结论性的观察似乎很重要。第一,新模式不会取代所有的专业公司。最好的专业公司将继续繁荣,但做到非常、非常优秀将变得越来越重要。第二,并非所有多产品、多市场的组织都能保证成功。只有那些能持续提供高质量产品和服务的组织才能成功。

第三,新模式肯定不是"仅仅"回归到过去的"平衡型投资经理",采用旧模式的信托部门或保险计划无法与采用新模式的组织竞争。

采用新模式的组织在每个重要变量上都有深刻的不同:领先的投资创新,以客户为中心的强大关系,致力于产品的卓越设计和一致性执行,强大的业务发展,以及为有天赋、有干劲的专业人士提供丰厚的回报,而业务实力又为实现卓越的职业成就打下了基础。

资料来源:Charles D. Ellis (1992) A New Paradigm of Investment Management *Financial Analysts Journal*, 31: 2, 16–18。版权所有 ©CFA 协会,经代表 CFA 协会的泰勒－弗朗西斯出版公司许可转载。

26
大战略课程

在耶鲁大学，最受欢迎和要求最高的课程之一《大战略》，要求学生研究国家战略的每个主要方面——军事、政治、社会、技术和经济，这些方面结合在一起就形成了每个国家的总体战略。大型投资机构的领导者也面临同样的挑战，即为他们的机构制定最佳的大战略。这并非易事。

大战略，即把一个国家的军事、经济、政治、文化和组织等各方面的实力结合起来，形成一个整体的、长期的计划，以推进国家的发展。投资管理机构的所有领导者都应借鉴这一重要经验。要想取得长期成功，这些领导者需要将鼓舞人心的目标或使命与卓越的投资经理招聘和培训相结合，这些投资经理将在信息技术、交易、风险控制、高效和有效支持运营、业务发展、客户服务以及研究和投资组合管理等方面表现出色。

考虑到投资公司在多个维度上展开竞争并力争取得出色业绩，世界上众多投资公司的现任和未来领导者会发现，历史上的战略大师（克劳塞维茨、孙子和马汉）都有重要的领导经验值得他们学习。

卡尔·冯·克劳塞维茨深知战争中存在令人沮丧又极端重要的不确定性，就像投资者深知投资中存在不确定性一样。正如他在其巨著《战争论》[①]中所写的："战争是不确定的领域，战争行动所依据的四分之三的事实都为或大或小的不确定性迷雾所笼罩……战争是一个充满偶然性的领域。"当克劳塞维茨宣称"没有其他领域会像战争这样与敌人有如此频繁和多样化的互动"时，他排除了投资活动。但是，每位经验丰富的投资者即使不同意克劳塞维茨对投资活动的排除，也会意识到他对这一主张的重视。

克劳塞维茨所说的"一切都是不确定的，必须用不同的变量来计算"，这听起来一定与180年后大多数当代投资者在考虑他们每笔投资中的许多变量时所持的观点非常相似。

然而，尽管当代投资者在将他的《战争论》与自己的工作进行比较时会理解他的意思，但他们可能不完全同意克劳塞维茨关于战争的断言，即"没有任何其他人类活动如此持续地与偶然性联系在一起"。但每位投资经理都会对克劳塞维茨的说法表示赞同，即"不断的变化和对其做出反应的需要迫使指挥官将其全部的知识智力装备带在身上。他必须随时准备做出适当的决定"。

无论是投资经理还是研究分析师，都会对许多出乎意料的、不可预测的次要因素感到遗憾，尤其是当他们的业绩与预期相差甚远时。正如克劳塞维茨所观察到的，"无数人们无法预见的次要事件加在一起，降低了整体表现水平，因此人们总是达不到预期目标"。

"战术和战略是在时间和空间上相互渗透的两种活动，但本质上

[①] 今天的标准译本是由迈克尔·霍华德和彼得·帕雷特编辑和翻译的索引版（新泽西州普林斯顿：普林斯顿大学出版社，1989年）。

又是不同的。"克劳塞维茨说,"如果不完全理解战略和战术,就无法理解它们的内在规律和相互关系。"投资组合管理也是如此,因为宏观投资策略和投资组合策略始终与管理每个投资组合的微观战术行动相交叉。

克劳塞维茨有句名言:"战争是政治政策通过其他手段的延续。"投资专业人士可以很容易地将这句话转化为一个类似的核心命题:"投资是投资者整体财务策略通过其他手段的延续。"巨大的投资成功取决于对每个特定投资者的目标以及对资源、收入、支出、时间跨度和风险承受能力等总体财务状况的了解。

对克劳塞维茨和许多专业投资者来说,理论的价值在于帮助真正的实践者深入理解并利用历史经验。克劳塞维茨将军事领域的天赋定义为具有高度原创性和创造力的混合体,这与我们今天对屡创佳绩的投资者所怀有的钦佩之情颇为相似。

沃伦·巴菲特警告说:"投资很简单,但并不容易。"克劳塞维茨也说过同样的话:"战争中的一切都非常简单,但最简单的事情却很困难。"克劳塞维茨在他的描述中总结说,战争更像是一种艺术而非科学(这预见了今天关于投资领域艺术与科学之间对话的持续),"战争的艺术"这个词比"战争的科学"更合适,因为战争的成功往往取决于创造力。即使量化技术、日益有效的市场和指数化越来越重要,主动投资经理仍然提出了类似的论点,支持投资中的艺术而非科学,并强调创造力对取得巨大的投资成功的重要性。

专业投资者在反思自己的工作时,一定会同意克劳塞维茨的观点:

> 战争不是消遣,不是单纯的冒险和胜利的喜悦,不是不负责

任的狂热者的乐园。它是一种达到严肃目的的严肃手段。它所包含的所有丰富多彩的东西都像一场偶然的游戏，它所包含的激情、勇气、想象力和热情的变化都只是它的特殊之处。

经验丰富的投资者总是试图将坚持自己的信念与固执区分开来。同样，克劳塞维茨担心坚强的性格会被扭曲为过分简单的固执："固执是性格的缺点。固执和无法容忍矛盾源于一种特殊的自我中心主义，这种自我中心主义将自己凌驾于所有其他事物之上，其他人必须向其屈服。"

克劳塞维茨说："摩擦，我们选择称其为摩擦力，它是一种使看似简单的事情变得困难的力量。"有交易经验的机构投资者可能会回应："如果我能立即执行所有订单且没有成本，我的业绩会更好！"

在克劳塞维茨提出其战略概念的两千多年前，中国伟大的军事家孙子就在其开创性著作《孙子兵法》[①]中令人难忘地宣称："不战而屈人之兵，善之善者也。"正如孙子所言："善用兵者，修道而保法，故能为胜败之政。"同样，当今最好的投资策略家也会部署他们的投资组合，以实现优异的长期业绩，并且能够在不依赖巧妙的投资组合策略的情况下经受住破坏性市场的严峻考验。

孙子曰："故善战者，立于不败之地，而不失敌之败也。""故善攻者，敌不知其所守；善守者，敌不知其所攻。"同样，高明的机构投资者会把构建稳健的投资组合作为重中之重，以抵御当代市场动荡带来的压力和紧张。

---

① 1910年，由翟林奈翻译的通俗译本最近被重印（新奥尔良：Megalodon Entertainmemt，2010年）。

投资者可能会将交易视为战斗。这两种活动都涉及争夺竞争优势的斗争,但理想的投资是永远持有,而不进行交易或争夺优势。正如孙子所说:"故知兵者,动而不迷,举而不穷。故曰:知彼知己,胜乃不殆。"同样,最优秀的投资经理要研究了解自己;了解自己的技能和弱点,了解自己在哪些方面具有相对局限性或优势;了解客户的目标;了解竞争对手。通过这种方式,他们就能减少投资组合过度变化或换手带来的成本和干扰,并避免了经常因对他人反应过度而非遵循自己深思熟虑的策略而犯的错误。

孙子解释说,尽量避免战术——打具体的仗——带来的成本和干扰,使明智的军事领袖能够集中精力确定优先事项,并采取明智的战略,以实现长期的军事政治目标。同样,应避免在一个由 60~80 只、周转率为 100% 的股票组成的投资组合中进行交易的成本、错误和干扰。这涉及每年做出的数百个决策——有些是买进,有些是卖出,许多是不买进,许多是不卖出。决策的数量越少,投资者就越能专注于重大决策。最好的投资者周转率低,部分原因是他们对每个投资组合的长期投资价值都有深入的了解,因此他们受市场价格临时变化的影响较小。

孙子认识到,对一个已经部署好部队并向高级军官和统治者做出承诺的将军来说,随着作战环境的变化而改变作战计划是多么困难。如果在向上司、同事或客户言之凿凿地解释了先前投资组合的优越投资逻辑之后仅仅几个月又要调整,又有哪位投资经理没有发现同样的困难呢?

无论是古代还是现代,技术都是推动变革的关键因素。在孙子的时代,技术提供了可以保持锋利刀刃的高级铁制武器,以及可以远距离发射重箭的弩。这些新武器带来了令人信服的变化。今天,金融衍生品、互联网、彭博终端和计算机给投资管理带来了变革。在我们这个时代，正如在孙子的时代一样，对那些不懂得如何利用变化的人来说，变化可能会产生严重的后果。

阿尔弗雷德·塞耶·马汉[①]通过其不朽的著作《海权对历史的影响》[②]以及与西奥多·罗斯福[③]和参议员亨利·卡伯特·洛奇的个人友谊，成为世界上最有影响力的海军战略家。马汉的海军战略原则主导了所有主要国家海军的政策和战略，就像沃伦·巴菲特和大卫·史文森的原则主导了当今机构投资者的投资组合战略一样。[④]当代投资策略师可以从研究马汉上尉（后晋升为海军上将）的经验教训及其背后的逻辑中获益。

海军从本质上讲是一种进攻型力量。投资组合也是如此。公海或股票和债券市场上没有藏身之处。因此，无论在哪个领域，领导者都必须接受海洋和天气或市场的现状，并始终考虑进攻。马汉主张集中力量，就像主动投资经理主张将投资组合集中在几个主导概念或主题上一样。但是，投资中的创造性进攻需要强大的防守基础。孙子强调采取易守难攻态势的重要性，而马汉的第一条箴言就是始终保持"防御力量的盾牌"。聪明的投资者明白，作为首要任务，建立一种自信而非"消极性"的有力防御是多么重要。只有拥有强大的可防御的投

[①] 就像当代投资经理经常受到英国皇室的欢迎一样，马汉在 1893—1894 年访问英国时，曾与维多利亚女王和首相共进晚餐，并获得了牛津大学和剑桥大学的荣誉学位。

[②] A.T. Mahan, *The Influence of Sea Power upon History: 1660–1783* (Boston: Little, Brown and Company, 1890).

[③] 马汉长期以来一直主张修建巴拿马运河，并拥有一支无与伦比的强大海军来保护它；罗斯福在担任海军助理部长时加入了这场运动，并在担任总统时将其付诸行动。

[④] 马汉承认自己从约米尼那里获得了灵感，正如巴菲特和史文森会承认自己的理念来自凯恩斯和格雷厄姆一样。

资组合结构，投资者才能在市场价格近乎疯狂时，在不可避免的重大干扰中长期持有。

正如投资组合经理重视与专家分析师的密切沟通一样，马汉也清楚地认识到在物资供应与依赖物资的部队之间建立良好联系的重要性，并将部队之间的沟通视为"战略中最重要的一个因素"。

马汉无意中为今天的投资经理上了另一课。由于没有认识到铁路数量和质量的显著提高所带来的权力转移削弱了海运的优势，马汉错过了一场重大的变革。他也没有预料到，橡胶、纤维和塑料等合成材料（它们可以在任何地方生产）将改变贸易模式，使海上封锁的限制大大降低。

同样，投资经理不得不敏锐地关注全球化、衍生品、专业投资者在市场上的压倒性优势等变化，和从固定收益退休计划向固定缴费退休计划的转变，以及对指数基金和交易所交易基金的加速接受，以使自己避开历史上海军将领的经典问题：打最后一场战争。

资料来源：Charles D. Ellis (2013) Lessons on Grand Strategy, *Financial Analysts Journal*, 69:4, 6–9。版权所有 ©CFA 协会，经代表 CFA 协会的泰勒 – 弗朗西斯出版公司许可转载。

27

养老金基金需要更多的管理

40多年前,退休计划发起人将大部分投资策略决定权交给了投资经理。在很多情况下,他们得到的都是"老一套"的"普罗克拉斯提斯式"投资方案。作为客户、捐赠基金和养老金发起人,他们本应做出重要贡献并坚持自己的主张,因为每个个人或机构投资者都与其他投资者不同,所以他们的投资策略也应不同。

相对于这项投资的重要性,高管人员在员工福利基金资产和负债的战略管理上投入的时间和注意力显然不足,即使在大型和成熟的企业中也是如此,这令人不安。最近的一项综合研究表明,企业养老金管理人员将资产管理和投资组合运营的大部分责任委托给投资经理。这种传统做法是否明智值得重新审视,特别是考虑到涉及大量资金。

从资产和支出两方面来看,员工福利基金在公司财务中变得越来越重要。目前,大型企业的员工福利基金资产总额已超过2 000亿美元,其中包括约1 600亿美元的养老基金、260亿美元的储蓄和退休基金,以及160亿美元的利润分享计划。另外,还有740亿美元的养老金义务尚未到位,尽管其中的38%已经确定为员工的福利。

为了正确看待这些巨额资金,请考虑一下大型企业的养老金支出总额相当于股东权益的32%;1977年,员工福利计划的年度支出平均占公司利润的20%,而1950年仅为5%,1960年为11%,1970年为17%。这些资金不仅数额巨大,而且意义非同寻常。它们代表了一种新的金融现象——负债的增长。养老基金资产、支出和缴款义务的增长速度继续超过发起公司的业绩增长速度。

美国《雇员退休收入保障法案》(ERISA)明确规定了该计划主要的管理职责应由发起的公司承担。但在格林威治联营公司调查的1 000家公司中,我们发现有超过60%的公司选择将日常管理工作,包括现金储备、股票投资组合分散化、投资组合周转率以及债券到期时间表等,委托给投资经理(见表27-1)。[①] 这一趋势表明,越来越多的公司将投资决策权交给投资经理。事实上,与小公司相比,大公司对投资经理的信任度更高,赋予他们的权力也更大。然而,下放运营权限并不能免除决策责任。

表27-1　公司将广泛的策略决定权赋予投资经理

政策和做法	公司指定策略(%)	公司提供指导方针(%)	投资经理拥有完全的自由裁量权(%)
房地产投资金额	54	3	21
外国证券投资金额	46	8	30
私募投资金额	10	32	32
股票与债券的比例	38	25	29
在任何一种证券中的最大投资金额	26	8	47
债券最低档次评级	22	27	44
在任何一个行业投资的最大金额	20	20	55
最低总收益率	16	39	36

---

① 所有数据均来自格林威治联营公司每年对企业养老金管理进行的年度研究。

续表

政策和做法	公司指定策略（%）	公司提供指导方针（%）	投资经理拥有完全的自由裁量权（%）
投资组合必须获得的最低收入	11	33	45
股权投资组合分散化	7	24	61
短期现金储备	7	25	61
股票投资组合的波动性或"贝塔系数"	6	23	61

尽管高管们声称他们正在更积极地参与制定投资策略，但实际上参与的人数却在逐年减少。1975年，54%的高管表示，他们更积极地参与投资策略的制定；然而到了1976年，这个比例降至44%；到了1977年，仅有33%的高管表示他们会更积极地参与。根据表27-2的总结，只有两个领域的高管明确指出了投资经理应遵循的投资策略——投资于房地产和外国证券的金额。

表27-2 高管指定的策略如何变化

策略和做法	1975年研究（%）	1976年研究（%）	1977年研究（%）
房地产投资金额	34	38	54
外国证券投资金额	19	31	46
私募投资金额	n/a	n/a	43
股票与债券的比例	43	46	38
在任何一种证券中的最大投资金额	n/a	n/a	26
债券最低档次评级	26	26	22
在任何一个行业投资的最大金额	n/a	16	20
最低总收益率	25	23	16
投资组合必须获得的最低收入	n/a	n/a	11
股权投资组合分散化	n/a	20	7
短期现金储备	20	7	7
股票投资组合的波动性或"贝塔系数"	7	4	6

现代资本理论的挑战

　　传统的投资管理理念与现代的资本市场研究理论之间存在显著的差异。传统观念与现代理论在投资的核心问题上存在分歧：无论是广泛分散投资还是专注于特定领域；无论是尽量减少投资组合的周转率以降低成本并提高回报，还是将其视为抓住重大机会所必需和附带的次要成本；无论是调整投资组合的风险或市场周期的波动性还是保持风险水平不变；无论是调整股票与债券的比例或现金储备以应对市场的波动还是在市场的起伏中保持稳定的配置；无论投资目标是管理回报还是管理风险。

　　尽管这场关于投资理念的争议有时可能是学术性的，有时又极具争议性，但不可否认的是，现代资本理论及其在实际操作中的应用将对公司员工福利基金及其在未来几十年的有效管理具有至关重要的意义。在这场争论中，公司高管必须明确自己的立场，并据此为自己的资金做出决策。（当然，不做决定也是一种决定。）

　　在主要投资机构的高级投资官员中，59% 的人认为期望大多数机构超越市场平均水平是不现实的，只有 16% 的人认为旨在复制市场平均水平的指数基金将超越机构。这两种观点并不一致——除了令人印象深刻的 59% 的机构投资者表示，他们反对将指数基金用于养老基金。（对养老金高管来说，企业高管层对指数化的抵制是一个具有挑战性的问题。在接受调查的养老金高管中，62% 的人表示高管层不愿意进行指数化，而 61% 的人表示高管层现在对指数化的兴趣不如一年前。）

　　也许期待传统投资管理学派的从业者立即支持新兴对手不太公平，但看到他们对养老金资产使用相对无害的指数基金持有如此强烈的抵触情绪，确实令人不安。毕竟，指数基金只是利用现代资本市场理论，使投资经理（很可能是第一次）能够控制投资组合并获得可靠预期结果的最简单的方法。事实上，关于指数基金的"争论"已经尘埃落定。在资产超过2.5亿美元的养老基金中，超过1/3已经选择使用指数基金。大多数公司预计未来将更广泛地使用指数基金，而近一半尚未开始使用的公司也计划在未来采纳这一策略。

对传统主义者来说，一个更加全面因此更具威胁性的前景是，使用基于现代资本市场理论的工具，通过精心设计投资组合、严格控制和管理，其业绩与市场平均水平形成明显差异。在给定的投资环境下，当投资经理及其客户能够获得高度可预测的结果得到更广泛的认可时，策略制定的重要性和明确责任的影响将迅速上升。然而，许多投资经理似乎并未做好承担这种责任的准备。

传统上，人们认为通过投资经理和客户之间的深思熟虑的投资咨询，可以制定出符合每个员工福利基金和计划发起人的特定资金和财务特征的投资策略。然而，研究发现，尽管考虑了各种因素，如公司规模、计划规模、目前工作的计划参与者和退休计划参与者的比例、福利公式、参与者的平均年龄或服务年限，或精算假设利率等，但是投资组合的构成并没有显著差异，这引发了对传统投资咨询方法的重新评估和改进的需求。

这些考虑可能非常重要，但前提是公司高管在制定基本投资策略时，积极地向其投资经理阐述公司和计划的特殊特征。公司养老金和利润分享基金受到众多资源、制约因素和意图差异的影响，不能简单地以一种"普罗克拉斯提斯式"的方式进行处理。

结论

在管理员工福利基金方面，最关键的能力并不是投资管理，而是有效的管理和组织。这是一项充满挑战的工作，但与投资组合管理不同，它可以通过努力和实践得到显著提升。实际上，如果能够做好管理和组织工作，收益可能会非常丰厚。

资料来源：Charles D. Ellis (1979) Pension Funds Need Management Management, *Financial Analysts Journal*, 35:3, 25–28。版权所有©CFA协会，经代表CFA协会的泰勒–弗朗西斯出版公司许可转载。

28

65 岁的意义

尽管我们的社会发生了巨大的变化,但在 65 岁退休的"权利"仍然是一个不变的"永恒"信念。实际上,65 岁退休是 150 多年前德国为解决特定政治问题而人为制定的实用解决方案。从那时起,医疗保健方面的重大变化极大地改变了我们的寿命(和生活质量)。将所有这些增加的岁月分配给退休期,已经深刻地改变了工作与退休之间的平衡,给数百万人和我们的社会带来了严重后果。

数字可能会欺骗人。它们是定量的,但当它们与情感、期望和信仰的动态世界联系在一起时,它们会在眨眼之间变成定性的象征。

当你思考 65、9·11、18、16、13 或第一等数字时,想想这些数字在你脑海中涌现的深层含义。我们是否都会想到退休、世贸中心、投票、开车、厄运或初吻?

上下文很重要,因为一个客观的数字作为一个符号,可以有许多主观含义。我们都知道,同样的数字可以有非常不同的象征意义或情感意义:和朋友吃午饭提前 5 分钟 vs 迟到 5 分钟,飞机晚点 5 分钟 vs 婚礼迟到 5 分钟 vs 你自己的婚礼迟到 5 分钟。

我们期望数字保持不变——电话号码、门锁的密码、生日、纪念日，甚至我们在浴室秤上的体重。我们必须认识到数字 65 的意义已经发生了重大变化，如果不这样做，我们就可能犯下巨大的错误。

每个人都知道 65 岁是"退休年龄"。65 岁退休已经存在了很长一段时间，我们大多数人都接受它是一个事实和权利，没有疑问。但是 65 岁的意义在很长一段时间里发生了很大的变化。

1935 年，社会保障成为法律，65 岁成为完全退休年龄。但是 65 岁到底意味着什么？它是从哪里来的？政府强制工人退休计划的概念在美国已经"起源"了两次，一次是 19 世纪 60 年代末的美国内战伤残退伍军人，另一次是 20 世纪 20 年代联邦政府对全国铁路进行大规模监管的行动。为了实现铁路的现代化和规范化，各团体研究了其他先进国家尤其是欧洲国家德国的铁路，德国当时拥有世界上最先进的铁路。

俾斯麦：19 世纪德国技术的领导者

有人指出，德国让其铁路工人在 65 岁退休，是他们铁路系统拥有如此出色的安全纪录的原因之一。因此，65 岁退休被写入了美国铁路立法。那么，德国铁路为什么会选择 65 岁作为退休年龄呢？

19 世纪 80 年代，首相奥托·冯·俾斯麦规定退休年龄是 70 岁。俾斯麦将众多不同的日耳曼国家统一成一个泛德意志帝国，他试图通过一些强有力的标志来彰显统一德国的优势。当时，电报是新的快速通信方式，所以它被纳入邮政系统作为统一德国技术优势的象征。同样，铁路也是一种新技术。

凭借铁路系统，人们可以快速、长距离地运输货物、煤和铁矿石，同时可以快速地将新鲜食物从农场运到城市。乘客也可以以低成本方便地出行，无论是为了工作还是休闲。所有这些都证明了俾斯麦的政治智慧和统一德国的光明前景。一切都很顺利，直到发生了重大的火车失事事件，这些事故当然会被各大报纸广泛报道。

这是国家脸面问题！必须找到这些可怕事故的原因，并加以制止！结果表明，这些事故几乎总是由控制开关的工作人员"在开关旁边睡着了"引起的。为什么？因为他们太老了。经过进一步调查，人们发现，工作人员由于担心最年长的员工在铺设沉重的枕木和铁轨的繁重体力劳动中跟不上其他人，所以分配他们做较轻松的工作，即操作开关。但是，在温暖的阳光下独自坐上几个小时，老工人有时会打瞌睡。

这就出现了一个两难的局面。为了让工人离开他们传统的农耕工作，转而从事新兴的铁路工作，俾斯麦承诺会为工人支付终身工资。因此，他们不能就这样被解雇：那样会引发一场抗议风暴。唯一的办法就是让工人不用工作，于是就有了"养老金"这个新名词。

为了最大限度地降低成本，退休年龄被定为 70 岁，因为很少有人能活到这个年龄。后来，为了确保消除所有老年人引起的事故，这个年龄在 1916 年被降到 65 岁。（与此同时，在英国，财政大臣内维尔·张伯伦引入了 70 岁的养老金制度，但当他看到德国的做法后，很快也将退休年龄降到 65 岁。）几年后，美国国会通过了《铁路退休法案》，规定 65 岁为退休年龄。因此，当 1935 年制定社会保障制度时，65 岁已经是一个公认的先例。

需要改变思维方式来应对长寿时代

1935 年，65 岁的美国男性工人距其预期寿命不到 13 年。如今，65 岁的男性工人距其预期寿命还有超过 20 年（得益于更好的饮食和医疗保健）。

结果之一是，现在的平均预期退休生活年限比 1935 年要长得多。工作年限与退休生活年限的比例发生了巨大变化——从 3∶1 变为 2∶1。这个 2∶1 的比例在财务上是不可持续的！之所以不可持续，是因为很少有工人能够自律，在工作期间将收入的 12%~14% 储蓄起来，用于投资和维持退休后的生活。

但还有另一种方法：再平衡！我们可以通过移动支点实现再平衡，使我们的工作年限、储蓄年限、退休花费保持平衡。一旦了解了现实情况，我们大多数人都会希望将退休年龄的支点从 65 岁移到 70 岁——或者更高。

现在，让我们来看看 65 岁的含义发生了哪些变化。显然，主要的变化在于需要由社会保障福利和储蓄来资助的退休年限，主要是 401（k）计划［或从 401（k）计划转换为个人退休账户］。第二个重大变化是生命最后几年的费用不断增加，尤其是在医疗保健和辅助生活方面。(我们寿命延长的一个原因在于医疗保健技术的重大进步——磁共振成像、药物等都是既神奇又昂贵的。)

工作到 70 岁会带来另一个重要的数字：如果我们每个人都决定继续工作到 70 岁，而不是在 62 岁时尽早申请社会保障福利，那么我们的社会保障福利就会大大增加。通过再工作 8 年（大约比正常退休年龄多 20%），我们每年的社会保障福利将增加 76%——这是终身可领取的，并且会不断调整以抵消通货膨胀。

此外，我们的401（k）或个人退休账户余额也会大幅增加，这体现在三个方面：在这8年中的每一年里，我们都不需要拿出钱来应付开支（因为我们还在工作）；我们继续缴费——最好每年14%；我们的投资继续复利免税。这三驾马车应该能使我们的退休账户余额和支出增加一倍以上。

退休费用很高，这就是为什么越来越多的人意识到65岁是一个非常具有误导性的数字。那些充分了解自己选择的人会倾向于工作到70岁，这样不仅可以增加社保福利，还能提高401（k）计划的收益。

如今的65岁与多年前的65岁已经有了很大的差别，人们对退休年龄的认知需要与时俱进。假如人们不了解延长工作时间带来的益处以及401（k）计划带来的更大收益，这可能会对我们造成严重的伤害。个人的痛苦也将成为我们社会和政治的痛苦，特别是如果政治煽动者利用了由此产生的不满情绪。

如果工人们不知道社会保障福利增加76%的事实，这有什么关系吗？对我来说当然有关系！对你来说不重要吗？

资料来源：*Wealthfront*, Autumn, 2014。

29
我们干吗去了

对大多数美国人来说，为退休保障而投资是他们最重要的财务挑战。不幸的是，大多数人尚不知道如何做出人生的关键投资决策。幸运的是，我们这一行有很多训练有素的专家。难道投资专业机构不应该带头指导我们的同胞吗？

我们钦佩那些有政治家风范并展现出勇气的政治家，但不钦佩那些可以被收买的政客。我们会投票反对那些不了解或声称不了解我们核心诉求的人。我们钦佩那些建立了我们可以信赖的组织，以适中的价格生产优质产品的企业领导人（但肯定不是像安然公司的杰弗里·斯基林、安德鲁·法斯托和肯尼思·莱这样的高管）。我们钦佩并喜欢马库斯·韦尔比这样的医生、佩里·梅森这样的律师和沃伦·巴菲特这样的投资者，因为我们知道他们在为我们的利益着想，而我们不必监督他们。

在我们这个复杂的社会中，我们期望专业人员能够时刻保持警惕，并在我们需要时告诉我们需要知道的事情。每种职业的基本要素都是外行对其的信任，而职业之间最明显的区别就是他们履行明确和隐含责任的方式。

随着投资行业的从业者数量在全球范围内稳步增长，其知识体系日益丰富，所需技能也日趋多样化，最明显的是，从业者获得了丰厚的经济回报。然而，在关注自身发展的同时，我们是否也为更广泛的人群做出了贡献？作为真正的专业人士，我们是否在按照自己的价值观行事？不同的观察者有不同的视角，将关注不同的行业问题：有人关注费用和成本过高，有人担心对冲基金的风险，还有人关注投资银行业绩报告的欺骗性和研究结果的不可靠性。这些重要问题自然值得我们关注。

但我关心的方面似乎没有受到足够的重视，因为它的发展过程是缓慢且间接的。你不需要具备行为经济学家的专业知识、弗洛伊德这样的心理学家的洞察力或者报纸编辑的敏锐观察，也能意识到意外事件往往比重要性更能吸引人们的关注。我们往往更容易注意到突发事件，而忽视了那些缓慢、稳定且悄然发展的变化。直到有人或事提醒我们注意，我们才意识到这些变化的深远影响。

如果一位政治家、企业高管或投资经理突然做出以下行为，我们会做出什么反应，或者想做出什么反应？

- 剥夺了雇主为2 000万工人（及其家属）提供的所有退休保障。
- 将另外2 000万工人（及其家属）在65岁后应得的退休金减半。
- 让1 000万未来的退休人员将支持他们退休保障的投资集中在一只股票上——更糟糕的是，这只股票是他们所供职的公司发行的，他们一直在依赖该公司获得工作保障。

"我应不应该关心我兄弟的事？"这句话流传了几个世纪，是历史上表达"不明白"的最蹩脚的方式之一。投资管理行业有责任关注并解决美国人的主要投资问题，而不是忽视它，或对它漠不关心。

在面对明确且令人信服的机会时，投资管理行业是否会采取行动，向国会提出简单的立法建议，以保护数百万无辜的美国工人免受严重伤害？过去的伤害是可以被逆转的，但这需要我们认清造成这些伤害的根源。这正是臭名昭著的"非预期后果法则"和联邦政府内部各自为政的思维方式导致的。这些因素让我们的公民偏离了通往退休保障的道路，使他们走向了退休贫困的不归路。

让我们仔细看看。

半个多世纪以来，美国证券交易委员会一直要求那些提供投资建议的人进行注册，以证明他们的能力，并接受监督——所有这些都是为了保护个人投资者免受不道德或无能的人的伤害。美国证券交易委员会一向对先例持谨慎态度，因此一直不情愿公司向其员工提供投资建议，这种不情愿已经延伸到投资401（k）计划的建议上，甚至包括是否注册的建议。

超过四分之一个世纪以来，美国劳工部一直是《雇员退休收入保障法案》及其著名的"指定受托人"条款的忠实执行者。美国劳工部一直不愿意免除企业退休金计划发起人对投资决策长期后果的责任——除非这些决策是由没有计划发起人参与的个人计划参与者做出的。

这"三驾马车"中的第三个因素同样出于良好的意图。超过25年前，美国国会批准了401（k）固定缴款（DC）计划，作为固定收益（DB）养老金计划的替代方案。最初，大多数401（k）计划只是从贝尔系统和"标准石油"公司的旧补充储蓄计划（加上一些所谓的利润分享计划）转换而来。但是，随着企业财务高管看到了避免固定收益计划的长期负债的好处，以及由于利率的意外变化（股市进程的重大变化）而导致的季度每股收益中断的风险，金融现实不可抗拒的力量促使越来越多的公司从固定收益计划转向固定缴款计划。

当然，这种转换也受到了一些员工的鼓励，他们更愿意在漫长的牛市中自己做出投资决策，也有一些人被借用"自己的"余额来支付房屋首付款、支付大学学费或偿还信用卡债务的机会吸引。401（k）计划似乎提供了一个巨大的双赢机会。由于每个人都能从中获益，从固定收益养老金转向401（k）计划的趋势仍在继续，目前401（k）计划在私营部门的退休计划中占主导地位。企业的固定收益养老金计划正在迅速消失。

事情都有两面性。在拥有401（k）计划的公司里，如果员工问"我是否应该注册"，他们会被告知"这取决于你。据我们的律师说，我们不能给你建议"。作为投资专业人士，我们知道年轻员工不太可能关注三四十年后的退休保障。老年人可能意识到，时间对复利回报至关重要，但年轻人（尤其是那些背负着18%巨额信用卡债务的年轻人）却不这么认为。所以，我们知道很多人会决定不注册——至少现在不会。我们知道"现在不"通常会导致"以后不"，最终可能变成"永远不"。

那些问"我应该如何投资"的员工被告知："你自己决定，我们不能在这方面给你建议。"但作为投资专业人士，我们知道大多数工人对进行长期投资知之甚少，也缺乏自信。数据显示，很多人，尤其是收入水平较低的人，选择了"安全"的货币市场基金——这对储蓄来说没有问题，但不合适长期投资。随着经验的积累，我们现在知道大量的计划参与者做出了一次资产配置决策后就再也没有改变过。因此，许多选择货币市场基金的人，无论他们原本打算如何，最终都停留在"储蓄"状态，永远不会转为"投资"。

正如安然、朗讯科技、宝丽来等公司所显示的那样，固定缴款计划的另一个实质性问题可能会造成严重的伤害。员工通常最了解和最信任的公司就是他们的雇主。而雇主往往喜欢鼓励员工投资于"他们的"公司。结果是，许多401（k）计划都过多地投资于计划发起人的股票，尽管所有投资专家都知道，分散投资是投资中唯一的"免费午餐"。我们知道，如果你的收入依赖于一家公司，那么你的投资就已经非常集中了，再增加一个401（k）投资进一步集中是非常不明智的。

数据显示了固定缴款计划的一些宏观层面的问题，包括参与度不足、储蓄过多而投资不足、缺乏分散化等。情况不容乐观。而且，随着越来越多的计划发起人转向401（k）计划，情况会越来越糟。此外，国会对固定收益计划资金规则的加强和养老金费用的增加，可能会加速更多的公司转向401（k）计划。

从固定收益养老基金转向401（k）计划后，员工失去了什么？有几个非常棒的好处：自动注册、专业的资产配置、针对"活得太久"的风险的保险、赞助公司的保障、专业的投资经理选择，以及保证每月的退休金水平。此外，无论你活多久都能摆脱对"有足够的"资金和"做正确的事"的焦虑。

那么，我们这个职业能够做什么，应该做什么呢？几个月前，我们这个职业有一个很好的机会成为引领者，向国会发出警告，并呼吁立法授权计划发起人敦促员工充分参与退休计划，并投资于合适的投资工具（而不是储蓄）。我们可以敦促所有固定缴款计划发起人采取以下政策：

· 大力鼓励员工参与，除非员工选择退出，否则参与是自动的。

- 敦促未参加者（或许每年一次）重新考虑是否参加。
- 鼓励参与率低的人在每次加薪时自动提高参与率。
- 鼓励参与者投资于生命周期基金。
- 生命周期基金（而非货币市场基金）是"默认"投资方式。
- 鼓励投资于计划发起人股票比例较大（超过10%）的计划参与者分散投资。
- 通过小册子和互联网，所有参与者都能获得通俗易懂、引人入胜的信息，了解退休保障的高昂成本，以及利用时间、复利，不用经常关注或干预就能获得良好投资结果的重要性。

作为一个职业，我们倡导这些变革的时代已经过去了。好消息是，国会已经就所有这些关键问题采取了行动。但是，对我们这个职业来说，问题依然存在：我们干吗去了？为什么几年前我们没有大胆地率先行动？现在国会已经通过了必要的授权法案，我们是否应该带头敦促计划发起人利用他们现在拥有的机会，鼓励员工以新的简便方式参与，从而享受退休保障？

我们错过了一个重大机遇，但另一个机遇已经来临，那就是最大限度地利用授权法案。未来几年还会有更多的机会。这难道不是让我们的专业人士保持警觉，通过积极发声为数百万非专业人士服务的时候吗？以下是我们现在可以做的事情，以加快和扩大利用国会给予我们同胞的机会：

- 敦促我们作为投资顾问或投资经理投资的每家公司采取大胆行动，让所有员工都加入401（k）计划，并确保员工参与最大化。
- 我们的学院和大学也要这样做。

- 督促我们的雇主提供生命周期基金。
- 为率先垂范的计划发起人喝彩。

让我们这些投资专业人士共同努力,帮助数百万工人迎头赶上,为他们提供所需的财务保障。行动很重要。

资料来源:Charles D. Ellis (2007) Where Were We?, *Financial Analysts Journal*, 63:1, 18-20。版权所有 ©CFA 协会,经代表 CFA 协会的泰勒–弗朗西斯出版公司许可转载。

30

艰难的选择：我们的处境

作为一种职业，投资管理似乎是专业知识和经验的重要来源，而这些专业知识和经验是确定迫在眉睫的退休保障问题的全部范围并找出适当解决办法所必需的。留给我们的时间不多了。

人们日益认识到，退休投资是大多数美国人的核心投资问题，也日益认识到这是美国最重要和最危险的挑战之一。

每次关于社会保障和退休政策的讨论或辩论，其核心都是公平和公正问题。在有关公共政策的辩论中，"你的立场决定了你的位置"。我们每个人都有不同的个人经历，因此也就有不同的个人情况和不同的假设、期望，以及对所做承诺、所听到或相信的承诺的理解。我们所处的特定位置有力地决定了我们如何看待这一复杂问题的方方面面，以及我们每个人认为公平的解决方案。

人口统计学家只需对现有人口进行"老龄化"处理，就能知道问题的未来形态和规模。但是，由于我们的个人经历和视角不同，我们对公平的看法也不尽相同——往往差别很大。这就是为什么我们做出选择（在我们做出选择之前，或者更糟糕的是，在我们被剥夺选择权之前）如此艰难，尤其是必须通过一个大型、多中心民主的政治进程做出选择。

作为一个社会和国家，我们需要进行一次"有指导的对话"，以探讨复杂的问题和疑问，并阐明智慧而持久地解决我们不断膨胀的全国退休保障问题的主要组成部分。我们越晚进行客观分析，美国的全国问题就越复杂，越根深蒂固，提出并实施解决方案也就越困难和痛苦。没有皆大欢喜的解决方案，也没有神奇的答案。要想为这一重大问题找到一个好的答案可能为时已晚，但要想找到一个"最不坏"的对策还来得及。

为了鼓励众多需要参与其中的政策制定者进行必要且必然的建设性"对话"，本章为全面解决问题提供了一个明智的途径。任何认为现在很难解决问题的人都必须相信，我们推迟决定的时间越长，我们所有人对问题的解决就越困难和痛苦。

问题所在

绝大多数美国人都陷入了严重的财务困境，而我们中的大多数人却浑然不知。在财务上，我们就像那些为自己因日光浴变得皮肤黝黑而自豪的男孩和女孩一样，却没有意识到四五十年后，他们将成为皮肤科医生检查黑色素瘤和其他皮肤癌的患者——或者就像青少年吸烟者，多年后患肺癌的风险将大大增加。

我们都不希望美国出现大量贫困的老年人，他们的退休基金曾经被认为足够他们安享晚年。他们不能回去工作，因为他们不认识原来公司的人。他们将自己做出投资和消费决定，因此没有人会为他们负责。这些前员工将会孤独无助，在黑暗中呼喊："为什么，哦，为什么没有人告诉我？"

如果我们现在不做出艰难的抉择，养老金专家所说的"可预见的意外"就将成为现实，而且会很糟糕。其他国家（尤其是澳大利亚、智利和新加坡）也面临同样的挑战，并采取了适当的行动。我们可以借鉴这些国家的经验。但我们能做到吗？

我们面临的挑战之一是，在基于个人权利的自由选择与基于社会契约的法规之间找到适当的平衡，这些法规从16岁才能通过笔试和实践考试获得驾驶证，到失业税，再到产品安全。

首先，我们需要确定工作年限和退休年限之间的关键平衡。1935年引入社会保障制度并将退休年龄定为65岁时，合理的"平衡"大约是工作45年，退休15年，比例为3∶1。随着医疗保健的显著进步，我们的预期寿命已经提高到85岁，而我们的平均退休年龄已经下降到63岁。因此，整体比例已经下降到2∶1以下。我们目前的工作年限和储蓄的比率偏低，将导致储蓄不足以为退休和辅助生活年份提供足够的资金。

工作时间更长（沿着时间轴将支点移得更远）是一个显而易见的答案。尽管可以很容易地证明，今天的大多数工人并不从事繁重的体力劳动或危险工作，因此可以很容易地工作到70岁（甚至75岁），但将退休标准改为70岁将会遇到强大的社会和政治阻力，因为这种改变会与工人有"权利"在65岁（或更早）退休的固有观念相冲突。长期以来，65岁退休一直被视为美国社会契约的核心，而认为它是一种"权利"的想法其实是一种误解。

130多年前，德国规定65岁为退休年龄，主要是出于政治和公共关系的考虑。俾斯麦将铁路作为德意志帝国利益的象征——将新鲜农产品运往城市，将煤和铁运往钢铁厂，为了吸引工人离开家庭农场，为"新式"铁路工作，俾斯麦承诺终身雇用他们。最年长的工人被分配从事看管每天只使用几次开关的轻松工作，他们实际上"在开关旁睡着了"，导致事故频发，这有可能使俾斯麦的象征成为笑柄。因此，他付钱让他们不工作，并选择了70岁，后来又降到65岁，因为很少有人能活那么久，而且预估成本也不高。

我们每个人都很难清晰客观地思考长期问题，此外，我们大多数人也很难理性地思考金钱问题。将金钱和时间结合起来，并将政治复杂性融到解决长期财政公平的问题中，将是非常困难的。但是，如果我们不能就如何管理主要变量达成一致意见，也缺乏做出我们面临的艰难抉择的国家意愿，那么对数百万美国人和美国生活方式（我们的社会契约）的影响将会更糟。

州和市政养老金基金仍然几乎完全是固定收益计划，有三个利益相关方，其中只有两方利益谈判：政府和工会。不是天才也能预测结果。市长和州长们希望避免"劳资纠纷"导致的公共服务中断，也不希望增加税收，因为这两种情况都可能让他们在下一次选举中落败。工会领导人深知这一点，因此同意以近期的"劳资和谐"换取长期养老金福利的增加。双方同意通过使用关于未来收益率的高"精算"假设来推迟对这些养老金福利义务的确认，以避免积累明确、现实的福利承诺。其结果是，未来养老金所需的缴款被严重低估。这些义务是无形的或隐藏的，但它们是合同义务。

对于在确定退休计划的条款和条件时面临艰难选择的企业来说，有一个选择很容易：从固定收益计划转向固定缴款的401（k）计划。

美国也有自己制造的"困难"。例如，为了保护无辜者免受不法行为的侵害，美国证券交易委员会一直对提供投资建议的个人和组织进行监管。1974年通过《雇员退休收入保障法案》时，计划发起人被明确要求必须在美国劳工部的管辖下作为受托人行事。结果之一是：律师不清楚美国政府哪个部门（美国劳工部或美国证券交易委员会）的政策先例将适用于计划发起人向员工提供401（k）资产投资建议的情况；因此，律师建议他们的企业客户不要给员工提供任何建议。这种结果几乎总是让缺乏经验的个人在一个非常重要的决策领域"自由选择"，盲目行动或不行动导致的错误非常多，尤其是从长期来看可能产生严重的不良后果。例如，个人投资者所犯的所有众所周知的错误——在市场高点或接近市场高点时买入，在市场低点或接近市场低点时卖出，根据过去的业绩选择或放弃特定的基金（这种做法很少奏效）。此外，许多401（k）计划的参与者在就业之初资产很少，不适合"投资"，因此他们选择了一个安全的储蓄账户，然后，随着时间的推移，他们再也没有改变这个决定。

我们对普通员工说的话（"你现在只能靠自己了"），无论是多么无心，从长期后果来看都是残酷的。没有长期投资经验的普通员工能拥有足够的退休资金吗？这取决于个人——而这是非常不可能的。

停止工作后，你的经济保障将取决于五个因素：

- 你的工作年限。
- 你存了多少钱。
- 你的投资能力。
- 你每年花多少钱。
- 你退休多久了。

第一个因素非常重要。我们大多数人都应该延长工作时间，至少工作到70岁，这样我们就可以为退休储蓄更多的钱。接下来的两个因素决定了你退休后能有多少钱。如果你担心这些决定（就像减肥的决定一样）很难做出并坚持下去，其实你并不孤单。做这些决定很艰难，我们难以日复一日、年复一年地坚持下去。

对许多人来说，秘诀在于认识并接受"显而易见"的事实：你是在为自己储蓄和投资。因此，一切从储蓄开始。以下是你可以在雇主的退休计划中为自己做的事情。如果你的雇主为你的全部或部分退休计划缴款提供配比，你应该充分利用这个机会，确保你的配比达到100%。你的雇主是在为你和你的同事做正确的事情，因此请充分利用这项福利，并认识到雇主的配比缴款实际上是"捡来的"钱，可以免税存入你的账户。更妙的是，你和你雇主的所有缴款都在年复一年地积累和复利增长，并且都是免税的。

最后两个因素决定了你需要多少钱。虽然经常锻炼、健康饮食和不吸烟可以让你延长一年左右的寿命，但你的基因库会让你在寿命上别无选择。目前，所有美国人的平均预期寿命为85岁。拉美裔美国人、非洲裔美国人和穷人预期寿命较短，富人预期寿命更长一些。如果平均寿命为85岁，那么20%的人可能会在82岁之前死亡，另外20%的人可能活到90岁以上。

因为我们中的大多数人无法选择何时死亡，所以我们对退休时间的真正选择取决于我们对全职或兼职工作时间的决定。越来越多的人不仅觉得自己的工作有趣、充实，而且喜欢工作的社交环境，因为那里有我们最好的朋友。

在某种程度上，你可以决定退休后的花销，就像你可以决定工作期间的储蓄一样。厉行节约的例子包括缩小住房面积和重新审视你的开支，看看在哪些方面你可以减少开支，而不会感到真正有损失。（虽然有些人在退休后会花得少一些，但有些人会花得更多。）注意避免很多人犯的错误，即没有预计到医疗保健费用的大幅增长。一般人在生命的最后6个月花费了其一生医疗保健总支出的60%。

要了解复利的巨大威力，最简单的方法就是使用72法则。简单而有效的72法则是这样的：按照 $X\%$ 的复利计算，你的钱需要 Y 年才能加倍，而 X 乘以 Y 永远等于72。那么，让我们举个例子或"试运行"一下，看看它是如何起作用的。如果你的投资收益率为6%，那么你的资金将在12年内加倍（6×12=72）。如果你的投资收益率仅为4%，则需要18年才能加倍（4×18=72）。如果你的投资收益率为8%，你的资金将在9年后加倍（8×9=72），过9年再加倍，过9年再加倍，是原来的8倍！

这就是为什么时间是投资的阿基米德杠杆。25岁时存下的1美元，以6%的利率投资，到37岁时将变成2美元，49岁时变成4美元，61岁时变成8美元，73岁时变成16美元（85岁时变成32美元）。但要获得这16美元或32美元，就得在25岁时存下1美元，并进行合理的长期投资。当然，这需要自律，但如果我们关注的是我们都希望享受的倍增收益，必要的自律就会容易得多。在退休由每个人自己决定的情况下，许多人将继续工作到70多岁。没有这种工作机会的人应该考虑兼职工作。

72法则在处理债务时同样简单有效，一如其在处理投资时。这就是为什么银行希望每个人都"利用"信用卡债务。请再看一次72法则！按照18%的利率计算，债务在短短4年内加倍，过4年又加倍，过4年又加倍；因此，在短短的12年内，100美元的债务就变为800美元。

当你今天花钱，而不是明天有更多的钱花时，你要注意尽可能客观地做出决定。理性行事最简单（或最不难）的方法就是早在"决定的时刻"之前就做出决定，这时你会很冷静，并有心情制定自己认为可以坚持的个人财务政策。

众所周知，储蓄的反面就是借贷。适用于 401（k）计划和其他定义明确的投资计划的法律允许个人计划参与者以"困难"为由从他们积累的储蓄中借款。这些法律听起来富有同情心，其初衷也是如此，但对"困难"的定义过于宽泛，无意中鼓励人们将急需的退休资金转移到非退休支出上，而不是更加努力地自律。

你的退休资金如何投资是很重要的，因为这些钱的投资时间很长——20 年、40 年，甚至 60 年。因此，虽然日复一日、年复一年，市场价格、经济通货膨胀、利润和政治会导致股票和债券市场围绕其长期趋势线波动——有时会剧烈波动，但几个事实在长期内几乎是肯定的。股票市场的表现将优于债券市场，并且波动会更大。货币市场投资的收益（并非总是如此，但通常）会比通货膨胀高出约 1%；优质债券的收益会比通货膨胀高出约 2%；而分散化的股票投资组合的收益会比通货膨胀高出约 5%。

在大多数时候和大多数时期，尤其是在长期内，股票的表现要优于债券。那么，401（k）计划的投资者应该在债券上投入多少资金呢？对长期投资者来说，答案取决于投资者在股市表现最糟糕时的冷静程度。那些市场经验丰富、高度理性、在市场给他人带来巨大痛苦时仍能保持冷静、不采取任何行动的投资者（他们是极少数的幸运儿）将能够着眼于长远，坚持对股票投资的重大承诺，投资期限远远超过 20 年。

常规的资产配置观念（例如，"按年龄配置债券"）忽视了一个重要的现实，并且有严重的误导性。如果人们对自己的整体财务状况（投资和赚取的收入）有一个"全局"的认识，那么他们在不同年龄段投资债券的金额将少于传统的投资金额。许多人拥有自己的住房，虽然回报是非财务性的——拥有并居住在自己家中的愉悦感，但房屋是一种"固定价值"，是整个投资组合的一部分，应得到充分认可。

大多数拥有401（k）计划的人都是在职员工，他们可以也应该将工资中的储蓄视为其总体财务状况中的"债券等价物"。如果储蓄的资本化率为5%，那么每年1万美元的储蓄将具有可观的未来估计价值，这对一个30岁或40岁的人的整体投资组合来说将是巨大的。社会保障福利是总体情况的另一个重要组成部分。

结论

对大多数人来说，清楚地思考金钱问题是一件很难的事。我们大多数人都不是投资专家。我们"知道"钱很重要，但我们不会客观地或经常性地讨论金钱问题，无论是与家人还是与自己。

清晰地思考长期问题也很困难。在大多数情况下，我们大多数人都不会考虑未来几年的事情。我们中有多少人曾经坐下来，为自己未来10年制定过一个可以并希望遵循的储蓄和投资计划？我们中的大多数人都会脸红地承认，我们"还没有准备好回答这个问题"。

但这个问题迫在眉睫。事实上，我们中的大多数人已经面临严重的问题，而这些问题我们还没有意识到。我们需要在储蓄多少、工作多长时间、如何投资以及从储蓄中提取多少作为退休后的开支等方面做出艰难的选择。做出这些重要选择中的每一个都很难，而要全部做出正确的选择就更难了。如果不尽快做出明智的选择，而是一味等待，肯定会使每个选择都变得更加困难。当然，不做决定也会使我们个人和国家的问题变得更加困难——困难得多。

资料来源：Charles D. Ellis (2014) Hard Choices: Where We Are, *Financial Analysts Journal*, 70:2, 6–10。版权所有 ©CFA协会，经代表CFA协会的泰勒–弗朗西斯出版公司许可转载。

31

债券适合长期投资者吗

1970年，我从商学院毕业仅6年，我写的这篇分析文章引发了人们对债券投资的质疑，这种质疑持续了半个世纪。在我看来，对长期投资者，尤其是捐赠基金和养老基金来说，在流动性储备之外投资债券仍然是一个值得怀疑的策略。我希望有一种简单的方法能够明确地显示长期投资者投资债券的成本，以便与投资股票的成本进行对比。众所周知，后者要承受令人不安的短期价格波动。如果投资者清楚地知道长期投资债券的机会成本（也就是他们可能会错过其他更高回报的投资），那么他们可能不会愿意继续在投资组合中配置大量的债券。不太可能！

众所周知，最近的长期债券收益率异常诱人，至少与历史收益率相比是如此，这可能是一个重新考虑长期投资债券的好时机。毕竟，如果债券真是令人满意的投资，为什么不现在捡一些便宜呢？如果它们现在没有吸引力，那将来会有吗？

养老基金和捐赠基金是否应该长期投资债券？这个问题乍一看似乎很奇怪，唯一的答案就是"当然"。当然，大多数大型基金现在都有大量的债券持有量。但是，有什么有说服力的、合乎逻辑的论据可以支持对债券进行持续的长期投资，从而令人满意地解释为什么美国几乎所有养老基金、捐赠基金和大型个人信托基金的托管人都曾经拥有、现在持有并计划用其大部分资产继续投资于长期企业和政府债券？对长期投资者来说，质疑这一策略似乎是恰当的。

大型投资组合中长期、持续投资债券的支持者提出了四个主要主张：

（1）本金的安全有保障，因为到期必须被全额偿还。

（2）当前投资债券的收益率高于普通股票的收益率（而且人们现在需要额外收入）。此外，利息收入的数额和支付时间都有保证。

（3）如果国民经济遭受长期严重衰退，债券将再次证明其价值。

（4）养老基金、信托基金和捐赠基金的受托人受谨慎人规则的约束，有义务投资债券，以实现投资组合的平衡。

让我们从第四个主张开始，按照相反的顺序仔细分析这些命题。在马萨诸塞州，关于受托人职责的谨慎人规则现已得到广泛认可，该规则规定："他应该观察那些谨慎、有判断力和智慧的人如何管理自己的事务，不是为了投机，而是为了资金的永久性配置，同时考虑可能的收入和本金安全。"

遗憾的是，似乎有太多的养老基金和捐赠基金的受托人对债券采取了一种完全适用于处理个人遗产问题的立场，却没有仔细评估遗产规划者与捐赠基金、养老基金和其他长期投资组合（包括许多将继续长期投资的个人财富）管理者在投资问题和责任上的重要区别。

信托资本管理在历史上基于管理自然人财务事务的经验，但自然人的寿命有限。对一个不会永远持续且终止日期不确定的个人信托的投资经理来说，在规划遗产分配和投资组合清算时，要强调为委托人后代保护资本。相比之下，捐赠基金、养老基金、共同基金和保险公司有一个独特且显著的特点：它们将持续非常长的时间，几乎无限期。而且，当前获得收入的人与后来获得资本的人之间没有利益分离。对大多数机构投资组合而言，资金是可互换的。

捐赠基金通常是为长期目标而设立的，如支持一个组织或机构的长远发展。养老基金也有长期义务，为许多工人的退休生活提供福利。即使是大多数个人投资，也是为了满足教育、退休和家庭保障等长期需要。

这些投资者不能被遗产规划的规则约束，因为这些规则没有明确关注如何使资本和收入持续增长，这是任何公司对养老基金投资的期望，也是任何个人对其资本的期望。规则可能随着时间的推移和环境的变化而变得过时或不再适用，因此不能盲目遵循。

让我们来分析一下债券支持者提出的更实质性的主张。关于他们的第三个论点（即经济衰退的风险），我们可以提出一个有力的论据来支持这样一种观点，即如果不发生世界大战等外部灾难，那么这个国家不会遭受严重的经济衰退或长期的经济挫折。研究经济史的学生可以提供大量统计数据，说明我们今天的经济状况与 20 世纪 20 年代有多么不同。个人收入较高且来源广泛，这带来了稳定，而研究、技术和教育带来了增长。从事服务业和白领工作的工人比例较高，这减少了经济的周期性波动，而每个工人对工厂和设备的大量投资支持了经济增长。

与此同时，政治学家将指出，联邦住房管理局（FHA）和美国退伍军人事务部（VA）贷款，联邦存款保险公司（FDIC）存款保险，国际货币基金组织（IMF）储备金，失业补偿金，社会保障，累进税制，联邦、州和地方各级政府的巨额支出，美国证券交易委员会，美国快速支付委员会（FPC），美国联邦通信委员会（FCC）和其他监管机构，以及养老金全额拨款的趋势等重要制度的变化极大地改变了我们的经济结构。他们将特别提到1946年的《就业法案》，该法案规定联邦政府对经济增长、物价稳定和低失业率负有责任。我们的经济与父辈和祖辈的经济大不相同，长期投资策略也应该相应地有所不同。

过去40年最有利的变化，也许是我们的经济现在是政府和商人都参与其中的管理型经济。业务经理已经对过去导致库存和资本支出大幅波动的不确定性有了实质性控制，而这种波动又是过去商业周期的主要根源。联邦政府在有效利用财政和货币政策引导经济远离通货膨胀和衰退方面也学到了很多东西。① 这些经济管理者所掌握的数据比20世纪20年代所能想象的要更丰富、更准确、更及时。计算机的发展和计量经济学模型的出现，使预测、分析和评估变得越来越迅速和可靠。我们正在逐步了解复杂的服务业经济的运作方式，以及有效管理如何避免严重失衡，从而对发展产生有利影响。

这并不是说我们生活在一个没有经济衰退的"新时代"，但我们确实很有可能不会面临长期或严重的经济衰退。因此，长期投资组合的主要部分不应仅仅为了遥远而持续的经济逆境的可能性，而牺牲对我们充满活力的经济进行更主动投资的机会。

这种乐观的展望并不否认可能会出现不可预见的经济、商业或投资逆境，因此，应急储备金可能是必要的。另一方面，几乎没有必要将30%、40%或60%的资金分配给债券，仅仅是为了防范可能发生或可能不会发生的投资收入下降，因为这种下降在时间上高度不

---

① 请注意，在这篇文章发表后的10年里，通货膨胀造成了有史以来最严重的破坏。林登·约翰逊总统一心想掩盖越南战争对财政的影响，无视经济顾问委员会关于提高税收的建议。

确定。

对于大型和长期的投资组合来说，仅占投资组合 5%~10% 的可支出储备就可以提供足够的保护。另一方面，如后面所说，大型债券组合会产生太大的长期机会成本，损失掉投资利润，因此无法证明使用大量债券作为抵御不太可能且不确定的逆境的大规模保险是合理的。

其余支持债券的主张（保证高水平的收入和资本保值）是投资的主要考虑因素，可以通过将债券与公用事业普通股（例如以穆迪公用事业平均指数为代表）的保守投资组合进行比较来检验。在质疑债券投资的长期财务有效性时，我们将使用十年期作为评估债券和股票替代品的基础。这个测试期只是为了分析方便，读者应该记住，十年期实际上是我们所关注的基金长期特性的一个非常短期的代表。

现在来看看债券倡导者的第二种主张，比较一下债券利息的现金收入和公用事业普通股股息的现金收入，表 31–1 中的记录显示，自第二次世界大战以来的每个十年期间，第一年购买并持有十年的公用事业普通股的现金收入总额都超过了在同一时期购买的长期 Aa 级公用事业债券的收入。平均而言，在十年的时间里，穆迪公用事业股息的成本收益率为 6.4%，而债券的最高收益率为 4.6%，这意味着相对于债券收益率，投资股票至少增加了 40% 的收入。

在较长时期内，股票的优势会大幅增加。在纯收益率的基础上，目前股息收益率为 4% 且年增长率为 6% 的股票，在 20 年期间的现金收入相当于收益率为 6.5% 的债券。而在更长的时期内，复利效应的强大作用是不可阻挡的。哪种债券能与目前收益率为 4% 且增长率为 6% 的公用事业投资组合长期竞争？这意味着股息每 12 年将加倍，12 年内产生 8% 的成本收益，在 24 年内产生 16% 的成本收益，在

36年内产生32%的成本收益。如果我们将这个命题延伸到一个世纪的时间跨度，当然这将考验我们真正长期思考的能力，那么在96年内，股息将产生1 024%的成本收益！

表31-1　每1 000美元投资的十年现金收入

时期（年份）	债券利息（美元）	公用事业投资组合的股息（美元）
1945—1954	267	656
1946—1955	258	534
1947—1956	267	646
1948—1957	292	729
1949—1958	276	709
1950—1959	268	696
1951—1960	295	694
1952—1961	305	662
1953—1962	332	653
1954—1963	300	584
1955—1964	313	551
1956—1965	343	581

如果公用事业股息已经产生了现金收入，而且预计在很长一段时间内会比债券产生更多的现金收入，那么债券利息收入不是更容易预测吗？很明显，几年内收到的普通股股息的数额是无法被准确预测的。但是，非常可能的收益增长率可以转化为高度可能的股息支付模式，特别是对普通股投资组合而言。

虽然股息收入的模式不如已知的、现有的债券组合的利息收入模式那么确定，但对一个大规模、持续且因此始终变化的债券投资组合来说，情况恰恰相反。虽然我们确切地知道现在拥有的每只债券将支付多少利息以及在什么时候支付，但任何当前投资组合中的大多数债券将在20年后到期或被赎回，并将被其他未来利率未知的债券取代。

从这一长期角度来看，我们预期债券投资组合的收益并不比保守的公用事业股票投资组合的收益更确定，反而更不确定，因为我们通常不知道债券收益率是更高还是更低，而公用事业股票投资组合的股息收益肯定会更高，只是增长率不确定。

基本结论是，虽然目前债券投资组合的收益率非常确定，但未来债券投资组合的收益率无法被准确预测，其可预测性低于公用事业普通股投资组合的未来成本收益率。证据证实了这一观点。虽然利率在一年内下降了9次，但穆迪公用事业股息在战后时期从未下降过。因此，公用事业投资组合实际上提供了比债券投资组合更高、更可预测的收入水平。

虽然本章基于电力公用事业普通股的投资组合来讨论普通股相对于债券的长期优势，但投资组合经理可以而且应该考虑更广泛的股票。对公司总收益和股息的回顾表明，尽管总股息随着收益的增加而上升，但当收益下降时，股息一般不会下降。因此，自第二次世界大战以来的20年里，股息总额逐年下降的情况只有一次，即在1952年仅下降了2.3%。但在这20年中，股息却增长了近400%，或年均复合增长率为7.2%。从历史记录来看，作为可靠的收入来源，债券不如股票。

关于第一种主张，即"本金保全"，令人奇怪的是，债券投资的倡导者似乎坚信债券的合同性质总是对债券购买者有利。尽管合同可以保护投资者不会获得少于规定的收益，但也禁止投资者获得更多的收益。如果我们考虑到通货膨胀会侵蚀收入和本金的未来购买力，这种情况就可以被视为风险的来源。事实上，如果通货膨胀率长期保持在2%的历史水平上，那么债券购买者只能在到期时收回他所投入的名义美元，这就注定了实际购买力方面的本金损失。

表 31-2 显示了债券投资组合与公用事业投资组合的历史比较。在每个十年中，公用事业普通股的市场价值显著上升。涨幅从 44% 到 155% 不等，平均涨幅为 115%。排除市盈率变化的影响（在战后这段时期，市盈率确实有所上升），仅由收益增长带来的升值幅度在 46% 到 77% 之间。毫不奇怪，与债券相比，公用事业投资组合具有重要的本金优势。这种优势之大令人印象深刻。根据之前对公用事业普通股收益增长 6% 的预期，并假设市盈率不变，本金在一个世纪内将是目前规模的 256 倍——如果我们能够考虑这么长的时间段。

表 31-2 穆迪公用事业投资组合的本金增值

时期（年份）	投资	原始价值	十年增值率（%）
1945—1954	26.29	44.30	68.5
1946—1955	34.05	49.24	44.6
1947—1956	29.53	49.62	68.0
1948—1957	27.34	49.42	44.2
1949—1958	28.37	57.46	100
1950—1959	31.23	66.35	112
1951—1960	32.55	69.82	115
1952—1961	35.48	90.66	155
1953—1962	37.80	91.50	142

这一历史分析的显著结果是，保守的股票投资组合在所有方面都大大优于债券投资组合，而且很可能继续如此：

（1）股票产生的收入更高。

（2）股票可以大幅增加本金。

（3）股票收益的可预测性更高。

（4）与债券相比，股票更能保证本金不受通货膨胀的影响。

证据明显支持保守的股票投资作为首选方式，通过这种方式，保守的长期投资组合可以实现其目标。然而，问题依然存在：为什么大多数养老基金、捐赠基金和其他大型基金仍然将大部分资金用于长期债券投资？

部分原因在于受托人在遗产规划方面的经验，部分原因在于所有投资经理在处理超过 5 年的时间段时所面临的困难（对许多投资者来说，这就是对"无限"的工作定义）。对一个面临大量日常业务需要立即做出决定的投资经理来说，真正的长期投资是一项非常艰巨的挑战。因此，真正的问题可能不是债券在长期内是不是更好的收入和资本价值来源，而是投资经理和他的基金受托人如何转向一个陌生的、不熟悉的时间维度，从而制定出真正相关的长期策略。

如果决定改变持有大量永久性债券投资组合的策略，转向保守的普通股投资组合，那么应该如何实施这一策略变化？至少有两种选择：（1）在条件适宜时，通过一个快速的计划一次性完成转变；（2）通过美元成本平均法，在几年内逐渐从债券过渡到股票。选择部分取决于决策者对他们从债券到股票过渡的能力的信心；部分取决于他们对策略变化的合理性的信心；部分取决于如果近期市场走势与长期趋势和预期相悖，合理的长期策略可能存在出于短期原因而被中断或逆转的风险。

在几乎任何情况下，根据策略制定过程中的政治因素，我们都可以选择一种合理的方法，来实现只在永久防御储备需要时才持有债券的策略的最终结果。长期投资者不应持有多余的长期债券投资。

资料来源：Charles D. Ellis (1970) Bonds for Long Term Investors, *Financial Analysts Journal*, 26: 2, 81–85。版权所有 ©CFA 协会，经代表 CFA 协会的泰勒－弗朗西斯出版公司许可转载。

32

债券应发挥什么作用？

具有远见和长期投资观念的投资者倾向于选择投资股票而非债券，这是因为他们希望通过这种方式获得更高的长期回报，并在退休后有更多的钱可供支配。本章比上一章在写作上晚了44年，但人们对长期投资债券的悲观看法仍在继续。

自金融危机以来，各国中央银行压低利率以刺激经济增长，这为企业提供了低成本筹集资金的机会，导致全球借贷激增。根据国际清算银行最近的一份报告，全球债务总额在2012年突破了一个重要的里程碑，从2007年中的70万亿美元增长到2013年中的超过100万亿美元。与此同时，投资级债券的收益率已经接近历史低点，这意味着这些债券未来10年的投资回报很可能会低于过去30年的平均水平。

"不要与美联储作对！"确实是一个明智的建议，因为美联储自金融危机以来的5年里展现出娴熟、顽强和恰当的决心，专注于重振美国经济。自1952年美国财政部与美联储在二战期间达成压低利率的协议以来，利率已降至60年未见的水平。美联储拥有雄厚的财力和实力，可以自行印制美元，这使其在金融市场上具有极高的影响力。众所周知，美联储的理事会非常有效，能够将这种实力与前瞻性指导结合起来。

随着时间的推移，失业率迟早会降至足够低的水平，通货膨胀风险也会足够高。这种情况一旦发生，美联储委员会就会考虑提高利率，使其达到自然的市场水平。需要注意的是，当利率上升时，债券的价格通常会下跌。因此，当前持有国债的投资者可能会面临低总收益的风险。如果美联储要实现2%的通胀率这一长期目标，那么持有低收益率的美国国债将更加不具有吸引力。

如果你回顾历史，你会发现股票的投资收益率远高于债券——尤其是在两者都经过通货膨胀调整后。杰里米·西格尔分析了历史上各类资产的收益率（覆盖了过去两个世纪！），他发现股票的年实际收益率为6.6%（即排除通货膨胀因素后），而债券的年实际收益率为3%。

以年均6.6%的收益率计算，你的购买力几乎每10年就会加倍。以3%计算，加倍需要24年。为了跑赢通货膨胀并实现长期投资目标，你需要一个以股票为主的投资组合。持有债券主要是为了分散投资——完善你的投资组合，减少股市波动的影响，这样你可以在整个市场周期中保持投资。

在经济学初级课程中，我们了解了钱是可以互换的，因此我们应始终努力着眼于全局：永远不要人为地将"度假"的钱与"吃饭"的钱或"维修房屋"的钱分开，因为钱是可以互换的。作为理性的投资者，我们应该努力使每种资产的边际效用与其他资产的边际效用相等，从而使我们的总效用最大化。关键信息非常明确：任何资产都不是独立的；每种资产都是整体的一部分。

同样的概念也适用于投资。任何投资都不是独立的，每项投资都是个人投资者整体资产的一部分。所以，不要将资产分割开来，也不要让传统观念束缚你的投资决策！相反，对你的投资要有"全局观"。

举例说明，一位40岁的软件工程师在一家成功的中型私营科技公司工作，年薪为16万美元，可能有100万美元的公司股票，20万美元投资401（k）账户，其中20%投资于债券。她最重要的资产是她的人力知识资本，她将其出租给她的雇主，每年获得16万美元的收入，并且由于每年加薪，这个收入会适度上升。如果将该资产资本化，并以5%的年利率计算，她将拥有相当于320万美元的固定收益资产。因此，总体而言，她有近3/4的资金分配给了"固定收益资产"，而不仅仅是401（k）账户投资组合中20%的债券。

如果你能够全面考察你的财务状况，包括来自你的知识资本带来的固定收入，你将更愿意在你的投资组合中放入大部分股票。你的"全面投资组合"的大部分组成部分并不会随着股市的波动而波动，这种认识可以帮助你更容易地容忍股市的短期波动。

另一个关键的考虑因素是投资期限。对大多数投资者来说，他们的投资期限会跨越整个职业生涯和退休期间。他们有足够的时间进行定期投资，因此，一个30岁的投资者将有50年以上的时间进行投资。如果你能够将注意力集中在时间分散的长期利益以及整体投资组合上，你就可以更现实、更冷静地看待你的投资组合。你可能没想到，你的投资期限比你想象的要长得多。而且，在工作的时候，你自然有机会为你的投资组合增加资金，还能平均分摊投资成本。这就好比你是在考虑一个地区的整体气候，而不是每天的天气变化。

考虑到股票和债券的历史收益率以及当前债券市场的状况，长期投资者的投资组合显然应以股票为主。如果你能够从全局出发看待你的整体资产，包括金融资本和人力知识资本，并意识到你现在的投资组合只是你一生的投资组合的一部分,你就更能容忍股票投资的短期波动。那些在债券上进行大量长期投资的人,可能会因未能增加对股票的投资而付出高昂的"机会成本"。

资料来源:*Wealthfront*, Spring, 2014。

33

流动性过高会让你付出代价

　　50年的投资经验，以及对其他投资者的观察，尤其是对那些个人投资者的观察，让我得出一个结论：实际上，对个人投资者来说，保持过多的流动性弊大于利。流动性的好处常常被夸大了，而其代价往往被低估。

　　说到投资管理，人们普遍认为保持流动性是一件好事。但流动性总是有益的吗？答案是否定的。

　　基于特定目的的流动性通常是有益的。例如，持有一定量的现金作为应急资金，以支付因意外而产生的医疗费用或者应付失业期间的各种开销，这样做显然有很多好处。然而，从长期来看，股市总是趋于上涨。因此，从股市中撤出资金就是在与这一强劲的上涨趋势做对赌。就市场时机的选择而言，历史清楚地表明：在何时退出市场、何时进入市场这些问题上，没有哪个投资者能够做到一直正确。

　　为了强化这一观点，让我们看一些极端但很有说服力的例子，看看投资者错过那些价格飙升的关键日期可能会付出多大代价。

　　让我们以1993年12月31日到2013年12月31日这20年为例。

在这期间，股市开放了 5 000 多天。如果投资者在这些日子里一直保持投资，1 万美元的资产就会增值到 58 332 美元。现在，只要剔除市场表现最好的 10 天——不到开放总时间的 1/500，该投资组合的总价值就会降至 29 111 美元，几乎抹掉了这 20 年里一半的收益。如果一个投资者错过了 40 天，即不到 20 年时间的 1%，他将从 9.2% 的年均收益率变成亏损 854 美元（见图 33-1）。因此，保持耐心、坚持长期投资对投资管理来说至关重要。同样的现实也适用于个股，但影响更大。

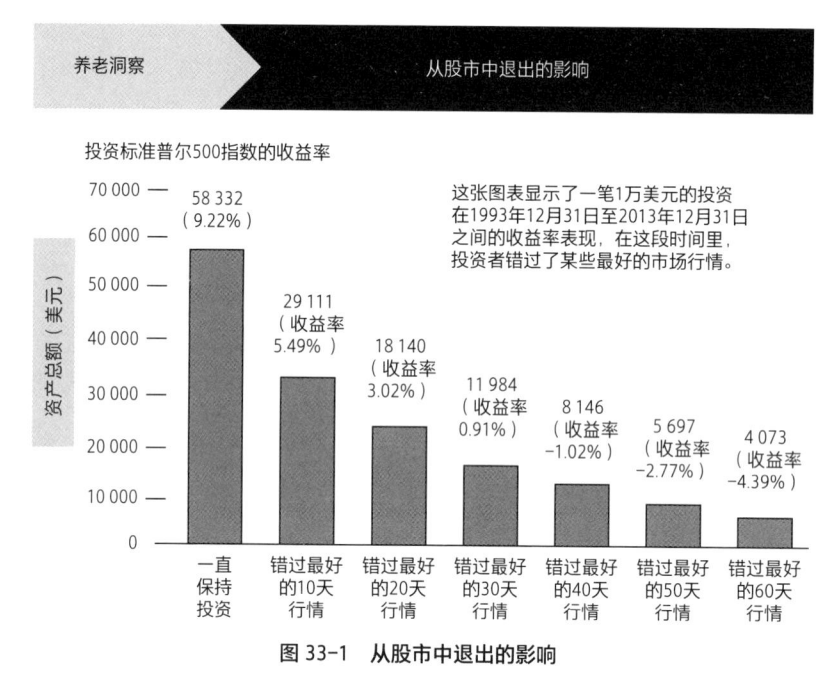

养老洞察 ▶ 从股市中退出的影响

投资标准普尔500指数的收益率

情形	资产总额（美元）	收益率
一直保持投资	58 332	9.22%
错过最好的10天行情	29 111	5.49%
错过最好的20天行情	18 140	3.02%
错过最好的30天行情	11 984	0.91%
错过最好的40天行情	8 146	-1.02%
错过最好的50天行情	5 697	-2.77%
错过最好的60天行情	4 073	-4.39%

这张图表显示了一笔1万美元的投资在1993年12月31日至2013年12月31日之间的收益率表现，在这段时间里，投资者错过了某些最好的市场行情。

图 33-1　从股市中退出的影响

资料来源：此图由摩根大通资产管理公司根据理柏公司的数据绘制。20 年的年化收益率基于标准普尔 500 指数总收益率指数，这是一个不受人为管理的资本加权指数，衡量美国各主要行业 500 只大型上市公司股票的表现。但要注意的是，历史业绩并不代表未来的收益，个人也不能直接投资于指数。以上数据截至 2013 年 12 月 31 日。
此图仅供说明之用，并不代表任何个别投资或组合投资的真实表现。

对大多数个人投资者而言，高流动性意味着在更多的时间里退出市场。历史表明，这可能是一个代价高昂的错误。看待这个问题的另一种方式是"现金拖累"。例如，如果你在货币市场账户里多存入 1 万美元，而该账户的收益率可能要比你从其他长期投资中获得的收益率低 5% 左右。如果你把资金放在货币市场账户里，那么平均来说，你每年将损失 500 美元！

流动性带来的一个更微妙和更严重的问题是所谓的"草率行动"诱惑。也就是说，如果你手头有现金，当一个看似"重要"的东西出现时，你就有可能出于冲动购买它。

沃伦·巴菲特是美国最受欢迎的投资大师，他用一张"决策卡"解释了自律如何大幅改善投资决策的质量。想象一下，给你一张终身有效的决策卡，上面有 20 个打孔位，允许你做出 20 个投资决策。每当做出一个投资决策，你就打一个孔。20 个孔被全部打完后，你的游戏就结束了！你不能再做其他任何投资决策了。所以，你会特别勤奋，非常谨慎和自律地做出每个决定。

资料来源：*Wealthfront*，Summer，2014。

34

给孙辈的一封信：12 条重要的投资准则

我希望我祖父多年前能告诉我的所有重要的投资准则都在这封信里——给我的孙辈。如果他们按照这些准则行事，正如我热切希望的那样，他们肯定会成为成功的长期投资者。这些准则很值得与朋友和家人分享。

我生命中最大的乐趣之一就是看到我的四个年幼的孙子孙女长大成人：学会爬行和走路，学会说话和读故事，学会骑自行车和玩计算机游戏——学会做各种各样的事情。

当然，他们希望把这些事情都做好：这更有趣，也能赢得表扬。对我的孙子孙女们来说，现在学习他们将来需要和想要知道的投资知识还为时过早，他们现在都不到 10 岁。但是，那个时刻肯定会到来，而且成功投资无疑是重要的。

50 多年来，我与近 100 家投资机构密切合作，认识了许多世界上最有成效和最成功的投资经理，他们在耶鲁大学和哈佛大学教授高级投资课程，撰写了十几本书，并在多个不同的投资委员会任职。我已经获得了宝贵而令人难忘的投资教育：理论和概念、专业的"最佳实践"以及投资历史的现实。

在享受了这一宝贵的学习机会后,我当然想和可爱的孙子孙女们分享我对投资的理解。但是,当他们真正对投资感兴趣的时候,比如20年后,我可能已经不在他们身边了。那么我能做什么呢?

我决定给我的孙子孙女们写一封投资信。我知道这封信应该简短,这样阅读起来就不会很费劲。虽然"永恒"听起来有点儿"夸张",但我的信息不应该过时,也不应该过于拘泥于某个特定的时间或时代。它应该适合我的孙子孙女们在任何时候、任何经济体、任何股票和债券市场使用。

由于我的孙子孙女们可能会在他们 20 多岁的时候打开这封信——那时他们还有 60 年甚至 70 年去生活和投资,这封信应该关注真正的长期投资。最后,由于他们不太可能成为专业投资者,我的信应该假设我的孙子孙女们是投资服务的消费者,而不是生产者。

任何读到我这封信的祖父母都会理解我是如何选择这 12 条投资准则的,并且会同意我的选择。这些准则是 50 多年前我开始投资时最希望得到的。如果我早知道(当然,要一直使用)这 12 条准则,我就能避免一些代价高昂的错误。

由于大多数人不喜欢别人给他们提建议,除非他们自己主动要求,所以每个孙子孙女的信都装在一个信封里,信封上写着他或她的名字,还有这样一句话:"只有当你决定从你慈爱的祖父那里得到一些关于投资的想法时,才打开信封。"每个信封里都有我的信。

亲爱的耶德(或摩根、雷或查尔斯):

你决定打开这封信,希望得到一些有用的投资建议。当然,在为你写下这些建议时，这也是我的期望。所以在写这封信时，我的原则是保持简短和简单，以便于你阅读和理解。

你可能知道投资很复杂，所以这可能是一封很长的信。［如果你想了解如何成功投资，可以随时阅读我的《投资的常识》，或者如果你还想了解更多，请阅读《赢得输家的游戏》。］

两个建议：你如果在读完这封信后觉得你还没有那么感兴趣认真考虑储蓄和投资的问题，就把信放回信封里，大约5年后再打开。你如果仍然不感兴趣，请聘请专业投资顾问为你提供有价值的服务，指导你做出决策。

如果你真心想学习投资，那么建议你记录下你的每次投资决策：你对每笔投资的期望，以及之后的结果及其与你原先的期望相比如何。就像你看自己打网球或滑雪的录像一样，这种反馈能帮助你更快速、更深入地学习和提高——如何在投资中做到最好。（这和开车有点儿相似，成功的秘诀往往在于避免犯下重大错误。）

12条投资准则

这里有12条投资准则供你参考。当然，我希望你会发现每一条都很有用。

（1）既然你打算长期投资——至少50年，那么你应该始终以长期为目标进行投资。从长期来看，股票的平均收益率最高。因此，除了适度的"应急"储蓄基金，你的投资应该主要集中在股票上。（在考虑投资债券之前，请认真考虑第11条准则。）

（2）因为没有人知道哪些公司和股票的表现会比预期的"更

好",所以一定要广泛分散投资。一个重要的事实说明了这么做的原因:"更好"的投资实际上是指比专业投资者所期望的更好,这些专业投资者拥有完备的信息,现在主导着股票市场并设定所有价格。(当我在2013年写这篇文章时,专业投资者的交易量占纽约证券交易所所有交易量的90%以上,与50年前的不到10%相比,有了惊人的增长。)正如我的朋友伯顿·马尔基尔所言,"分散投资是投资中唯一的免费午餐"。

(3)在观察股票市场的短期行为时,要忽略每天和每周的价格波动和新闻报道,而应专注于长期平均值或标准值。就像买房子,你会忽略雷雨或热浪——日常天气,但会仔细考虑该地区的整体气候,始终有长远的眼光。

记住,股票价格下跌对长期投资者来说其实是个好消息,因为你可以用同样的钱买到更多的股票。还要记住市场先生(一个色彩斑斓、诡计多端的家伙)总是试图吸引你的注意力,让你兴奋或不安,这样他就可以通过改变股票价格来欺骗你购买或出售。千万不要让他干扰你的工作,保持冷静和理性,专注于长期投资价值。

(4)尽量减少交易,以降低成本和税收。永远不要进行你不打算至少持有10年和希望持有25年的投资。如果以这种方式投资,你不仅可以节省税费和交易成本,还会在行动之前学会做出更好的投资决策。这就是为什么沃伦·巴菲特建议我们所有人将一生的投资决策限制在20个以内,这样我们就会迫使自己在采取行动时做出更仔细、更深思熟虑、更长远的选择。

（5）仔细考虑低成本指数化。低成本指数基金可靠、稳定地提供市场收益率，具有广泛的多样性和极低的周转率（因此成本和税费较低），无论选择何种目标（如成长股、价值股、小盘股、国际股等），其表现都优于绝大多数"主动"投资者。最了解投资的人都认为，低成本指数基金最适合大多数投资者。

（6）小心费用。是的，大多数投资者天真地用一个4个字母的单词（"only"）和一个数字（1%）来描述共同基金的费用，但这个单词和数字都是错误的！1%是什么呢？你的资产！既然你已经拥有这些资产，你就是在为其他东西付费：你资产的回报。

因此，以收益的百分比计算，资产的1%接近收益的15%（假设7%的平均收益率成立）。这15%要比1%多得多，而且没有人会说"只有"15%。但即使是15%，也会产生误导。

正如我们在经济学入门课程中所学的那样，每个价格都应该与每个替代商品或服务的价格进行比较，以揭示每个替代品的增量价格与其增量价值之间的关系。（这就是聪明的购物者在商店的做法，也是精明的食客在研究菜单或酒单时的做法。）当你这样做时，你会很快发现主动管理的增量费用真的很高——平均而言，超过增量收益的100%！

（7）虽然过去并不能保证未来，但了解投资历史无疑是了解如何进行长期投资的最佳途径。以下是一些历史教训：

- 指数基金的长期回报高于大多数主动管理基金，尤其是在扣除费用和税费之后。（在过去的15年里，85%的共同基金在税前未能达到其选定的基准！）

- 指数基金的费用不到主动管理基金费用的1/10。
- 指数基金的税率要低得多。
- 虽然指数基金永远不会有"跑赢市场"的结果，但它们避免了主动管理的弊端：表现不佳。而且，它们确实击败了大多数竞争者。对主动基金经理来说，"前四分位数"的表现是一个不切实际的愿望，但对指数基金经理来说，这是一个现实的期望。
- 与主动基金经理不同，指数基金每天、每月、每年、每十年都能可靠、稳定地实现其投资目标。

因此，建议你好好考虑，使用指数基金作为主要的投资工具。

（8）主动投资管理总是"有趣"的，短期内可能令人兴奋，也可能令人痛苦。但要小心，许多才华横溢、富有想象力、工作勤奋、知识渊博的全职专业人士涌入全球各地的投资机构，他们每时每刻都在与其他人竞争。

因此，这并不奇怪，他们的集体最佳判断（尽管必然是不完美的）已经变得如此出色，以至在千年之交，细心的观察者发现了两个明显的重大变化。从长远来看，在扣除费用和运营成本后，任何一位主动基金经理都很难打败市场。同样令人沮丧的是，几乎不可能提前弄清楚哪些主动基金经理会是打败市场的幸运者。

（9）幸运的是，寻找能够打败市场的投资经理（在20世纪60年代和70年代，当市场和投资如此不同时，这曾经是许多投资者的目标）对你的长期投资成功来说，远不如了解自己重要。

真正重要的是找出（通常最好与专业的投资顾问一起）最适

合你的长期投资计划：你的财务资源、你的支出目标、你的投资期限以及你坚持到底的能力。

永远记住，要想在长期投资中取得成功，你比股市更重要。因此，要花时间在财务上"了解你自己"。一旦你做好了这一点，你做出其他决定就会容易得多，你的决定也会更符合你的真正目标。

（10）大多数没有取得成功的投资者至少犯了三个典型错误中的一个，有时甚至是全部。请确保你不要犯这三个错误。

- 试图打败市场。每年确实有人能够打败市场，但通常只是因为他们很幸运。（虽然大多数赌场赌客都会输钱，但每天都有"幸运的赢家"，这吸引了赌徒。）大多数试图打败市场的投资者都会失败，如果他们诚实地面对自己，他们会希望自己从未尝试过。此外，与追逐难以捉摸的"投资机会"相比，你有很多更好的事情要做。
- 借保证金来战胜市场，然后被套牢。杠杆作用是双向的。所以一定要小心。
- 在股票大幅上涨后买入，尤其是买入涨幅最大的股票，或者在股票大幅下跌后在底部卖出，将暂时的损失转化为永久的损失。

（11）在做出财务决策时，要始终了解全局。例如，你的工资或收入（以你的知识资本换取的可预测的现金支付）类似于拥有债券的利息收入：相当可预测和低风险。从你财务状况的"全局"来看，这意味着什么可能是非常重要的。社会保障是"全局"中另一个重要的部分。当你拥有自己的房屋时，它将成为你整个投资组合的一部分。因此,当股市上涨或下跌时,你不用那么担心。

如果利率为5%,那么你的人力知识资本的等效市场价值就是你工资的20倍——乘以你未来工作的年数并折现为现值。因此,如果你还年轻,每年只储蓄1万美元,那么你整个财务投资组合中的人力知识资本部分就很像拥有200万美元债券的收入。

认识到这种"整个投资组合"的现实,你可能会认为,当你不到50岁时,持有大量的债券(通常被建议用于"投资组合平衡")没有太大意义。

(12)储蓄是投资的基础,而时间也很重要,时间和储蓄相结合产生的复利效应可能会爆发出惊人的力量。明智的投资可以让钱为你赚钱。这里有一个例子。神奇的72法则告诉你,在任何利率下,你的钱需要多少年才能加倍。在8%的年利率下,需要9年才能加倍;在10%的年利率下,需要7.2年才能加倍;在3%的年利率下,需要24年才能加倍——再次加倍也需要相同的时间,以此类推。所以,如果你今天存5美元,并以6%的年利率投资,那么12年后它将变成10美元;24年后将变成20美元;36年后将变成40美元。因此,当你今天存下5美元时,请记住这5美元将来会变成40美元(当然是在扣除通货膨胀因素后)。

科赫上将在他的整个飞行生涯中从未发生过事故。我也经常坐飞机:每年10次海外旅行和几十次国内航班。我的飞行生涯也很完美:在超过60年的飞行经历中没有发生过事故。所以,我们都是安全的飞行员。

但我的飞行很像指数化:非常谨慎、可靠、安全、没有刺激

（真的很沉闷），不需要我掌握什么重要技能，而且成本很低。我唯一需要做的就是决定我要去的地方和时间，预订航班，准时到达机场，办理登机手续，找到正确的登机口，坐在正确的座位上，系好安全带。但是，我需要决定我是去香港还是伦敦。因此，作为一名投资者，在制定和调整投资策略时需要保持积极的态度。

当技术娴熟、训练有素的飞行员和机组人员在主动管理飞机运行的所有工作时，我有更好的事情要做，比如给你写这封信，希望你在决定如何设计和管理你的投资计划以取得长期成功时，会发现这些关于投资的想法对你很有用。

爱你的祖父，查尔斯

附言：我的岳父是美国海军的一名专业飞行员。他曾是安纳波利斯全美运动员，当"约翰·F.肯尼迪号"航空母舰是美国最强大的航母时，他担任航母的指挥官。他是一位二星上将，同时保持着海军空中最危险行动之一的世界纪录：在海上……在夜间……让一架歼击轰炸机降落在一艘航母上！

35

萨莉小姐的阁楼

白日梦或"思想实验",就像阿尔伯特·爱因斯坦描述他非凡的假设推理一样,可以帮助我们从传统的思维和行为习惯中脱离出来,也许还会带来重要的好处。

我祖母的家位于密西西比三角洲地区,那里是亚洛布沙河流入塔拉哈奇河形成亚祖河的地方,也是我父亲在二战期间前往太平洋战区时我们居住的地方。对于一个膝盖结痂、留着平头、光着脚丫、有大把闲暇时间的小男孩来说,祖母家的阁楼里充满了历史和冒险故事。

我祖父在美西战争时穿的全套制服证明了他为什么被人们称为"船长"。角落里的一支狩猎枪与祖母讲述的故事不谋而合:她骑在马背上,用10发子弹射杀了10只鸽子。一篮子陶器碎片和断箭,是她在贝尔佐尼一座坟冢被高速公路建设者推平时连续挖掘了3个24小时的部分收获。几乎可以肯定的是,在禁酒令期间一个炎热的夏日,桃子白兰地酒桶爆裂,慢慢地完全漏到了为来访的复兴传教士保留的大双人床上。

我喜欢那个充满历史痕迹的阁楼,喜欢那位被大家亲切地称为

"萨莉小姐"的女士（除了她的丈夫船长，他只喜欢叫她"萨莉"）。这个故事让人感到既有趣又温馨，希望这篇简短的文字能为你带来愉快的阅读时光。

你真的仔细考虑过并写下了你的长期投资计划的重要部分，并制定了稳健的长期投资策略吗？如果你是计划发起人，你是否有一套完善的投资目标和适当的策略来实现这些目标？如果你是投资经理，你是否真正拥有清晰一致的投资理念或哲学，以及一个明确的投资决策流程？这里有一个简单有趣的方法，可以让你自己找出答案。

假设（部分是为了娱乐，但主要是为了解释）你被召唤到白宫（非常郑重，但通知时间很短），在椭圆形办公室与总统会面。当总统向你倾诉他最关心的问题时，你同意接受他的请求（你感到惊讶，因为你从未预料到会有这样的机会），以一种非常特殊的方式为你的国家服务。

你要执行一项非同寻常的秘密任务。这项特殊的任务有一个特别的要求：你将离家并与世隔绝10年。幸运的是，不会有人身危险，你一定会安全返回。你会继续领工资，你的工作会被保留。总统向你保证，你的家人和朋友会知道你的任务，他们将以你为荣，感激你从事最高形式的爱国服务。10年后你将作为国家英雄归来。

尽管时间紧迫，总统还是安排了一个小时的时间让你与你的亲人见面——他们将在玫瑰园与你见面，在他们到来之前，你还有额外的一个小时。在这段时间里，你需要确保处理好未来10年的所有投资事务。这是可以做到的，因为总统已经安排了一个非常有能力且可靠的专业人士来接手你日常和年度的投资管理职责。

虽然你不能见到他（因为他无法在你去执行任务之前到达白宫），但这个有能力的陌生人显然能够、愿意并决心按照你的指示去做。在你等待你的亲人到来的时候，总统邀请你坐在相邻的内阁室的大桌子旁，为这位有能力的陌生人写出你的具体指示。你深信他会严格按照你的要求行事，不多也不少。

那么，你是否已经准备好了为这位有能力的陌生人提供必要的指示？难道你还在等待总统召唤你去执行秘密任务吗？为什么不现在就开始制订你的计划——就像你准备指导这位专业人士一样，然后亲自执行它呢？

资料来源：Charles D. Ellis (1988) Miss Sally's Attic, *Financial Analysts Journal*, 44:4, 13-16。版权所有 ©CFA 协会，经代表 CFA 协会的泰勒 – 弗朗西斯出版公司许可转载。

36

纪念本杰明·格雷厄姆：一些思考

本杰明·格雷厄姆无疑是严肃投资领域最具原创性和持久影响力的思想家和作家。因此，以本章来结束这一部分似乎完全合适，其中涵盖了他的诸多贡献。本章以沃伦·巴菲特的真知灼见作为结论。

本杰明·格雷厄姆发展了我们这个职业的理念，就像罗伯特·皮尔爵士创造了一个有效的伦敦警察的理念一样。因为罗伯特爵士对他们使命和资格的概念化，伦敦警察至今仍被尊称为"Bobbies"（警察）。我们这些以金融分析为职业的人正在实践本杰明·格雷厄姆的理念，实现他的愿景，我们至少希望成为这一使命的传承者。

我与本杰明的相识非常短暂：在他70多岁的时候，他参加了我为帝杰证券主持的一系列研讨会，研讨会邀请了当时的主要投资经理，以20~25人为一组。大家一致认为，本杰明是小组中消息最灵通、最有求知欲、最乐于接受各种观点和不同意见的人。当然，他的优雅、机智和谦逊让我们所有人都为之倾倒。

有时，偶然的不完美反而更能突出一个人的优秀。对我来说，无法解决一个微不足道的误解仍然是一种特别的乐趣。本杰明非常喜欢雅各布·布罗诺夫斯基的电视纪录片《人类的攀升》，他看了每一集，并阅读了该节目的脚本图书。

本杰明对布罗诺夫斯基的研究和想法赞不绝口：它们对本杰明的工作有很大的影响，是他工作的两个主要方面。但更让本杰明着迷的是布罗诺夫斯基非凡的能力，在本杰明看来，他"能把每个场景中的每个词、每句话都说得精确无误——和书中的一模一样"！本杰明从未想过，这本书是在电视节目之后出版的，它准确地还原了布罗诺夫斯基的剧本。我曾两次试图帮助他解决这个"本末倒置"的问题，但都无济于事。后来我意识到，他喜欢这样的理解方式，不愿意改变自己的看法，更愿意和我认真地讨论投资理念。

以下是从本杰明在30多年里为《金融分析师期刊》写的十几篇文章中摘录的一些片段。

专业化运动

本杰明是特许金融分析师的早期倡导者，也是特许金融分析师协会大规模考试和教育计划的倡导者。1945年，他在《金融分析师期刊》上发表了一篇文章，提出了一个反问："证券分析师是否也应该有一个专业评级？"他为这种专业性所做的努力可见一斑。对一个思维如此敏捷的人来说，要找出核心论点并不难。

首先，"问题的关键在于，证券分析作为一种职业是否具有足够的专业性，以至有理由要求其从业人员向公众提供其工作的证据"。

其次，"每个人都有权利从事他们选择的行业，但社会有权设定标准来确保这些行业从业者的专业性和能力"。

再次,"证券分析师会欢迎一种准专业性质的评级,并将努力把这一评级发展成为公认的良好品格和稳健能力的保证,这一点似乎不容置疑"。

与本杰明优雅的思维方式相得益彰的是他朴素的言谈举止和穿着打扮。他穿着经久耐穿的深色西装,把自己的工作描述为"股票市场操作"。同样,他对公认的专业人士的称呼也是"合格的证券分析师"。

在1946年一篇名为《思考者》的文章中,本杰明告诫他的同行,专业分析师只有在股票的价格因分析师所指出的原因而上涨时,建议购买该股票才是正确的。你应该有正确的理由——你在提出建议时确定的理由:

> 以明年收益会更高为主要理由来推荐购买某只股票是华尔街最常见的做法。这种推荐的优点是可以接受相对简单的验证。如果(a)收益增加和(b)股价在未来12个月内至少上涨10%,这样的建议就是正确的。
>
> 反对这种建议方式的理由很实际。如果认为市场没有意识到明年的收益前景会有所改善,那就太天真了。如果市场已经考虑到这个有利的因素,这个因素的优势就可能会大打折扣,基于这种简单方法的建议的成功率也不会很高。

从这段简短的摘录中,我们可以看出本杰明对市场上其他投资者的尊重。后来,当更多聪明人进入市场后,他开始怀疑任何大型机构投资者能否超越市场和竞争对手。

系统的知识

本杰明一生都热衷于学习知识，这种开放的心态和求知欲是我们常说的"童心"。近 80 岁时，他还在努力研究新的理论，并依据实际的市场结果进行测试。

1946 年，当宣布成立新的企业信息披露委员会时，本杰明强调了行业需要更加系统性的知识：

> 回想一下，华尔街在分析具有明确特征的证券的历史行为方面所能借鉴的系统性知识少得可怜。我们确实有图表显示了股票组合和个股的长期价格走势。但除了按业务类型分类，没有真正的分类。（一个例外是《巴伦周刊》的低价位股票指数。）
>
> 过去的分析师传给现在和未来分析师的知识和技巧在哪里呢？当我们将金融史与医学史进行对比时，我们所积累的知识和经验非常不足，这令人羞愧。
>
> 当然，反驳中有解释也有答案。证券分析是一门新兴学科，要给它（以及《金融分析师期刊》）时间来发展壮大。另一方面，我们中的许多人（也许是无意识的，而不是有意识的）认为，证券模式的行为没有足够的持久性，因此没有必要费力地积累历史案例。如果医生和研究员持续研究癌症，他们最终可能理解并控制它，因为癌症的本质在其被研究的多年间并未改变。然而，支撑证券价值和特定类型证券价格行为的各种因素会随着时间的推移而改变。当我们完成了烦琐的归纳研究过程时，当我们通过一系列市场周期对我们的初步结论进行反复检验和核对时，新的经济因素可能会出现，因此我们辛苦得来的技术在使用之前就已经

过时了。

这就是我们的想法，但我们如何知道它是否如此，或者在多大程度上如此？我们没有足够的先例或经过验证的方法来评估我们正在使用的经验的有效性。在未来的几年里，我们分析师必须向其他老牌学科学习。我们必须学习其积累和审查事实的方法，并从这种学习出发，发展出适合我们自己工作领域特点的研究方法。

很少有人努力对我们在各种类型的证券或证券走势下的经验进行系统的归纳研究。我们在形成判断时所依靠的方法，在很大程度上是凭经验、模糊印象甚至是偏见，而不是许多记录在案并经过仔细研究的案例的结果。

内在价值

本杰明在投资中明确地认同"内在价值"，而不是"成长股"。他之所以偏爱"内在价值"，是因为当分析侧重于当前的资产和负债而不是依赖于对未来的估计时，他就会对自己的工作充满信心。当然，本杰明对罗斯柴尔德男爵一生的学习总结"买资产，卖收益"非常认同。

以下是本杰明 1957 年的一篇文章中的逻辑：

> 在普通股估价的各种基本方法中，最广为接受的是估算未来几年的平均收益和股息，并以适当的比率将这些要素资本化。这种说法在形式上相当明确，但其应用允许使用最广泛的技术和假

设，包括简单的猜测。分析师首先对他将考虑的未来时期有广泛的选择；然后必须估算该时期的收益和股息；最后根据他的判断或偏见选择一个资本化率。我们在这里可以观察到，由于没有先验规则来规定估值者应该考虑的未来年数，因此，在牛市中，投资者和分析师几乎不可避免地会展望未来，而在其他时候，他们可能不会那么倾向于"倾听远方隆隆的鼓声"。因此，成长股的市场估值出现了高度的内在不稳定性，以至人们可以公正地断言，公司越有活力，其股票的市场历史就越具有内在的投机性和波动性。（关于这一点，有哲学倾向的人可以参考戴维·杜兰德发表在1957年9月《金融分析师期刊》上的文章《成长股与圣彼得堡悖论》。他的结论是"成长股问题得到满意的解决方案希望不大"。）

当涉及估算未来收益时，很少有分析师愿意像哥伦布一样，在完全未知的海域中冒险前行。他们更愿意从已知的数量（如当前或过去的收益）入手，以某种方式对其进行处理，从而得出对未来的估计。因此，在证券分析中，历史信息总是被抛出理论的窗口，又从实践的后门进入。如果我们辛辛苦苦搜集和细致分析的所有关于过去运营的详尽数据最终被证明与价值的真正决定因素（未来的收益和股息）毫无关系，那对我们的行业来说将是一个可悲的笑话。

在同一篇文章的后面，本杰明写道：

当然，市场完全有理由对未来做出独立的判断，因此，任何因市场的判断与估值公式不同而自动否定市场判断的做法都是愚

蠢至极的。然而，我们也要看到，股票市场上的独立评估本身远非无懈可击，它们的快速变化在一定程度上说明了这一点。事实上，总的来说，它们对未来走势的指导作用未必比我们对历史数据进行机械处理得出的"价值"更可靠，尽管后者存在种种明显的缺陷。

股市心理学

1958年，本杰明担任加州大学洛杉矶分校金融学客座教授，他发表了关于普通股投机的长篇演讲：

> 让我先总结一下我的论点。在过去，普通股的投机因素几乎完全存在于公司本身，它们是由行业或公司内在的不确定性、波动因素或明显的弱点造成的。当然，这些投机因素仍然存在，但可以说，由于我将提到的一些长期发展，它们已明显变少。但是，对应的是，普通股市场又出现了一种新的、主要的投机因素，它来自公司外部，来自股票购买者及其咨询顾问（主要是证券分析师）的态度和观点。这种态度可以用一句话来形容：主要强调对未来的预期。

本杰明用一段个人经历丰富他的论述，听众听得津津有味：

> 1912年，我离开大学一个学期，负责美国运通公司的一个研究项目。我们着手研究一个革命性的新快递费计算系统对收入

的影响。为此，我们使用了向当时的计算制表记录公司租赁的所谓霍列瑞斯机器，包括卡片打孔机、卡片分类机和制表机——这些工具当时几乎不为商人所知，主要应用于人口普查局。我于1914年进入华尔街，第二年，计算制表记录公司的债券和普通股在纽约证券交易所上市。我对这家企业有一种感情上的兴趣，此外，我认为自己是其产品的技术专家，我是少数几个看过并使用过其产品的金融界人士之一。因此，1916年初，我去找我公司的负责人，也就是A.N.先生，我向他指出：计算制表记录公司股票在19世纪40年代中期开始销售，1915年的每股收益为6.50美元，它的账面价值（可以肯定的是，包括一些未分离的无形资产）是130美元，它已经开始派发3美元的股息，我对该公司的产品和前景相当看好。A.N.先生怜悯地看着我。"本杰明，"他说，"别再跟我提那家公司了，我是打死也不会碰它的。（他最喜欢的说法。）其6%的债券在80年代的低点被售出，根本不值钱。那么股票又怎么会好呢？每个人都知道，它太水了。"（在那个年代，这是最严厉的谴责。这意味着资产负债表上的资产是虚构的。许多工业公司——尤其是美国钢铁公司——尽管面值为100美元，但实际上只是一个"空壳"。由于它们除盈利能力和未来前景外"一无所有"，任何精明的投资者都不会考虑它们。）

我回到我的统计员小隔间，俨然一个自责的年轻人。A.N.先生不仅经验丰富，事业有成，而且非常精明。他对计算制表记录公司的严厉谴责给我留下了深刻印象，以至我一辈子都没有买它的股票，甚至在1926年它更名为IBM之后也没有买过。

之后，是另一次亲身经历：

我早年在华尔街工作时，最喜欢的一只神秘股票是纽约联合燃气公司，现在叫联合爱迪生公司。它是利润丰厚的爱迪生联合电气公司的子公司，但它只报告了从该公司获得的股息，而不是收益。爱迪生联合电气公司未公布的盈利情况提供了神秘感和"隐藏价值"。令我惊讶的是，我发现这些秘密数字实际上每年都保存在该州公用事业委员会的档案中。查阅记录并在杂志上发表一篇文章，展示该公司的真实收益是件轻而易举的事。（顺便说一句，利润的增加是惊人的。）我的一位年长的朋友当时对我说："本杰明，你可能认为自己是个了不起的人，能找到那些缺失的数据，但是华尔街不会因此而感激你。带有神秘色彩的联合燃气公司比不再神秘的联合燃气公司更有趣、更有价值。你们这些年轻人总是好奇地探究一切，你们会毁了华尔街。"

本杰明总是从经验中吸取教训，他总结了这一教训：

老一辈的普通股投资者对资本收益不感兴趣，这似乎是不争的事实。他们几乎完全出于安全和收入的目的购买股票，而让投机者去关注价格的升值。今天，我们可能会说，投资者越有经验、越精明，对股息回报的关注就越少，他们的兴趣就越集中在长期增值上。然而，有人可能会反过来说，正因为过去的投资者不注重未来的资本增值，所以他们实际上是在向自己保证，至少在工业股票领域，他们将会获得资本增值。相反，今天的投资者如此关注对未来的预测，以至他们已经提前为未来支付了高昂的代价。

因此，他们花了那么多心血和精力所预测的事情可能真的发生了，但仍然没有给他们带来任何利润。如果未能达到预期的程度，他们可能会面临严重的暂时甚至永久损失。

市盈率未必正确

在观察市场如何改变和逆转明显的确定性时，本杰明温和地告诫道：

> 这让我对分析师普遍认为的杰出和有前途的公司现在总是以高市盈率出售的观点的完全可靠性产生了一点小小的怀疑；这是投资者生活中的一个基本事实，不妨接受并爱上它。在这个问题上我一点儿也不想独断专行。我所能说的是，这件事在我心中还没有定论，你们每个人都必须自己设法解决它。

他的结论引用了他钟爱的经典作品：

> 当法厄同坚持要驾驶太阳的战车时，他经验丰富的父亲给了这个新手一些建议，但后者没有听从——结果是他受到了惩罚。奥维德用三个拉丁语单词总结了福玻斯·阿波罗的建议：
> "中庸保身。"（Medius tutissimus ibis.）
> 我认为这一原则适用于投资者和他们的证券分析师。

判断力与高效市场

尽管对大型机构能否经常击败市场持怀疑态度,但他相信分析师可能是"对的",市场可能是"错的":

有效市场假说的极端形式有两个声明。(1)几乎每只股票在任何时候的价格都反映了有关公司事务的一切可知信息,因此,通过寻找和利用更多信息,包括"内部人士"掌握的信息,不可能获得持续的利润。(2)市场对每个问题都有完整或至少充分的信息,因此它所记录的价格是"正确的"、"合理的"或"适当的"。这就意味着,证券分析师寻找价格与价值之间的差异是没有结果的,或者至少是没有足够回报的。

我对第一个声明没有特别的异议,尽管我确信,有时研究人员可能会发现有关一只股票的重要信息,而这些信息并不为普通人所知,也没有反映在价格上。但我坚决否认,因为市场拥有建立正确价格所需的所有信息,所以它实际上的价格是正确的。以雅芳这样的优秀企业为例。说1973年每股140美元的价格和1974年每股32美元的价格都是"正确"的,这有什么意义呢?这家企业的价值减少77%或近60亿美元,除了股市心理的变化,就没有其他任何事情发生吗?市场可能已经拥有了关于雅芳所需的所有信息,但它缺乏对其知识进行评估的正确判断。

我可以向读者保证,在今天纽约证券交易所低于7倍市盈率出售的500多只股票中,有很多股票的价格在任何意义上都不是"正确"的。它们的价值显然高于目前的售价,任何明智的证券分析师都应该能够从这个"篮子"中构建出一个有吸引力的投资组合。

作为20世纪30年代基本面分析的先驱，本杰明认为投资者的世界已经发生了变化，并在1976年这样说：

> 我不再主张用复杂的证券分析技术来寻找更好的价值机会。比如，在40年前，当我们的教科书《价值的魔法》首次出版时，这样做是一项有益的活动。但自那时起，情况已经发生了很大变化。在过去，任何受过良好训练的证券分析师都可以通过详细研究选择被低估的股票。但鉴于现在这些研究已经很普遍，我怀疑，在大多数情况下，这种努力是否能产生足够优越的选择来覆盖其成本。在这种非常有限的程度上，我站在被教授们普遍接受的"有效市场"学派的一边。

同年晚些时候，沃伦·巴菲特在《金融分析师期刊》上撰文向本杰明致敬：

> 本杰明在其专业领域占据主导地位的一个显著特点是，他在取得这一成就时，并没有把所有精力集中在一个单一的目标上进行狭隘的思考。相反，本杰明具有广袤的智慧，这种广度使得他能够从多个角度思考问题，并产生出人意料的见解。他几乎能回忆起所有的事情，对新知识有着永无止境的兴趣，他能够将知识重新组织并应用于不同领域，这使得与他接触或交流成为一种享受。本杰明在思想、时间和精神上十分慷慨，他愿意分享自己的想法，不计较得失，以开放的心态与他人交流。如果需要清晰的

思考，本杰明就是最佳选择。如果需要鼓励或建议，本杰明就在那里。

对那些曾经享受过他短暂陪伴的人来说，他依然在那里。

资料来源：Charles D. Ellis (1982) Ben Graham: Ideas as Mementos, *Financial Analysts Journal*, 38:4, 41–48。版权所有©CFA协会，经代表CFA协会的泰勒-弗朗西斯出版公司许可转载。

37
企业减税

本章在我心中有特殊的位置。这是我发表的第一篇关于投资的文章（也是我在《金融分析师期刊》上发表的第一篇文章）。尽管调低税率得到了高成长公司的关注，但缴税时间表提前却导致税收支出增加，这一点很少有人认识到。本章分析了肯尼迪总统的减税政策，其中的具体细节大多数读者已不再感兴趣，因此不再全文引用。不过，核心观点还是很重要的：虽然降低税率受到了广泛关注并刺激了经济，但税收征收进度加快了，因此政府的税收收入实际上增加了。对我个人而言，从哈佛商学院毕业仅一年，我就在专业领域最重要的期刊上发表了文章，这是一件令人兴奋的事情。这是多年来我发表的众多文章中的第一篇。

人们普遍认为，企业所得税税率的降低将对个人所得税率的降低有重要的刺激作用。肯尼迪总统在准备签署《1964年税收法案》使之成为法律时，对全美电视观众说："对大型企业征收的所得税税率将从52%降至48%。企业现在可以将更多的利润支付给股东。它们可以增加投资，这反过来将使整个国家受益……它们将把这笔钱中的大部分用于购买新机器、建造新建筑和购买各种商品，最重要的是，用于创造新的就业机会。"与这种乐观情绪相反，本章表明，对公司所得税税率的修改并不会像总统和许多投资者预期的那样简单和有益。

一些人受益很少

由于一些观察人士预计公司减税将使企业普遍受益，因此不妨先指出一些不会完全受益的行业。首先，任何目前缴纳低税率的公司，其税后净收入的增长率都不会像现在全额缴纳52%税率的公司那样高。例如，许多铁路公司在处理过时或破旧的资本设备（在20世纪30年代还没有折旧的概念）时都会出现账面亏损，其实际所得税率通常在30%至35%之间。如果在两年内它们的税率降低4个百分点，税后净收入只会增加6%，而不是"标准"的8%。

许多自然资源公司也不按全额税率纳税。像美国阿美拉达赫斯这样的综合石油公司，在扣除损耗、外国税和州税之后，几乎不需要缴纳联邦税。另一方面，像俄亥俄标准石油公司这样的石油精炼和销售公司通常需要缴纳较高的税率，并因此受益。

拥有大量海外收益的美国公司将无法像类似的全资国内公司一样享受新税率带来的好处。由于对海外收益支付的外国税只能用于抵扣从国外获得的总收入的那一部分所对应的美国税，那些向外国政府支付高于美国国税局适用税率的国际公司将无法从美国税率的降低中受益。由于减税仅针对美国的税收，因此，与国内竞争对手相比，一家"国际"公司的受益相对较小。

其他人将受益更多

然而，也有一些公司的受益将超过平均水平。那些现在缴纳州所得税或提交综合纳税申报表的公司，其税后净收入的增长百分比将高于平均水平。例如，取消2%的附加税将使斯坦利－华纳公司的每股收益增长4%。而一家目前在明尼苏达州支付5%所得税并缴纳全额联邦所得税的公司，其税后净收入可能会从1963年税前收入的43%增长到1965年的47%。或者两年内报告的收益会增长9%（相比之下，仅受全额联邦所得税影响的公司报告的收益增长率仅为8%）。

减税在公用事业行业的应用将非常有趣，该行业的投资收益率受到一定限制，通常为基准利率的6%~8%。目前盈利已达最高水平的公用事业公司将因减税而出现盈利"盈余"，监管机构可能会强制降低其费率，将盈利降至可接受的水平。至少有一家公用事业公司的管理层已经宣布，将通过自愿修改目前的税率结构，把减税的好处转移给客户。因此，减税最初似乎会使利润最高的公用事业公司的客户受益。此外，公用事业公司的股东现在的收入低于允许的投资收益率，因为后者更倾向于维持目前的税率表，并利用减税来增加净收入。

提前缴纳税款的影响

对金融分析师来说，公司减税方案中一个相对不为人知的特征具有更重要的分析价值。为了减轻公司减税对联邦预算的影响，新法律要求年纳税额超过10万美元的公司提前其目前的纳税时间表。近年来，公司分四期缴税，分别在收入所得年度的9月15日、12月15日缴纳，并在次年的3月15日和6月15日进行"清理"付款。然而，新法律要求在 7 年的时间内逐步提前付款。到 1971 年，每季度的缴税日期将调整为收入获得和产生纳税义务的当年 4 月 15 日、6 月 15 日、9 月 15 日和 12 月 15 日。

提前缴税的净效果是将实际税率降至 50% 推迟到 1969 年，并将 48% 的税率水平推迟到 1971 年。对一家复合增长率为 20% 的公司来说，提前缴税将导致现金税率实际上比目前的税率高很多！

因此，虽然降低税率会使账面的利润增加，但由于提前缴税，现金流可能无法增加，股息也可能不会按预期的比例增加。这给投资者敲响了警钟：如果公司未来没有更高的股息和留存收益来支撑股价，那么将当前较高的市盈率应用于账面利润较高的股票可能并不合理，特别是对那些通过推迟当期税务责任来享受较低有效税率并增加收益的成长型公司来说，投资者在评估其投资价值时更需谨慎。

资料来源：Charles D. Ellis (1964) Implications for Financial Analysis: The Corporate Tax Cut, *Financial Analysts Journal*, 20:3, 53–55. 版权所有 ©CFA 协会，经代表 CFA 协会的泰勒－弗朗西斯出版公司许可转载。

38

回购股票以重振股本

大型上市公司如今大量回购股票,但当这篇文章于1965年发表在《哈佛商业评论》上时,大多数公司从未考虑过这个想法。(当然,我非常高兴编辑决定发表这样一篇非正统的文章。当艾伦·杨教授提议我们在这个领域共同努力出一本书时,我更是喜出望外,罗纳德出版社同意出版这本书,这为我打开了写书的大门。)

真正的赢家是高盛及其交易部门。他们购买了几百本我的《股票回购》(*Share Repurchase*)一书,并将这本书寄给客户公司的财务主管,以此作为对股票回购概念真实性的验证,并表示愿意提供交易帮助。在每股佣金为40美分的日子里,高盛在股票回购方面做得风生水起,参与了数百万股回购交易。

越来越多的主要工业公司的年度报告中呈现出一种重要的新发展趋势:优先股正在被淘汰,债务资本的使用越来越少,随着留存收益和现金流的迅速增加,优先资本被股权资本取代。结果,股权资本空前充裕。这是一种慷慨的祝福,还是一种变相的诅咒?这完全取决于你的观点。

虽然良好的财务状况允许管理层在没有财务约束和限制的情况

下做它想做的任何事情，但充足的流动资产和/或有限的债务使用通常意味着不必要地过度依赖股东权益。证据可能是看得见的，如大量非经营性资产，也可能是看不见的，如未使用的债务能力和多余的营运资本。但无论哪种情况，其结果都是对投资者资本潜在实力和活力的无谓浪费。这种浪费给所有者及其代表（董事会）带来了新的重大问题。

除非扭转日益依赖股本的趋势，否则刚刚描述的问题将会变得更加严重。目前的形势要求采取新的方法和行动；未来的趋势要求我们认真反思所有企业资金问题中最基本的问题，即企业的资本化问题。

在本文中，我将假定资本战略的主要目标，特别是确定资本的规模和组合，是为了实现所有者长期利益的最大化，具体衡量标准是财富（股票市值）和收入（每股股息）。我将论证，为实现这一目标，财务规划者应慎重考虑一种灵活有效但经常被忽视的策略：回购普通股。

需要更大胆的角色

如果一家公司不必要地依赖于权益资本，它可以通过我所说的"反向稀释"的方式大幅提高股东的利益，或者通过用有限的债务和优先股替换不必要的普通股来集中。这可以用简单的算术来说明。这里假设一家公司收益为2 000万美元，将股本基数从1 000万股缩减到900万股。其影响如下（见表38-1）（假设所得税税率为50%，市值为收益的15倍，购买成本3 000万美元的债务利息率为5%）。

表 38-1　回购的益处

	回购前	回购后
经营利润（美元）	40 000 000	40 000 000
债务利息（美元）	0	750 000

续表

	回购前	回购后
税前收益（美元）	40 000 000	39 250 000
净利润增长（美元）	20 000 000	19 625 000
已发行普通股（美元）	10 000 000	9 000 000
每股收益（美元）	2.00	2.18
股息（收益的60%）（美元）	1.20	1.31
100股的市场价值（美元）	3 000	3 270

在适用的情况下，这个算法给拥有过剩权益资本的公司提出了一个最重要但很少明确说明的挑战：董事会是否能证明一项资本策略是合理的，该策略倾向于使管理层不受财务纪律的严格约束，并迫使股东将不必要的权益资本留在企业中。

现行策略还面临一个挑战：冗余股权的问题不仅限于股东和代表股东的董事，还延伸到公司的管理层，如果减少股本，增加债务，形成反向稀释，则净资产和收入总额将减少。对迅速成长的公司来说，通过增加优先资本的使用比例，可以在几年内实现反向稀释。但在大多数情况下，仅仅依靠增加优先资本的使用并不能完全实现反向稀释，还需要实际减少权益资本。后者只能通过回购普通股来实现。

现行做法

虽然目前还没有一家大公司完全接受本章提出的股票回购的广泛作用，但这一做法也没有被完全忽视。越来越多的公司正在采用回购技术。[1] 不过，回购通常只被视为一种避免股权稀释的防御手段。有各种

---

[1] Leo A. Guthart, "More Companies Are Buying Back Their Stock" (Thinking Ahead), *HBR*, March–April 1965, p. 40.

理由可以证明回购股票的支出是合理的。例如，有人认为回购可以：

- 在管理层授予和行使股票期权时，避免稀释每股收益。
- 为员工股票购买计划提供股份。
- 为员工的普通股奖金获取股份。
- 为股票分红提供股份。
- 避免在将可转换证券转换为普通股时摊薄每股收益。
- 当股票在市场上被折价出售时，增加投资公司的每股资产价值。
- 消除小额零散持股，降低服务成本。
- 通过交换股份，补偿因合并而产生的每股收益的稀释。
- 提供收购其他公司的手段。（具有讽刺意味的是，许多公司都以只用现金进行收购的策略为荣，"以避免股权稀释"。然而，由于现金交易中的联邦资本利得税，卖方在交换股票时比支付现金更有利，而且在可以避免这些税收的情况下，卖方通常会接受相应较低的收购估值。例如，假定现金交易的资本利得税为25%，并且假设股票替代方案是免税的，那么100美元的股票可能对卖家来说相当于133美元的现金。因此，如果以此为目的为之前在公开市场上购买的股票付款，只需支付现金交易所需资金的3/4，那么收购公司股东权益的"稀释"程度就会低很多。）

出于上述原因而实施的回购计划有时会产生相当大的交易量。例如，通用汽车公司1964年的回购量达到1 136 457股，占该股票在纽约证券交易所交易量的10.5%。不过，通常情况下，这种回购不会导致流通股数量的重大变化，因为公司通常会在回购后重新发行这些股票。《巴伦周刊》在最近的一项研究中发现，在各大股票交易所上市的数千家公司中，只有 100 家公司的股票持有量超过了名义上的持股量。即使在这 100 家公司中，大多数公司持有的股票也不到总股票的 3%，而且只是为了员工股票期权和其他类似计划。[①] 虽然回购股票被广泛接受用于股票期权和其他次要用途，但显然不经常用于股本基数的重大改变。

在本章的后面，我希望说明回购不应局限于避免稀释的防御性作用。我认为，许多管理层应该考虑更积极的方法，将其作为实现更合理的公司财务结构的一步，其中债务和优先资本将取代多余的股本资金。不过，先让我们回顾一下对回购普通股的反对意见。

主要反对意见

反对回购的理由似乎主要有五个。在我看来，每一种都是很好的答案。

管理层的失败主义？

对一些人来说，购买普通股带有一种失败主义的含义，而且任何没有找到新方法来利用多余资金的管理层都是无能和愚蠢的。目前，公司"投资于自己"的建议经常招致批评。下面是一家中型公司总裁的发言，该公司没有债务，有价证券投资组合相当于公司股票市值的近 10%：

> 我们绝对不会考虑购买自己的股票。管理层的任务是投资资金，如果我们做不到这一点，董事会应该引入一个全新的团队。

[①] *Barron's*, August 17, 1964, p. 9.

这种态度是不合理的。金融编年史中充满了不成功和无利可图的收购和扩张计划的历史案例。虽然有些管理者避免了投资或收购其他公司的陷阱，但越来越多的年度报告显示，公司积累了数百万美元的多余现金和其他流动资产。通过回购普通股来减少公司冗余资金的做法在逻辑上是否可以被视为"软弱"或失败，这一点值得怀疑。

衰败的迹象？

在金融古典主义者的著作中，回购普通股不知为何总被罩上不利的阴影。这些作家通常只推荐回购作为逐渐清算衰败的公司或资产流失的公司的一种手段——而且只有当普通股的总市场估值低于流动资产时才这样做。

平心而论，对这些传统主义者来说，美国的公司法似乎是主要资本主义国家中独一无二的，它允许公司回购自己的股份。英国法律对公司回购股份持负面看法，认为这是对债权人的欺诈行为。加拿大法律较为温和，但仍然禁止未经授权减少资本来回购股票。

不用说，我们更感兴趣的是事实，而不是传说或虚构的故事。我希望通过事实来证明回购是一种有利的行为。

债务禁忌？

管理层似乎普遍倾向于股权和留存收益，而不是债务和优先资本。例如，一家大型金属公司在用债务再融资发行了大量优先股后，不无满意地报告说，它仍然是同行业中负债率最低的公司之一。其他公司的高管也宣传说，他们的公司几乎没有债务。这种反债务政策显然源于财务经理的个人偏好。我们有充分的理由相信，它往往与股东的利益相冲突。[1]

滥用权力？

近年来，美国公司滥用权力回购普通股的现象时有发生，这说明：

- 一家公司买断了一个大股东的股份，却没有进行全面要约收购，这使得其他股东无法减少或清算他们的股份。
- 另一家公司试图通过使用100万美元的公司资金，购买相当大一部分即将被发行的股票，从而提高大股东在当时市场价格下的二级市场发行的可销售性。这一举动显著减少了流通股的数量，增加了每股收益，并将市盈率降至与类似上市公司资本化率更一致的水平。
- 另一家公司通过在公开市场上收购股票，引起了股东的不满和愤怒。管理层的动机显然是维持特定股东群体对公司的控制权。

显然，回购可能是不恰当的，并且可能会对普通股东产生不公平的歧视。但愿意充分披露其计划的公司可以很容易地避免这种权力滥用，从而公平对待所有股东。

对股东不公平？

最后，有些人认为，当公司回购自己的普通股时，无论是卖方还

---

[1] Gordon Donaldson, "Financial Goals: Management vs. Stockholders," *HBR*, May–June 1963, p. 126.

是剩余股东都可能受到伤害,而且管理层不应该从事任何以牺牲其他股东的利益来帮助某些股东的活动。

(1)充分披露回购目标可以让股东重新评估并采取相应行动。

(2)当需要大量回购股票时,要约收购会给予所有股东公平的待遇。这种要约收购的价格应高于当前市场水平,以平衡希望出售股票的股东获得高于当前价格的利益和持有股份的股东获得高于未来每股收益和权益价值的利益。

(3)当在证券交易所购买的股票数量相对较少时,常规购买计划既增加了对公司股票的积极需求,又减少了公司股票的可用供应量,因此往往会提高股票的交易价格,使股票持有者和出售者都感到满意。

可能的替代方案

因此,只要仔细考虑,对回购的标准反对意见就会失去效力,回购不应被断然拒绝。然而,管理层是否应该考虑其他替代方案?

分配剩余资金

当目前和预期的现金流超过当前和预期的内部现金需求时,增加股息分配通常是适当的。然而,这种增加可能不足以解决现金流过剩的问题。

由于管理者和投资者都希望维持一定的股息水平,因此股息支付相对缺乏灵活性;大多数管理者都不愿意承诺将股息支付率提高到报告收益的65%~70%。但由于资金净流入通常明显高于报告收益,即使股息率相对较高,资本积累也会相当迅速。

此外，在正常的派息水平之上增加股息，意味着股东更喜欢当期收入更多，而不是在繁荣和进步的企业中增加股权，以期待未来会有更高的股息。这种假设忽略了通过股票回购将资金投资于公司的税收优惠。

虽然较高的股息可能是分配适度且持续增加的现金流盈余的最具吸引力的方法，但当盈余以零星的方式大量出现时，这种方法就不合适了。在其他情况下，当留存收益经过数年积累并已成为可观的股本盈余时，对大多数管理者来说，增加年度股息并不是大幅减少总权益资本的可接受手段。

投资扩张

盈余资金还可被用于扩建或现代化改造、现金收购或投资，以及优先证券的赎回。比如：

- 从 1956 年到 1964 年，美国雷诺烟草公司斥资 1.6 亿美元用于扩建和现代化设施，增加了 5 500 万美元的营运资金，减少了 8 500 万美元优先证券。整个计划使账面价值变为原来的两倍多。
- 联合煤炭公司以 5 500 多万美元的价格购买了克莱斯勒公司 7.7% 的普通股。此后，这项投资的市值已升至超过 1.7 亿美元。

虽然这些投资对一些公司来说效果很好，但它们往往对其他公司缺乏吸引力。现代化也许不是必需的。如果市场需求增长有限，扩大设施和生产可能无利可图。用现金收购有吸引力且相匹配的公司可能不切实际，或被反垄断法禁止。对其他公司或有价美国国债的投资通常只能带来微薄的投资回报。因此，许多公司认为，这些利用剩余资本的方法既不令人满意，也不可行。此外，这些程序可能只能利用多余股权的一部分。

由于难以将剩余资本用于公司盈利和（或）通过股息向股东分配多余的股本资金，数量惊人的公司积累了大量有价短期证券，以吸收多余的资本资源。表38-2列出了其中几家公司的数据，这些公司包括几家没有长期债务的公司。

表38-2　持有大量短期证券的公司

	非经营性资产			
	资产（百万美元）*	净资产（%）	价值（%）	债务（百万美元）
伊士曼柯达公司	310.3	33.8	5.6	—
自由港硫磺公司	39.2	18.1	11.5	—
加拿大国际镍业有限公司	131.7	17.8	5.3	—
利比-欧文斯-福特玻璃公司	121.7	43.5	16.5	—
帕克·戴维斯公司	55.4	30.5	12.0	—
菲尔普斯·道奇公司	145.4	15.2	20.5	—
通用汽车公司	1 010.5	13.4	3.6	132.0
国际商业机器公司	724.0	31.4	5.0	70.4
肯尼科特铜业公司	224.5	27.4	22.0	5.2
明尼苏达矿业制造公司	57.9	10.2	2.0	8.5
宝洁公司	377.9	40.2	10.6	106.9

* 宝洁公司的资产截至1964年6月30日，其余公司截至1964年底。

减少股本基数

财务经理可能会发现，与其积累收益有限的流动资产，不如回购自己公司的普通股。例如：

> 天合汽车集团（前身为 Thompson Ramo Wooldridge 公司）将其计算机部门转移给邦克·拉莫公司后，获得了 1 740 万美元的资金，约占其流通普通股总市值的 8%。随后，该公司对其 25 万股普通股提出要约收购，预计成本为 1 400 万美元。据董事长 J.D. 赖特称："公司现在拥有的资金超过了可预见未来的运营需求。在考虑了使用这些资金的各种变通办法后，我们得出结论，从提高每股收益的角度来看，购买更多的普通股对股东更有利。"[1]

对许多现有或潜在持有低收益和固定收益证券的公司来说，回购选择为普通股东带来了巨大的好处。但是，当管理者或投资者分析如何在扩大公司经营和减少股本基数之间做出选择时，他们应该采用什么标准？我将在下一节制定这样一个标准。

首先，让我们明确一个目标。资本支出应该：

- 具有显著规模。
- 利用管理层的经验和技能，但不对高管的时间和精力提出过高要求。
- 利用现有分销渠道，为熟悉的市场提供服务。
- 不需要大量新的技术或生产技能。
- 基于对未来业务发展的高度可靠的预测。
- 仅限于特定的资本支出。
- 快速获得可观的利润回报。

---

[1] *The Wall Street Journal,* March 3, 1964.

我相信，这些"不可能"的要求通常可以通过回购普通股来满足。为了证明这一点，我将描述一种评估资本支出价值的方法，即通过比较增加生产性资产与减少股本基数对股东的利益来评估。这种评估指数将被称为"股东标准"。

得出标准

表38-3列出了一家假定公司的管理层通过回购普通股减少股本基数而获得的每股收益的增加。假设购买90.9万股花费了3 000万美元。为现实起见，假定股票的平均成本为当时市场价格的110%。当年（1965年）的每股收益为0.20美元。如果将同样的3 000万美元用于生产性设施，每股的收益率也相等，则税后收益率为6.7%。计算方法如下：

$$\frac{0.20\text{美元} \times 1\,000\,000\text{股}}{30\,000\,000\text{美元}} = 6.7\%$$

显然，如果把这3 000万美元用于新的生产性设施，就不能指望它们在第一年就带来利润；甚至这些设施能否在一年内完工都非常令人怀疑。但是，在若干年后，对厂房和设备的投资应该是有利可图的。因此，必须考虑整个未来的利润流。这是通过现值分析完成的。

还应该使用现值分析来确定通过回购股票减少股权的可比收益。遗憾的是，遥远未来的利润不容易受到简单或准确预测的影响，管理层会明智地避免做出不可靠的估计。不过，我们可以使用一个合理、简单、更可靠的捷径，即估算第五年（或第四年或第六年，如果管理层认为不同的时间段更合适）以后每股收益的增长，并认为这一年的增长等于所有未来每股收益增长的总和，折算成现值。

表 38-3　假设情况下回购股票的财务影响

假设：收益呈 5% 的趋势增长；市盈率为 15 倍；需要动用 3 000 万美元的资金以市场价格的 110% 回购 909 000 股。

	1965 年	1966 年	1967 年	1968 年	1969 年	1970 年
收益（美元）	2 000 万	2 100 万	2 210 万	2 320 万	2 430 万	2 550 万
每股收益（美元）						
1 000 000 股	2.0	2.10	2.21	2.32	2.43	2.55
909 000 股	2.20	2.31	2.44	2.56	2.68	2.80
股息（收益的 60%）	1 200 万	1 260 万	1 330 万	1 390 万	1 460 万	1 530 万
每股股息（%）						
1 000 000 股	1.20	1.26	1.33	1.39	1.48	1.53
909 000 股	1.32	1.39	1.46	1.53	1.61	1.68
回购增加的价值						
每股收益（美元）	0.20	0.21	0.23	0.23	0.25	0.25
每股股息（%）	0.12	0.13	0.13	0.14	0.15	0.15

在表 38-3 中，第五年的每股收益为 0.25 美元，相当于 8.3% 的税后收益率（0.25 美元乘以 100 万股，除以 3 000 万美元的投资）。然后，其他投资可以通过这个投资收益数字对其未来的税后收益进行折现来做出评估。实际上，8.3% 通常被称为"机会成本"。它的意义在于：如果公司用于回购普通股的资金税后收益率为 8.3%，那么对股东来说，这笔支出比投资于预计会产生较低现值收益的生产设施更有利可图。

从股东的角度来看，每股收益的增长是评判投资机会的标准。在可行的情况下，应实施那些能提高股东标准的项目；对其他项目应予以拒绝，除非定性因素超越了数学评估。当管理者偏离标准时，他们可能是明确地、有意识地这样做。

在表38-4中，股东标准是根据各种可能的增长率和市盈率计算出来的。虽然这些增长率和市盈率的组合显然不能涵盖行业中所有可能的情况，但它们确实表明了不同情况下的标准范围。每家公司都应使用自己股票的市盈率和自己的预期增长率来计算自己的股东标准。

表38-4 不同增长率的股东标准

市盈率（倍）	增长率（%）	股东标准
30	10	5
27	9	5
24	8	6
21	7	6.85
18	6	7.25
15	5	8.25
13	4	9.25
11	3	10
10	2	11

用途和意义

以股东标准为指导的股票回购策略具有最优资本支出的所有优点，但对一些管理者来说，它还是存在重大缺陷。回购普通股会减少公司净资产，也会减少收益和现金流。此外，股东标准不是基于管理层对投资决策的主要指导：现金流。然而，如果将股东标准与现值现金流进行比较就像将苹果和橙子进行比较，这种不兼容性可以通过生成一个与现金流而非收益相关的标准来解决，即用每股现金流的预期增加替代表38-3中的每股收益。

虽然股东标准可以为管理人员提供有用的指导，帮助他们努力维持对公司资本的有效利用，以实现所有者的长期利益，但在许多公司有效利用权益资本之前，更有力的措施似乎是必要的。这些措施将按预期改变资本结构，发展"反向稀释"，并通过用固定成本资本取代多余的股本资金来集中权益资本的力量。下一节将重点讨论这一问题。

资本合理化

普通股回购的最重要也是应用最广泛的用途，是为财务经理提供宝贵的灵活性，帮助他们寻找方法来构建合理的资本结构，以满足公司目前和未来的要求，同时优化所有者的长期财富和收入。

一个合理的资本结构可以被描述为，公司如果进行全面资本重组（就像重新开始一样），那么将会选择的资本规模和组合方式。这种资本结构的首要目标是长期增加股东的财富和收入，并以公司的内部需求为基础，同时考虑到全国或世界经济的发展、公司所处的行业以及公司销售商品和服务的市场。

大公司现有的资本结构之间的明显和实质性差异太大了（参见表38-5），无法仅以对增加股东长期利益同时满足企业现在和未来需求的最优资本数量和组合的不同意见来解释。显然，在资本结构方面，习俗和传统依然发挥着作用。人们对修正资本结构的潜力似乎认识得太少。

美国纺织公司 Indian Head Mills 就是一个例子，它看到了这些潜力：该公司管理层看到了一个不同寻常但并非独一无二的机会，那就是利用资本结构的改善机会。总裁詹姆斯·罗比森决心在依赖股权的纺织业中建立一个合理的资本结构，并通过用债务和优先股取代他所收购公司中多余的权益资本来实现这一目标。结果令人振奋：每股收益和股息迅速增加，市盈率提高，普通股的市值在不到 4 年的时间里涨了 10 倍！

其他行业的公司可以进行的资本变革可能没有那么引人注目，但仍然非常有价值。而且，这些变化并不需要通过不必要的合并来实现。

表 38-5　不同行业债务权益比的变化

工业	公司	债务权益比（%）
汽车行业	美国汽车公司	0
	克莱斯勒	21.6
化学制品	美国杜邦公司	0
	空气化工产品有限公司	48.0
医药行业	派德药厂	0
	巴克斯特实验室	48.0
有色金属	国际镍公司	0
	塞罗矿业公司	15.0
钢铁行业	伯利恒钢铁公司	8.8
	惠灵 - 匹兹堡钢铁公司	32.1
造纸行业	美国国际纸业公司	0
	米德造纸公司	23.0
石油行业	斯凯利石油公司	0.1
	辛克莱石油公司	29.0

成本分析

回购股票有多大的盈利空间？让我们从财务管理中一个众所周知的概念开始。传统的"加权平均"资本成本分析法的前提条件是存在债务、优先股和普通股的最佳组合，即一种资本数量的任何变化最终都会导致所有资本相等比例的变化。这种方法排除了改变资本组合可以改变长期资本成本的可能性，除非是在现有结构与最佳组合比例严重失调的特殊情况下。在这种"特殊"情况下，调整资本构成可以改变总资本成本。

近年来，债务和优先资本的大幅下降表明，资本组合已经严重偏离了最佳平衡，转向大量使用股权，重新安排资本构成将改变总成本，这一特殊情况实际上正在成为当今的普遍情况。

当一家公司拥有过剩的权益资本时，对股东来说，这笔资本的真实成本是在股东标准下不回购普通股的机会成本。将股东标准与优先资本成本进行比较可以看出，通过减少股本，增加债务和优先股，即通过"反向稀释"使资本构成回到最佳状态，可以在多大程度上增加股东的财富和收入。

停止回购的时机应当是债务成本和回购收益之间的差异变得很小，和/或从预期现金流的角度来看，未来债务成本的水平似乎不合理时。

正如我们所看到的，当股东标准超过债务和/或优先股的税后成本时，应减少股本，同时增加债务和/或优先股。令大多数读者感到震惊的是：即使市盈率很高，股东标准也可能远高于债务或优先股的成本。因此，即使在极端情况下，通过回购股票来减少股本也能很好地改善普通股股东的状况。

寻找最优方案

确定最优资本结构涉及两个基本步骤：

（1）确定并比较债务、优先股和普通股的相关成本。

（2）以这些成本为指导，确定最理想的资本组合和公司的财务要求。

虽然从经济学角度看，回购普通股为最大限度地利用债务和优先股提供了很好的理由，但只有考虑到公司的债务能力才能确定这个最大限度。因此，合理的资本化应符合管理层的要求（债务不超过公司能力，股东目标不超过公司需求）。

如果管理层预计公司及其业务状况未来会发生变化，那么最优或"目标"资本结构就会随着时间的推移而改变。公司或其周围环境的每一次变化都提供了一种可能性，即应该对现有资本的总量或组合做出适应性和反应性调整。因此，必须将定期审查与不断适应变化的计划相结合，以确定不断变化的财务需求和能力。

回购的作用

回购为努力制定最优资本结构的管理者提供了宝贵的灵活性，已发行普通股的数量可以通过几种方式得到减少：

（1）要约收购。例如，1963年，美国散热器公司通过要约收购的方式获得了超过10%的普通股，并利用银行最优惠利率贷款2 000万美元，以提供必要的资金。[1]

（2）批量购买。1964年末，经特别股东大会批准，通用防火公司从洛克维尔-标准公司购买了121 558股（17%）自己的普通股。[2]

（3）在公开市场上定期购买。截至1964年底，阿美拉达石油公司已购买了200多万股（15.5%）。[3]

（4）交换有价证券。1964年，埃姆哈特制造公司用其持有的孟

---

[1] *Moody's Industrials*, Section I, October 8, 1964.
[2] *The Wall Street Journal*, December 22, 1964.
[3] *Barron's*, August 17, 1964, p. 9.

山都化学公司27 621股股份交换了一家共同基金持有的其39 800股普通股。①

（5）交换优先证券。1964年初，沃特公司提出用750万美元和50万股可转换优先股换取150万股普通股。②

正如前面提到的，财务经理有多种方法可供他们使用，以便能够相当方便地减少权益资本。权益资本是可以被灵活调整的，而不是固定不变的。

市场反应

在开始回购计划之前，每个管理者都应仔细考虑该程序和目标对公司普通股市盈率的影响。尽管高管们可能会从对回购的简单考虑中得出结论：如果每股收益的增长部分来自减持股份，而不是完全来自盈利能力的提高，那么市盈率就会下降；但如果投资者及其专业顾问清楚地了解回购计划背后的原因，他们可能会更积极地考虑回购股票，以重组资本结构或对资本支出提供有效的约束。事实上，减少股本基数所带来的更高的每股收益增长率很可能会提高公司股份的市场估值。

由于只有知识丰富的投资者才能做出明智的反应，管理层应承担起教育股东了解资本策略目标的责任，并定期向他们通报公司采取的做法和取得的成果。

在实施回购计划之前，管理层应就州法律、公司权力、授权以及

---

① *Business Week,* November 21, 1964, p. 180.
② *The Wall Street Journal,* May 29, 1964.

向美国证券交易委员会和证券交易所披露等事项征求法律顾问的意见。投资银行家可以就实际购买计划的细节,如每日交易量限制、定价、持续公开市场购买计划的经纪人选择,或投标要约的适当条款和程序等,向管理层提供有益的建议。

结论

近年来,大量的现金流改变了许多公司的资本结构,并产生了不经济的权益资本比例。因此,重组公司资本以重新获得最优资本组合往往意味着回购普通股。这可能会带来股东财富和收入的重大改善。本章所述的股东标准可以作为从投资者角度评估资本成本和资本预算的有用指南。

退出普通股不像退出债务和优先股那样简单或常规。收购公司面对的是其所有者而不是债权人,公平对待必须取代"买者自负"的理念。然而,问题通常并不像对股东的潜在好处那么大。

众所周知,由于资本需求越来越多地由可观的留存收益来提供,工业企业多年来一直在"退出市场"获取新的权益资本。本章的分析强烈地表明,许多管理者现在应该重返股票市场,不是作为卖方,而是作为其普通股的买方,以消除过剩的股权,使资本合理化,并约束资本预算。通过回购,管理者或许可以找到新的方法,通过盘活权益资本,为长期普通股投资者谋取利益。

资料来源:*Harvard Business Review*, July–August, 1965。

39

反垄断、银行合并与 PNB 决定

对于这最后一章，似乎需要做一点解释，因为它似乎与投资毫无关系。1963 年的一个早晨，我在哈佛商学院的宿舍里接到一个电话，是我最喜欢的老师查尔斯·威廉斯的助理打来的："威廉斯教授今天下午想在他的办公室见你……讨论你的论文。"我的心一下子沉了下去，难道我的论文真的那么差，让他觉得我们必须当面讨论吗？

当我在约定时间到达时，我被告知："你可以直接进去，威廉斯教授正在等你。"当我走进办公室时，他看着我，把我的论文举过头顶，热情地微笑着，用他那西弗吉尼亚州口音说："相当不错！"我松了一口气！他接着说："可以发表了！"很快，他就给了我一份简短的行业期刊名单，我之前都没听说过这些期刊，他建议我把论文的副本发送给所有期刊，希望能得到最好的结果。

三个月后，我接到了父亲的电话。父亲打电话来是想祝贺我。他的法律合伙人约翰·费里刚到他的办公室，问："你家里有人叫查尔斯吗？"

"是的，我儿子叫查尔斯，怎么了？"

"我读了一篇相当有趣的文章,想看看作者是谁,看到他姓埃利斯,我觉得你们可能有联系。这篇文章非常有趣,如果你还没看过,我想你可能会想看看,所以我把它带来了。"我父亲非常感兴趣,他很高兴,这就是他给我打电话的原因。

　　稍微介绍一下背景你就明白了。我父亲在耶鲁大学读书时,是《耶鲁日报》的主编。他有着出色的经历,他希望我也能追随他的脚步,享受自己的作品获得署名的满足感。但是,我已经决定加入学生广播电台,因此不会有署名。现在,我终于有了署名,即使只是在专业期刊上。任何有父亲的人都知道,如果父亲满意,我也会很高兴。

　　对我来说,最重要的结果是,多亏了查尔斯·威廉斯和约翰·费里,这次经历开启了我一生的写作之旅。正如物理学家理查德·费曼所说,"看透它"。正如我所了解的那样,为发表文章而写作,首先要思考如何"看透"一个有趣的问题。

　　"没有人会比司法部对这个决定更惊讶",哈伦大法官在对最高法院的多数票决定发表评论时写道,费城国民银行与吉拉德信托谷物交易银行的合并违反了《克莱顿法》第7条,因此是不合法的。

　　虽然司法部可能对这一决定最为惊讶,但许多官方和私人观察家也感到惊讶。其中包括美国参议院银行和商业委员会主席、即将审理另一起银行并购案的联邦法官、美国货币监理署署长、银行业媒体以及最高法院的两位大法官。

　　除了最初的惊讶,这一判决还将对未来的银行合并产生深远影响。本章的目的是解释为什么知情的观察家对最高法院的判决如此惊讶,并指出该裁决对经济和反托拉斯政策的一些影响。

立法史

关于公司并购的法律最初是为了应对世纪之交的大合并运动而通过的,当时大型托拉斯被认为对维持竞争性商业体系构成了威胁。到 1914 年,人们认为《谢尔曼法》不足以应对大多数合并,因为只有在垄断已经形成之后才能采取有效行动。[1] 后来通过了《克莱顿法》,"在其初期和完成之前阻止托拉斯、阴谋和垄断的形成"。[2] 该法第 7 条禁止一家公司收购另一家公司的股票:"如果这种收购的效果可能会大大减少被收购公司和收购公司之间的竞争,或者限制任何部门或社区的商业活动,或者倾向于在任何商业领域创造垄断。"[3]

虽然该法的规定起初似乎有效,但一系列限制性的法院裁决已经使其无法实施,而司法部多年来一直努力寻求制定更强有力的法律。[4] 1950 年,《克莱顿法》第 7 条被修改为,禁止任何"可能大幅减少竞争或倾向于在国内任何地区的任何商业领域创造垄断"的资产收购。[5] 尽管这一变化赋予了司法部更多的权力,但这一修正案仅适用于那些受美国联邦贸易委员会管辖的公司,而银行业并不受此修正案的影响。[6] 因此,《克莱顿法》仅适用于通过股票收购实现的银行合并,而这种方法现在已不再适用。

在几乎所有的战后银行合并中,资产收购是唯一被使用的方

---

[1] 《向美国参议院司法委员会提交的关于公司并购的报告》,1957 年。
[2] 同上。
[3] 《美国法令全书》第 38 篇第 730 条。
[4] 同本页脚注①。
[5] 同本页脚注①。
[6] 当其他行业受到联邦机构(如国际商会、美国民用航空委员会、联邦电力委员会和海事委员会)的监管时,不受反垄断法的约束。

法[①]，而司法部无力对任何银行合并提出异议，除非它导致《谢尔曼法》所定义的垄断。"垄断"和"倾向于减少竞争"之间的区别使得司法部证明违反《谢尔曼法》的行为比在应用《克莱顿法》时更困难。

20世纪50年代，越来越多的银行合并使司法部为获得更强大、更广泛的银行合并权力而开展的运动更加引人注目。1956年的总统经济报告特别呼吁在这一领域立法，国会在春季举行了首次听证会。众议员伊曼纽尔·塞勒曾提出并监督了1960年对《克莱顿法》第7条的修正案，他试图将同样的基本条款扩展到银行业。塞勒提出的法案将赋予司法部权力，可以否决监管机构批准的合并，从而对任何银行合并拥有最终决定权。[②]

负责监管银行和批准银行合并的三家联邦机构[③]提出了一个替代法案，该法案将维持并正式规定它们对银行合并申请的最终决定权。三家机构表示愿意就反垄断事务与司法部进行协商，但要求国会为判断银行合并提供比一般行业更宽松的标准。[④]

这两项法案的关键用语有很大差异。塞勒提出的法案规定，不得有大幅削弱竞争的合并；而监管机构提出的法案规定，只有当合并过度削弱竞争时才应拒绝合并。这些机构认为，存在一种既属于大幅

---

① 1959年美国参议院第86届国会第一次会议关于S.1062号法案（即《联邦存款保险公司法案修正案》）的银行和货币委员会听证会。
② 美国参议院银行和货币委员会小组委员会听证会，第84届国会第二次会议关于S.3911的法案，提供针对银行等合并的保障措施。
③ 批准银行合并的责任按以下方式划分：
　（a）如果合并结果是一家国家银行，则由美国货币监理署负责；
　（b）如果合并结果是一家州成员银行，则由美国联邦储备委员会负责；
　（c）如果合并结果是一家被保险的非成员银行，则由联邦存款保险公司（FDIC）负责。
④ 同本页脚注②。

削弱竞争，又不属于过度削弱竞争的情况。① 为了支持监管机构的立场，即"大幅"并不意味着"过度"，参议员富布赖特列举了以下几种情况，在这些情况下，合并可能会大幅削弱竞争，但仍然符合公共利益：

A. 如果不合并，被收购银行有合理的失败概率。

B. 存在管理不善、能力不足或管理不充分的情况。

C. 资本不足或资产不良。

D. 不经济；规模太小，无法满足社区需求。

E. 过度的银行业务导致不健康的竞争。②

虽然塞勒提出的法案得到了司法部和众议院司法委员会的支持，但监管机构提出的法案得到了其提案人、银行协会以及参议院银行和货币委员会的支持。最终，主张依靠银行监管机构的人战胜了支持司法部的人。但这并不是一个快速而简单的解决方案。在最终法案颁布前已经过去了三年，有人试图让银行完全不受反垄断法的约束，也有人试图让银行明确受这些法律的约束，但都被否决了。③

最终的妥协法案——对《联邦存款保险公司法》第 6 条的修正案，列举了监管机构在评估合并申请时应考虑以下标准：

A. 银行业考虑因素：

 a. 财务历史和状况

 b. 资本结构的充足性

 c. 未来盈利前景

 d. 管理层的品格

---

① 同上页脚注②

② 同上页脚注②。

③ *George Washington Law Review*, Vol. 30.

e. 社区的便利性和需求

B. 提议的合并是否会产生过度减少竞争的影响等。①

在评估合并对竞争的影响之前，监管机构必须获得司法部长就提案中的竞争因素出具的咨询函。因此，立法者认为，司法部反垄断部门的意见可供银行监管机构使用。然而，我们认为，最终决定应由各银行监管机构做出，而不是司法部，这是完全恰当且必要的。②

参议院银行和货币委员会在委员会听证会上表明了限制司法部权力的决心，当时反垄断部门的代表受到了一定程度的警告，要求其将咨询函的范围限制在竞争的事实上，不要涉及对公共利益的考虑。③

因此，国会最终通过了一项法案，拒绝了司法部要求控制银行合并的请求，没有将通常的反垄断法规扩展到银行业，并特别限制了司法部的权力。然后提供了一种特殊的控制银行合并的方式，并规定了一套新标准来评判银行合并申请。

即便是对立法史进行简要的回顾，我们也能清晰地理解国会的意图。然而，让读者和其他观察者感到惊讶的是：最高法院竟然认为第7条的范围及其对银行合并的适用性存在真正的不确定性！

多数意见中的关键段落认为，国会没有明确否认《谢尔曼法》和《克莱顿法》对银行合并的适用性，因此它不可能有意使第7条不适用于银行合并：

……我们的观点很简单，因为国会通过1960年《银行合并法》时，并没有打算取代《谢尔曼法》对合并的执行，甚至没有

---

① 同第344页脚注②。
② 同上。
③ 同第344页脚注①。

打算取代第 7 条对银行纯股票收购的执行，因此，继续让第 7 条适用于银行合并，并不会与 1960 年法案的设计相抵触。

国会虽然意图让《谢尔曼法》继续完全适用于银行合并，让《克莱顿法》第 7 条继续适用于银行的纯股票收购，但又意图让第 7 条完全不适用于银行合并，这是不正常的。

使《克莱顿法》无法实施的不是国会，而是历史。银行合并的"潮流"已经改变，新技术不受该法案的约束。最近的银行合并完全是资产收购，因此，国会认为有义务关注这种合并方式。显然，国会的意图与简单的堵塞漏洞截然不同，所以它拒绝接受众议员塞勒提出的建议。

司法部的特殊经历

在那些对最高法院的裁决感到惊讶的人中，大法官哈伦特别提到了司法部。因为这个机构不仅遭到国会的拒绝，也遭到法院的拒绝。此外，司法部似乎已经接受了失败，至少目前是这样。

在最高法院做出裁决之前，司法部曾多次试图在法庭上推翻银行监管机构批准的并购案，但都以失败告终。法院驳回了这样的想法，即反垄断法规在受监管行业和所谓的"自由企业"领域的效力应该相同。此外，法院倾向于依赖国会授权的银行监管机构，并警告司法部长必须提供充分和令人信服的证据，才能推翻监管机构批准的合并。[1] 看样子，法院是不会支持司法部的。

---

[1] Particularly U.S. v. Philadelphia National Bank (E.D. Pa., 1962) 201 F. Supp. 348.

对咨询函来说，司法部给人的感觉就像被打败的竞争者黯然退出了拳击场，只希望将来可能再回来打一场并取得成功。新法案要求司法部向银行监管机构发出咨询函，就拟议中的合并对竞争的影响提出建议，而这些咨询函一直持负面立场。尽管银行机构仔细地讨论了赞成和反对的观点，但司法部的意见仅限于特定合并的弊端。在《银行合并法》实施的第一年，司法部只同意3%的合并申请。那些被批准的合并不仅是为了防止银行破产，而且对竞争没有太大影响。

司法部对这些合并采取持续否定的态度，以至人们无法确定司法部的可接受性标准。此外，司法部长的咨询函还谨慎地避免提及银行业务本身。通过在咨询函中遵循这一政策，司法部脱离了对合并的最终批准，既不参与决策过程，也不接受银行合并的特殊规则。

因此，在最高法院做出裁决之前，司法部被国会明确限制为咨询机构，遭到联邦法院的拒绝，并且显然拒绝参与其无法控制的反垄断程序。正是这一历史的戏剧性逆转，让哈伦大法官预测司法部会大吃一惊。

一个有趣的记录是，在最高法院做出裁决后，美国货币监理署收到了司法部的一封信，要求两家合并申请者："在我们考虑最高法院裁决的重要性和适用性之前，不允许他们达成协议……"[①] 显然，司法部没有预料到，也没有为多数意见的意外裁决做好准备。我不是律师，因此没有资格对多数意见的法律价值做出评判。然而，该裁决对美国反垄断政策的发展具有重大意义，指出近期发展的方向似乎是恰当的。在一连串基本上未被注意到的裁决中，法院正在发展一种反垄

---

① *The American Banker*, July 31, 1963.

断理论，以保护当地小型企业免受大型、高效竞争者的突然入侵。[①] 这一理论是由司法部在更广泛的应用中倡导的，倾向于强调竞争者的数量，而不是竞争的活力。然而，"公共利益"不是由竞争者的数量而是由他们提供服务的能力和竞争的决心来体现的，这种"公共利益"表现为更高效的服务和更低的成本。

虽然保护竞争动机是反垄断政策的传统和基本目标，但过度热衷于通过阻止兼并和合并来保护竞争，可能会使企业无法增加服务和降低成本。正是因为在保护竞争和促进银行服务扩张之间确定适当的平衡是一个特别困难和高度专业化的问题，所以国会才拒绝将银行合并的管理权交给司法部。

由于对合并的明智监督越来越依赖于对市场领域经济情况和特定业务技术性质的了解，国会可能会适当地考虑制定比司法部目前采用的标准更复杂的标准，用于判断合并的所有权。现在，再次努力为银行合并提供特殊政策是适当的。

资料来源：经许可转载自 *The Banking Law Journal*。版权所有 ©2022 LexisNexis。

[①] *Harvard Business Review*, May, 1963.